Lucien
BOUCHARD
MOT À MOT

CITATIONS

Lucien BOUCHARD
MOT À MOT

Citations colligées par
Rémi Maillard

Stanké

Réalisé avec la collaboration de

CEDROM-SNi
LES ARCHITECTES DE L'INFORMATION

Données de catalogage avant publication (Canada)

Bouchard, Lucien, 1938-

Lucien Bouchard mot à mot

(Citations de A à Z)

ISBN 2-7604-0534-6

1. Bouchard, Lucien, 1938-   - Citations. I. Maillard, Rémi, 1961-   II. Titre. III. Collection.

FC2925.1.B67A25 1996   971.4'04'092   C96-940627-4
F1053.25.B67A25 1996

Photo de la couverture : Luc Laforce, *Journal de Montréal*
Conception graphique : Standish Communications
Infographie : Tecni-Chrome

Les éditions internationales Alain Stanké bénéficient du soutien financier du Conseil des Arts du Canada pour leur programme de publication.

ISBN 2-7604-0534-6

Dépôt légal : Bibliothèque nationale du Québec, 1996

Les éditions internationales Alain Stanké
1212, rue Saint-Mathieu
Montréal (Québec) H3H 2H7
Tél.: (514) 935-7452
Téléc.: (514) 931-1627

IMPRIMÉ AU QUÉBEC (CANADA)

Par où sort la parole, l'âme sort aussi.
(Proverbe roumain)

Remerciements

Le travail de recherche dans les archives de presse a été grandement facilité par la collaboration de l'équipe de la firme CEDROM-SNi, à Montréal. Spécialiste de l'édition et de la diffusion d'information textuelle et multimédia, CEDROM-SNi produit, édite ou distribue des documents électroniques dans les domaines de la presse quotidienne et magazine ainsi que dans les secteurs juridique, gouvernemental et de l'éducation. Un grand merci également à André Vincent, pour son aide logistique précieuse, ainsi qu'au personnel de la Bibliothèque centrale de Montréal et de la Bibliothèque nationale du Québec pour sa gentillesse et sa patience.

L e mot de l'éditeur

Albert Camus a dit un jour: «Notre époque aurait besoin d'un dictionnaire.» C'est en pensant à sa remarque que nous avons eu l'idée d'engranger la moisson que voici. Si elle est consacrée à un seul homme, c'est que celui-ci symbolise mieux que quiconque l'époque à laquelle nous vivons. Pour certains, Lucien Bouchard est un messie, un sauveur, un leader profondément engagé au service des siens, l'ultime espoir du Québec de demain. Pour d'autres, il personnifie le démon, semeur de sornettes et brasseur de balivernes. D'autres encore pensent qu'il tient des deux à la fois. Qui a raison, qui a tort? Pour se faire sa propre idée de Lucien Bouchard, quoi de mieux que le retour aux mots prononcés par l'homme lui-même?

C'est la tâche à laquelle s'est attelé, avec une équanimité d'entomologiste, Rémi Maillard. Pour accomplir ce travail, il a passé au peigne fin plus de 8 000 articles de journaux et de magazines, des centaines de documents d'archives, des conférences de presse, des discours (y compris, bien entendu, l'autobiographie du premier ministre). Il a écouté aussi d'innombrables transcriptions d'émissions de radio et visionné quantité d'émissions de télévision. Bilan: quelque 1 500 citations. Autant de petites phrases, de petites touches qui, mises bout à bout, finissent par constituer un portrait de l'homme politique et, finalement, de l'homme tout court.

Les citations retenues dans ces pages s'étalent sur une période de près de 40 années, soit de 1957 à 1996. Du temps où Lucien Bouchard faisait ses études collégiales à Jonquière jusqu'au premier jour de sa première session à l'Assemblée nationale à titre de premier ministre du Québec.

Certains chercheront sans doute dans ces extraits des perles, des bourdes, la preuve que Lucien Bouchard a parfois changé d'idée ou d'opinion, qu'il a fait volte-face ou qu'il s'est trompé. Ils essaieront peut-être de l'épingler pour ses paroles maladroites, ses jugements hâtifs ou ses erreurs de parcours. Rappelons-leur qu'en cela il n'est pas différent de n'importe quel homme d'action. Nous espérons que le lecteur s'attachera plutôt à l'intelligence des mots ici rassemblés ; il en appréciera d'autant mieux le cheminement de cet homme étonnant qui, personne ne le niera, occupe une place à part dans le Québec contemporain.

Il n'est pas inutile de préciser que Rémi Maillard a abordé son travail – de bénédictin – sans idée préconçue, avec un parti pris d'honnêteté (à défaut d'objectivité...), afin que les lecteurs puissent se forger une opinion plus éclairée d'un personnage public qui, plus que tout autre chez nous, ne cesse de déchaîner les passions et d'alimenter la controverse.

En plongeant dans cette passionnante exploration, nous étions conscients que le choix des citations, le fait de les isoler d'un ensemble plus vaste, pouvait comporter un danger : celui de déformer la pensée de celui qui parle. Aussi, nous nous sommes appliqués à les colliger avec une infinie précaution et un grand respect. Il est important de souligner, à ce sujet, que chaque fois qu'il pouvait y avoir risque de confusion ou que les propos de Lucien Bouchard avaient été tenus dans un cadre bien spécifique, nous les avons assortis d'un bref commentaire permettant de restituer le contexte.

Unique en son genre, ce dictionnaire présente, en quelque sorte, la quintessence des réflexions de toute la vie politique de Lucien Bouchard. En lisant ces

pages, on pourra suivre l'itinéraire d'un homme pas-
sionné de politique (même s'il prétend parfois le
contraire!), qui monte à la tribune, fustige, dénonce,
réplique, ironise, attaque, entraîne, serre des mains,
inaugure... D'un homme de facture très classique et
à la fois hors norme qui sait être narquois, impert-
inent, insolent, surprenant, rigolard, outragé ou
cassant lorsque l'occasion lui en est donnée ou qu'il
décide, tout simplement, de la prendre. D'un
homme, enfin, qui est à la fois conservateur (il l'a
été!) et humaniste, épris de justice sociale et âpre
négociateur, lyrique et concis, souvent affable et
parfois emporté, quelquefois calculateur et, à
d'autres occasions, tout simplement candide.

Oui, Lucien Bouchard connaît l'art de la dialec-
tique et le flot de ses paroles bien tournées sait
charmer l'oreille et parler au cœur. Non, il n'a pas lu
le manuscrit avant sa publication. L'idée de le lui
soumettre pour approbation ne nous a même jamais
effleuré l'esprit. Cet ouvrage n'aurait sûrement pas
la même portée aujourd'hui si nous avions agi de la
sorte. Souhaitons qu'après l'avoir refermé, chacun
puisse se faire une opinion plus juste, plus proche de
la réalité, non seulement du politicien mais de
l'homme.

Les paroles s'envolent mais les écrits restent,
dit-on. Ce livre prouve, à l'encontre du vieil adage,
que les paroles peuvent rester, elles aussi!

Alain Stanké

A

À la prochaine!

Les fédéralistes n'ont pas déraciné le projet souverainiste. Il y a encore de l'espoir car la prochaine fois sera la bonne. Et cette prochaine fois pourrait venir plus rapidement qu'on ne le pense. (AU SOIR DE LA DÉFAITE DU OUI AU RÉFÉRENDUM SUR LA SOUVERAINETÉ.)

La Presse, 31 octobre 1995

Abcès (constitutionnel)

Les Québécois soignent leur abcès constitutionnel. Il est temps qu'on le crève !

Radio-Canada, *Raison-Passion*,
10 septembre 1992

Abris fiscaux

Mme Campbell ou M. Chrétien n'en parlent pas. [Ce sont] les abris de leurs amis qui contribuent à leurs caisses électorales. On ne taxe pas les très grandes fortunes qui ont le droit d'investir dans des fonds, dans des trusts, des capitaux exemptés d'impôts, avec des intérêts exemptés d'impôts. Ce sont des abris fiscaux antisociaux.

Le Devoir, 13 octobre 1993

Il y a des abris fiscaux qui sont inacceptables. Il y en a qu'il va falloir combler. [...] Mais tous les abris fiscaux ne sont pas à rejeter parce qu'il y en a qui sont créateurs d'emplois et incitatifs d'investissements. Ceux-là, il faut les conserver. Il faut approcher [ce problème] avec nuance, avec un bon jugement, avec

11

bon sens et équité. [...] Les abris fiscaux qui ne créent pas d'emplois sont inacceptables. Ils sont acceptables quand ils créent de l'emploi chez nous.

Radio-Canada, Le Point, 21 mars 1996

A*cadiens*

Nous devons tous comprendre aujourd'hui, contrairement à ce que certains ont parfois cru au Québec, que la vitalité intellectuelle, politique et culturelle du Québec est inséparable de celle du Nouveau-Brunswick, que vous [Acadiens] êtes à l'avant-poste, que votre combat est notre combat, que votre victoire est celle de tous les francophones du Canada.

Université de Moncton, 4 novembre 1989

À part les Acadiens, qui ont une masse critique pour se battre, les minorités francophones sont très compromises.

Le Devoir, 18 octobre 1993

A*DQ*

Fonder un parti qui pourrait s'insérer dans l'éventail politique déjà si clairement déterminé par deux partis qui représentent les deux pôles des orientations possibles, moi je ne trouve pas ça réaliste. Je ne trouve pas ça pertinent non plus. (À PROPOS DE L'ACTION DÉMOCRATIQUE DU QUÉBEC.)

La Presse, 16 octobre 1993

Je ne pense pas qu'il y ait place pour ce parti tant et aussi longtemps que les deux options principales sont le fédéralisme ou la souveraineté et que ces positions sont représentées par deux partis existants. (*IDEM.*)

La Presse, 1er décembre 1993

A*dversaires*

L'économie, l'emploi, les finances collectives sont autant de thèmes qui doivent nous unir dans l'effort. Pour y arriver, nos adversaires ne sont pas les fédéralistes, ce ne sont pas les libéraux, ni les adéquistes*, ni les conservateurs. Nos adversaires sont l'invective et l'intolérance, la provocation et l'impatience. (*MEMBRES DE L'ACTION DÉMOCRATIQUE DU QUÉBEC.)

La Presse, 20 février 1996

Affaires (gens d')

Le consensus le plus solide et le plus large qui se soit manifesté à la Commission Bélanger-Campeau est [...] que nous devons, avec diligence, décider de notre avenir. Les gens d'affaires ont été les premiers à le dire et se sont faits les plus pressants sur la répudiation de l'attentisme. (ASSEMBLÉE DE LANCEMENT DU BLOC QUÉBÉCOIS.)

Sorel, 15 juin 1991

L'argent n'a pas de couleur politique. Le reste est de l'intimidation. (ALLUSION AUX CHEFS D'ENTREPRISES MENAÇANT DE QUITTER LE QUÉBEC ADVENANT UNE VICTOIRE DU OUI AU RÉFÉRENDUM.)

Le Soleil, 7 octobre 1995

Je sais bien que pour plusieurs gens d'affaires la souveraineté n'est pas la première option, quoiqu'il y en a de plus en plus depuis quelques jours qui considèrent que la souveraineté est [désormais] la première option. Mais même pour ceux pour qui c'est la deuxième option, il faut qu'ils se préparent. Il faut qu'il y ait un plan B.

La Presse, 13 octobre 1995

On ne peut pas réussir [à remettre le Québec sur les rails] si les gens d'affaires n'embarquent pas dans la démarche.

La Presse, 22 novembre 1995

Aussitôt que la poussière [de l'après-référendum] sera retombée, moi, je vais aller parler à des gens, je vais aller voir les gens d'affaires, les décideurs économiques du reste du Canada, pour discuter avec eux et leur parler.

Radio-Canada, Le Point, 21 mars 1996

Affaires (vraies)

Il faut [désormais] négocier des choses vraies ; pas des virgules, pas des niaiseries, mais des vraies affaires. Et des vraies affaires, c'est ce que la population du Québec veut.

Le Lac-Saint-Jean, 26 juin 1990

Affichage bilingue

Le malaise que les gens éprouvent devant la prohibition d'une langue dans l'affichage, le prix qu'on paye à l'extérieur à cause de ça, comme on l'a vu avec l'ONU, tout cela est vrai. Il y a un irritant et, comme les autres Québécois, je souhaite que ça se règle.

Le Devoir, 14 mai 1993

Afrique

Notre double appartenance à la grande communauté francophone et au Commonwealth a fait de la quasi-totalité des pays africains des partenaires privilégiés du Canada et du Québec. [...] Notre engagement, là-bas, est ancien et authentique. Il n'a jamais manqué de constance, précédant même celui des gouvernements qui, en fait, ont suivi les pas tracés par nos missionnaires.

Conseil des relations internationales,
Montréal, 18 mars 1994

Âge (troisième)

Un Québec souverain aurait comme premier engagement de maintenir le niveau actuel et futur des prestations. [...] C'est le cœur des programmes sociaux, c'est le cœur des engagements fondamentaux que nous avons envers ceux qui ont bâti notre société.

Le Devoir, 29 septembre 1995

Aide sociale

Être sur l'aide sociale, ce n'est pas un privilège, c'est une terrible épreuve. Les gens veulent s'en sortir.

Le Devoir, 26 octobre 1995

Nous avons inventé l'aide sociale [dans les années soixante] afin de pourvoir aux besoins de ceux que la vie a maltraités et qui ont besoin de notre solidarité. L'aide sociale devait jouer un rôle très secondaire de dépannage. [...] Aujourd'hui, le régime souffre d'un désastreux déphasage car une grande majorité des prestataires ont la capacité et la volonté de travailler.

Sommet socio-économique,
Québec, 18 mars 1996

Aiguillon

Le Québec a donné, au moins autant que toute autre province et que le gouvernement fédéral lui-même, la preuve de son ouverture au monde par ses actions de coopération internationale comme par ses initiatives économiques hors frontières. Il a même, on le sait, été un aiguillon pour le Canada dans son ensemble en ce domaine, par exemple [...] en ce qui concerne nos relations avec l'Afrique francophone.

La Presse, 18 avril 1991

Air Canada

Nous souhaitons qu'il n'y ait qu'un seul vrai transporteur au Canada. La politique du gouvernement devrait être de provoquer une fusion des deux transporteurs [Air Canada et Canadien International]. Si on maintient deux transporteurs au Canada, ce ne seront inévitablement que deux filiales américaines.

Le Devoir, 27 novembre 1993

Alexandre

Je sens bien que d'avoir un enfant, cela ajoute une raison de préparer l'avenir : c'est une famille que j'ai créée avec cet enfant, d'autres j'espère... Pour qui cela vaut la peine de se battre, de faire des choses, de bâtir. (À PROPOS DE SON PREMIER ENFANT, NÉ EN 1989.) *Juste avant...*

L'actualité, 15 mai 1990

C'est peut-être naïf de dire cela, mais Alexandre [...] me donne du cœur au ventre. Ce petit-là est en train de me rendre fou. Lorsqu'il me sourit, je sais que c'est vrai, contrairement aux sourires que l'on reçoit en politique...

Le Journal de Montréal,
24 mai 1990

Allaire (rapport)

Le rapport Allaire, c'est une décentralisation radicale de pouvoirs – il en mentionne 22 – en faveur du Québec. L'exigence d'un droit de *veto*, l'élimination du pouvoir fédéral de dépenser et la création d'une Cour suprême québécoise complètent le tableau. En gros, il revendique, en toutes lettres, la pleine autonomie politique de l'État québécois et prend son envol bien haut au-dessus d'un vague statut de société distincte.

Traces, novembre-décembre 1991

Il s'emboîte parfaitement dans le rapport Bélanger-Campeau qui, à la façon du tableau de Mendeleïev, laisse ouverte la case des pouvoirs, après en avoir fait une nomenclature. [Il] complète celui de la Commission en identifiant d'une manière détaillée les pouvoirs à rapatrier d'Ottawa pour satisfaire au critère des «changements en profondeur» fixé par Bélanger-Campeau.

À visage découvert, Boréal, 1992

Allégeance

Je viens vous dire, monsieur Parizeau, que tout cela [le Bloc québécois] est à votre service au cours de cette campagne historique qui commence au

Québec. (À PROPOS DE L'ALLIANCE «HISTORIQUE» ENTRE LE PQ ET LE BLOC QUÉBÉCOIS POUR GAGNER LES ÉLECTIONS DE L'AUTOMNE.)

Le Soleil, 19 juin 1994

Alliances (douteuses)

Tous se rappellent ce triste épisode de l'histoire québécoise et canadienne [le rapatriement de la Constitution]. Nos supposés alliés, au mépris de leur signature, allèrent la nuit trouver Jean Chrétien à Ottawa pour consommer avec lui le pacte qui isola le Québec et l'expulsa de la famille constitutionnelle canadienne. Non merci pour les alliances! Nous y avons déjà goûté. Les lendemains sont trop amers!

Le Journal de Montréal,
26 octobre 1995

Alliés (fidèles)

Le Parti québécois sait bien qu'on a le même combat, que nous sommes des alliés de la même famille. Mais quand des frères et sœurs se réunis sent, ils ne sont pas obligés de penser toujours la même chose sur tout.

Le Devoir, 14 mai 1993

Allusion

Un certain discours, prononcé à Sept-Îles, nous promettait l'honneur et l'enthousiasme. [...] L'honneur, nous le trouverons dans le plein accomplissement de nos possibilités, et l'enthousiasme, nous le mettrons au service de la souveraineté.

(ASSEMBLÉE DE LANCEMENT DU BLOC QUÉBÉCOIS.)

Sorel, 15 juin 1991

Alma

L'engagement politique doit se faire en tenant compte des racines. Mes racines sont ici et il est possible de faire de la politique sur le plan national à partir des régions. Il n'est pas nécessaire d'être dans une grande ville.

Le Soleil, 30 avril 1988

J'ai été approché par plusieurs comtés, notamment par les grandes villes du Québec. Mais, étant un régionaliste, je désirerais me faire élire dans Lac-Saint-Jean. [...] J'ai l'intention de faire toute ma carrière politique ici, à Alma. Celle-ci aura beau être d'un seul mandat, ou deux ou trois, je demeurerai ici tant et aussi longtemps que les électeurs me feront confiance et que le bon Dieu me prêtera vie.

Le Lac-Saint-Jean,
10 mai 1988

Ce qu'on a plus en influence, on le compense en temps. J'ai conservé des amis à Ottawa, des contacts, et je ne permettrai pas qu'on mette le comté de côté. Que les gens viennent me voir avec leurs dossiers et ça va marcher ! (APRÈS SA DÉMISSION DU CABINET MULRONEY.)

Le Lac-Saint-Jean,
29 mai 1990

Je n'ai jamais eu l'ombre d'une hésitation à me représenter dans le comté de Lac-Saint-Jean. Je dois à ce comté non seulement ma naissance biologique, mais également ma naissance politique. C'est ici que s'enfoncent mes racines politiques. C'est à partir d'ici que je veux livrer le combat principal [...] de cet automne.

Alma, 18 avril 1993

Alpiniste

Jean Chrétien me fait penser à un alpiniste qui s'engage sur une corniche. Il n'a pas de marge de manœuvre. Il est coincé de tous les côtés par les demandes formulées par le camp du NON au Québec [...] et par la conviction profonde, dont il ne s'est jamais démarqué, voulant que le Canada est ce qu'il devrait être, qu'on ne peut le modifier fondamentalement et qu'on ne peut y faire une place spéciale pour le Québec.

Le Soleil, 25 octobre 1995

A mari usque ad mare

Peu à peu, [les francophones québécois] ont cessé de se définir à travers le regard de la majorité canadienne. Ils ont dû renoncer, par la force des choses, au concept utopique de l'égalité *a mari usque ad mare*, car il était dépourvu de toute assise économique et démographique.

Un nouveau parti..., Bloc québécois, mai 1993

Ambassadeur

Je ne suis pas modeste, mais je ne voudrais pas avoir à décrire mes qualités. Je voudrais seulement demander à tous ceux qui sont persuadés qu'il s'agit d'une nomination partisane de me donner le temps de prouver que cela n'en est pas une. (RÉPONSE AUX CRITIQUES RELATIVES À SA NOMINATION PAR BRIAN MULRONEY COMME AMBASSADEUR À PARIS.)

The Gazette, 8 juillet 1985

Il faut dissocier la fonction d'ambassadeur de ce qu'elle peut représenter aux yeux du public, c'est-à-dire un ensemble de mondanités. C'est une fonction très intéressante qui comporte plusieurs contraintes, surtout en regard des dossiers à teneur politique.

Le Réveil de Chicoutimi, 16 juillet 1985

Je vais à Paris d'abord parce que je pense qu'on est dans la fédération pour longtemps et peut-être pour tout le temps. [...] J'ai l'intention, dans mon action, de faire en sorte que jamais ne soit remise en cause la place que le Québec occupe à Paris.

Le Devoir, 21 septembre 1985

Dès son accession au pouvoir, Brian Mulroney m'a proposé ce poste d'ambassadeur. J'ai hésité pendant neuf mois. Comme il fallait agir, j'ai choisi de relever le défi ; nous n'allions pas laisser les seuls Canadiens anglais décider pour nous.

Continuité, printemps 1988

La période de ma vie dont je suis le plus fier au point de vue du travail que j'ai fait, de l'efficacité et du rendement, c'est à Paris.

La Presse, 6 octobre 1993

Ambassadeur (vie d')

C'était encore mieux que la vie de ministre !

La Presse, 19 mai 1991

Ambiguïté

C'est un démon du Québec, d'être ambigu. Et moi, c'est un démon que je veux combattre.

Radio-Canada, *Raison-Passion*,
10 septembre 1992

Ça a été aussi mon démon. Moi aussi, j'ai d'abord terrassé mon démon avant de m'attaquer à celui du Québec. Et moi, j'ai clarifié mes ambiguïtés. Je l'ai fait un peu tard. Peut-être suis-je tardif dans mes évolutions. J'ai eu des enfants tard, j'ai quitté la vie professionnelle tard, je suis arrivé à la vie publique tard, à la politique tardivement. Mais [...] j'ai réglé mes problèmes d'ambiguïté. Parce que là, je travaille sans filet. Je risque tout dans l'élan souverainiste.

Radio-Canada, *Raison-Passion*,
10 septembre 1992

Âme (québécoise)

S'il est vrai, comme le monde entier l'a compris le 30 octobre dernier – et comme l'ont enfin compris un grand nombre de Canadiens –, s'il est vrai, donc, que le peuple québécois existe, il est vrai aussi que ce peuple a une âme. Cette âme se doit d'être nourrie, métissée, enrichie, contestée, bousculée, réinventée. Et cela ne peut se faire que par la culture et par l'éducation. Et cela ne peut se faire que par la culture dans l'éducation. (DISCOURS D'ASSERMENTATION COMME PREMIER MINISTRE.)

Québec, 29 janvier 1996

Américains (les)

Je pense que les Américains sont des gens très indépendants. [...] En matière économique, ils croient à l'individualisme : chacun pour soi. Ce que j'aime, chez eux, c'est leur sens de la liberté. Ils sont plus détendus que les Canadiens anglais.

Maclean's, 29 novembre 1993

American way of life

Lorsque nos enfants vont voir les parents de ma femme [Audrey], aux États-Unis, son père, un ancien *marine*, les emmène visiter la base. Ils entendent toutes les histoires du Viêt-nam et rencontrent tous ses anciens camarades de guerre. Ce sont de vrais républicains, des purs et durs. Quand Alexandre revient, il est habillé comme un petit Américain. Il me dit : « Papa, je suis américain ! » et il veut parler anglais. « Tu es québécois et moi je suis américain », dit-il. Et, lorsque nous passons devant le consulat américain, il s'exclame : « Papa, c'est mon drapeau ! »

Maclean's, 29 novembre 1993

Amitié

Il y a des circonstances où l'amitié est dans une catégorie à part et où des intérêts de conscience, de principe, prennent le dessus. (À PROPOS DE SON AMITIÉ BRISÉE AVEC BRIAN MULRONEY.)

Le Journal de Montréal, 24 mai 1990

C'est important, la politique. [...] Les rapports personnels, c'est aussi important et ça peut se superposer en général. Mais en politique, je me suis rendu compte qu'on ne peut pas le faire, et surtout lorsqu'il s'agit de l'exercice du pouvoir.

Radio-Canada, *Raison-Passion*, 10 septembre 1992

Amour (d'un jour)

Est-ce qu'on va voler sur les ailes de Canadian, est-ce qu'on va rouler sur les rails de Via Rail, dans des locomotives et des wagons désaffectés – bons pour la *scrap*, d'ailleurs, parce que c'est pas bien bon Via Rail –, parce qu'on est saisi d'un amour transi pour le Québec ? [...] Vendredi, deux jours avant le scrutin, il faut aller dire aux Québécois qu'on les aime ! (ALLUSION AUX RÉDUCTIONS DE TARIFS PRATIQUÉES PAR CANADIAN ET VIA RAIL SUR MONTRÉAL LE JOUR DE LA «CROISADE POUR LE CANADA».)

Le Devoir, 27 octobre 1995

Où étaient ceux qui disent nous aimer, en 1982, quand ils ont rapatrié la Constitution contre nous autres ? Il n'y en a pas un qui s'est levé pour dire que ça ne se faisait pas. On ne demandait pas qu'ils nous aiment, on demandait qu'ils disent que c'était honteux et ils ne l'ont même pas fait. Parce qu'il n'y avait pas de risque, le Québec était alors à genoux. [...] Le Québec n'était pas dangereux. (À PROPOS DE LA «CROISADE POUR LE CANADA» ORGANISÉE À MONTRÉAL PAR LES FÉDÉRALISTES TROIS JOURS AVANT LE RÉFÉRENDUM SUR LA SOUVERAINETÉ.)

Le Journal de Montréal, 27 octobre 1995

Amour (vrai)

La première manifestation de l'amour, c'est le respect. Qu'on nous respecte comme peuple et nous assumerons nos responsabilités comme le font tous les autres peuples au monde.

Le Journal de Montréal, 27 octobre 1995

Ancêtres (nos)

Il en a mangé de la misère, [mon] grand-père Joseph, dans le rang de la Décharge à Saint-Cœur-de-Marie : il a bûché, puis semé, puis bûché, puis arraché les arbres avec des chevaux, puis des sciottes, puis des haches, et bâti des maisons de fortune. Tout ce long combat de gens qui n'ont pas parlé, dont l'histoire n'a même pas été rapportée : il faut bien que cela serve à quelque chose !

L'actualité, 15 mai 1990

Ils s'esquintaient sur des terres de roche.

L'actualité, février 1996

Anglais *(parler)*

Les Laurier et les Saint-Laurent nous ont tracé la voie à suivre pour accéder aux plus hauts postes : s'imposer comme politicien sans doute, mais non sans s'être auparavant conformé à une qualification indispensable pour tout homme d'État canadien : parler nos deux langues officielles. Au demeurant, la langue anglaise ne devrait qu'ajouter à notre formation intellectuelle, pourvu que des lois bien définies viennent fixer les cadres logiques de ce bilinguisme que nous proposons.

Le Réveil de Jonquière, 20 février 1957

Qu'un bilinguisme exagéré comporte des dangers pour notre survivance, nous le reconnaissons. Aussi ne saurait-il être question de songer à parler l'anglais avant de maîtriser parfaitement la langue française qui demeure la plus belle de toutes et la plus chère à nos cœurs. C'est donc dire que seules nos classes dirigeantes pourront apprendre l'anglais avec profit, puisque seules elles sont appelées à entrer en contact avec les Anglo-Canadiens.

Le Réveil de Jonquière, 20 février 1957

L'apprentissage de l'anglais n'est pas très fort au Québec. Il faudrait de vrais programmes, de telle sorte que les jeunes puissent sortir de l'école en sachant l'anglais.

Possibles, hiver 1991

Je n'ai vraiment commencé à parler l'anglais qu'à l'âge de 48 ans.

Possibles, hiver 1991

Anglophone *(communauté)*

Je veux qu'ils restent parce qu'on a besoin d'eux autres. Ils ont de l'expertise, des réseaux internationaux. Ils peuvent beaucoup nous aider [advenant la souveraineté]. C'est des gens qui ont contribué puissamment à construire le pays du Canada et du Québec.

Hull, 14 mai 1991

Il faut que le Québec soit ouvert sur le monde et que l'oxygène y circule. Qui donc peut le mieux agir pour qu'il en soit ainsi ? C'est la communauté anglophone de Montréal ! Elle a de solides contacts avec l'extérieur, au Canada anglais et aux États-Unis. Le Québec pourrait l'inclure au centre des politiques dont il se dotera.

Sélection du Reader's Digest,
août 1991

Les anglophones sont importants au Québec et, si on veut réussir quoi que ce soit, il faut qu'on les ait avec nous, qu'il y ait des consensus.

Le Devoir, 14 mai 1993

S'il y a la souveraineté du Québec et que l'on trouve que les Canadiens anglais se vengent sur les francophones hors Québec, ce qui est arrivé, nous ne nous vengerons pas sur les anglophones du Québec. Ils ont des droits et on va les respecter. Ce sont des Québécois et on va les traiter comme tels.

Le Devoir, 23 avril 1994

Cette question est en un sens plus importante que le rapport avec le Canada anglais, parce qu'elle sera là pour toujours. C'est la fibre même de notre société. [...] L'une des premières préoccupations d'un gouvernement souverainiste devrait être de créer une harmonie avec eux [les Anglo-Québécois], de les rassurer. Il y a des gens qui ont des appréhensions qui ne me paraissent pas fondées mais qui, dans leur esprit, le sont. Il faut en tenir compte. Il y a une démonstration à faire dans le concret, dans le quotidien.

Le Devoir, 2 mai 1995

Je ne cesserai jamais d'essayer de convaincre le plus grand nombre possible d'Anglo-Québécois de joindre les rangs du mouvement souverainiste. [...] La tâche des souverainistes est d'augmenter le nombre d'anglophones souverainistes sans condamner [pour autant] les choix des autres. (DISCOURS AUX ANGLOPHONES DE MONTRÉAL.)

La Presse, 13 mars 1996

La plupart de nos concitoyens anglophones ont un plus grand sens d'appartenance au Canada que la plupart des francophones. Leur choix référendaire [en faveur du NON à la souveraineté] n'est pas surprenant. Il est parfaitement respectable. (*IDEM.*)

La Presse, 13 mars 1996

Je crois profondément qu'il est dans l'intérêt bien compris du Québec de conserver une communauté anglophone dynamique, notamment en ce qui concerne la qualité de la vie économique et culturelle de Montréal. (*IDEM.*)

La Presse, 13 mars 1996

«Anglos go home»

C'était au centre-ville et probablement fait un vendredi pour dire que vous pouviez retourner au foyer, après avoir travaillé fort toute la semaine. C'est la seule explication que je puisse trouver...
(S'ADRESSANT À LA COMMUNAUTÉ ANGLOPHONE, LUCIEN BOUCHARD FAIT ICI ALLUSION AU GRAFFITI «*ANGLOS GO HOME*» PEINT SUR UN MUR DE MONTRÉAL.)

La Presse, 12 mars 1996

Angoisse *(du politicien)*

Les politiciens ne sont pas seulement rongés par la peur de perdre leurs élections. La plupart ont aussi l'angoisse de perdre leur famille. [...] La politique est un cimetière de mariages brisés et de familles dispersées.

Le Journal de Montréal,
29 juin 1991

Année charnière

L'année 1995 a été pour moi une véritable année charnière. Les événements se sont bousculés dans ma vie à un rythme tout à fait imprévu. Bien entendu, le référendum et la performance vigoureuse du OUI se sont révélés le point culminant d'une année bien remplie.

La Presse, 27 décembre 1995

Anormal

On est le seul peuple occidental de plus de six millions de personnes qui n'a pas son État souverain. On est le seul ! Pourquoi on serait le seul ? On veut nous faire croire que c'est normal ? Ce n'est pas normal, ça...

Le Journal de Montréal, 10 juin 1991

Apathie

Il y a une fatigue et une désaffection politiques. Même les dossiers sociaux qui auraient normalement mis le Québec en feu n'arrivent pas à le faire. C'est peut-être parce que le dossier souverainiste et référendaire prend toute la place.

Le Devoir, 2 mai 1995

Il y a une sorte de silence inquiétant qui plane présentement sur le Québec, une sorte d'apathie. Jamais les Québécois n'ont accepté de provocation pareille. (APRÈS L'AVEU DE JEAN CHRÉTIEN, À LA CHAMBRE DES COMMUNES, QU'IL REFUSERAIT DE RECONNAÎTRE UNE VICTOIRE DU OUI TROP SERRÉE.)

Le Devoir, 7 octobre 1995

Apocalypse

Si le OUI ne passe pas, c'est l'impensable pour moi. C'est la pire des situations. Je ne peux pas imaginer ce qui arrive au lendemain d'un référendum perdu...

La Presse, 29 octobre 1994

Si c'est NON, ce sera « *The Day After** ». Il y aura une réunion quelque part, peut-être trois ou quatre. Les gens décideront ce qu'ils veulent, mais moi je n'ai pas de temps à perdre là-dessus.

(*ALLUSION AU PREMIER JOUR APRÈS UNE GUERRE ATOMIQUE.)

La Presse, 19 octobre 1995

Apostolat

Mon parcours invite à la confiance. Quand j'ai quitté le gouvernement [Mulroney], ce n'était pas pour le luxe et le somptuaire. Je vis dans les autobus, les petites chambres d'hôtel et les sous-sols d'église depuis trois ans. Et je ne cherche pas à avoir le pouvoir gouvernemental, le pouvoir artificiel et confortable...

Radio-Québec, *Droit de regard*,
24 octobre 1993

Appréhensions

Ce n'est pas la direction du Parti québécois qui me créerait des appréhensions, si j'en avais ; c'est la considération du travail qu'il y a à faire, au point de vue du redressement des finances publiques, de la réconciliation de tous les Québécois et de la mise en place d'un chantier collectif qui va faire que chacun apportera sa pierre.

La Presse, 4 décembre 1995

Argent

Faut vivre avec l'argent qu'on a... (À SON COMPTABLE, ALORS QU'IL ÉTAIT AVOCAT À CHICOUTIMI.)

L'actualité, février 1996

Arme secrète

On sait que la fumée de cigarette est, avec le manque de sommeil, l'arme délétère utilisée, aux moments graves, par les négociateurs les plus subtils pour vaincre la résistance psychologique de leurs vis-à-vis les plus coriaces... (ALLUSION À ROBERT BOURASSA QUI S'ÉTAIT DIT INCOMMODÉ PAR LA

Le Devoir, 12 juin 1990

A *rmes (contrôle des)*

On veut une loi équilibrée, qui tienne compte des impératifs de la sécurité publique et qui, en même temps, ne s'acharne pas sur des citoyens paisibles d'une façon inutile. (À PROPOS DE LA POSITION DU BLOC RELATIVEMENT AU PROJET DE LOI C-68 SUR LE CONTRÔLE DES ARMES À FEU.)

Le Devoir, 18 mai 1995

A *rmée québécoise*

Le [Royal] 22e Régiment [cantonné à la Citadelle de Québec], ça nous appartient. Et quand nous négocierons avec Ottawa, nos *F-18*, ceux que nous avons payés, ils resteront chez nous !

Le Devoir, 11 octobre 1995

Il nous faudrait une petite armée minimale [...] surtout pas suréquipée, un corps d'élite bien entraîné et polyvalent.

La Presse, 19 octobre 1995

A *rtistes*

J'ai de la misère avec la réaction des artistes ! Les artistes ont porté le rêve souverainiste en 1980. Dans ce temps-là, ils ne nous parlaient pas d'argent. Mais quand ils se sont exprimés à la Commission Bélanger-Campeau, ils n'ont pas parlé de l'avenir du Québec mais de l'avenir de leurs subventions... Ça m'a beaucoup déçu.

Voir, 4 juin 1992

A *rtistes (engagement des)*

C'est normal que le milieu soit divisé sur cette question. Ce serait trop simpliste que de ramener les artistes à un modèle unique, de prétendre que l'artiste doit refléter l'ensemble de sa société, doit se mêler de tous les débats. [...] Je comprends bien qu'il y ait des artistes qui veuillent s'abstenir de participer à des débats, politiques en particulier. Il y en aura toujours qui préféreront se concentrer sur leur art ; ça fait partie de leur liberté de création. Tout comme il y a aussi de grands artistes qui se sentent interpellés par ces questions, pas uniquement au Québec d'ailleurs.

Avis d'artistes, hiver 1996

Asphyxie

Le jour où un gouvernement qui prélève des impôts n'est pas capable de les dépenser sur les programmes, sur les services sociaux, sur la construction d'équipements, sur la relance de l'économie, où il envoie l'argent à des créanciers, il n'y a plus de marge de manœuvre et, à la fin, il n'y a plus de gouvernement. [...] Ça veut dire l'asphyxie.

Richelieu, 2 mai 1993

Assassins

Chrétien n'avait pas assez d'isoler le Québec au cours de tractations secrètes, en pleine nuit, en 1982. Dix ans plus tard*, avec son maître Trudeau, il a tout fait pour tuer Meech. Et c'est le comité Charest qui est venu mettre le dernier clou sur le cercueil. [Chrétien et Charest] sont les assassins du lac Meech. (*HUIT, EN RÉALITÉ.)

La Presse, 12 juin 1993

Association

Les Québécois [...] doivent redéfinir le degré, les structures et les conditions de leur participation à l'ensemble canadien. Pour moi, cette participation, qu'on l'appelle associative, confédérative ou autrement, requerra une autre négociation, une vraie celle-là, portant sur des enjeux fondamentaux. Authentique, cette négociation devra l'être aussi par la vigueur du ressort qui en tendra la dynamique.

Autrement dit, il faudra désormais discuter à partir d'une position de force.

Lettre de démission à Brian Mulroney,
22 mai 1990

Assurance (tous risques)

Les leaders souverainistes ne sont pas des assureurs tous risques. Il y a quelque chose d'excessif à vouloir cadastrer l'avenir du Québec. La décision d'assumer la plénitude de nos responsabilités est tout autant un mouvement du cœur qu'un acte de raison. [...] On pourra réclamer les garanties que l'on veut, rien ne sera possible si nous ne fondons pas la construction du Québec sur la foi en nous-mêmes.

Congrès du Bloc québécois,
7 avril 1995

Assurance-chômage

En vérité, la réforme vise à refouler des gens qui sont présentement sur l'assurance-chômage et qui vont se retrouver sur l'aide sociale, ce qui augmentera d'autant la facture des provinces. (À PROPOS DU PROJET DE RÉFORME DU MINISTRE FÉDÉRAL DU DÉVELOPPEMENT DES RESSOURCES HUMAINES, LLOYD AXWORTHY.)

La Presse, 2 décembre 1995

Au travail!

Je pense qu'on va prendre la vraie décision et, après, on va être un peuple responsable. Ce ne sera pas du gâteau, il va falloir travailler fort. On est capables de travailler fort, nous les Québécois. Ça fait 300 ans qu'on travaille pour les autres. On va travailler pour nous autres cette fois-là.

Le Journal de Montréal, 10 juin 1991

Audrey

Elle s'intéresse à ce que je fais, mais ce n'est pas une ardente avocate de la cause d'un Québec indépendant. Elle est plutôt neutre à ce sujet. Elle

veut que ses enfants soient américains et fera en
sorte qu'ils aient leur passeport américain.
Maclean's, 29 novembre 1993

Ma femme n'est pas folle de la politique. Nous
avions convenu que tout cela serait terminé après le
référendum, que nous serions à la fin d'un cycle.
La Presse, 3 novembre 1995

Elle est très directe et d'une franchise redoutable.
Elle s'est toujours demandé si cela valait la peine de
faire de la politique. [...] Je ne m'attends pas à ce
qu'elle soit une militante, mais elle comprend très
bien ma démarche et trouve que cela a beaucoup de
sens. Elle ne vibre cependant pas au projet souverainiste. Pas plus qu'au fédéralisme.
L'actualité, février 1996

A*utobiographie*

J'ai voulu utiliser le pouvoir de l'écriture pour
ressusciter des gens, mon père surtout. (AU SUJET DE
SON AUTOBIOGRAPHIE, *À VISAGE DÉCOUVERT*, BORÉAL, 1992.)
Le Soleil, 3 juin 1992

Je voulais seulement raconter mon cheminement.
J'ai voulu comprendre comment j'en étais arrivé là.
(*IDEM.*)
Voir, 4 juin 1992

A*utobus*

Entre nous, l'autobus ce n'est plus ce que c'était:
c'est mieux qu'une Chevrolet! Je trouve que je ne
fais pas pitié. (À PROPOS DE SON PASSAGE DES LIMOUSINES
DIPLOMATIQUES ET MINISTÉRIELLES À LA « FRUGALITÉ » DES
TRANSPORTS EN COMMUN.)
La Presse, 20 octobre 1990

A*utochtones*

C'est évident qu'il faut refuser la souveraineté
aux autochtones. Il faut avoir le courage, la franchise
et la robustesse politique et morale de dire qu'on ne

peut pas démembrer le territoire québécois. Il y a une souveraineté au Québec, une souveraineté démocratique, égale pour tous, une souveraineté également capable d'assumer les dossiers de l'histoire, qui est capable de réparer les injustices.

Le Devoir, 15 septembre 1990

La souveraineté, non. Le Québec va faire d'abord la sienne, il va la gérer d'une façon convenable, respectueuse des droits de tout le monde, des minorités. [...] Ayant dit franchement non à leur souveraineté, nous devrons rapidement nous mettre à table et définir beaucoup plus clairement ce que nous voulons faire avec les autochtones. Il faut qu'on s'entende avec eux. Sinon, tout cela deviendra insoluble : ce sera tout un os !

Possibles, hiver 1991

Ce n'est pas vrai qu'il y aura la souveraineté dans la souveraineté, à la manière d'une poupée russe. Il faut adapter les revendications aux circonstances économiques, politiques, culturelles actuelles. [...] Fondamentalement, il va falloir trouver une formule qui exclue l'octroi de la souveraineté. Le Québec est un territoire dont il faut protéger l'intégrité. Il faut qu'il y ait un gouvernement, un État légitime qui exerce l'autorité sur ce territoire. Après, on peut faire des arrangements ! Depuis 1985, le Parti québécois utilise l'expression « autonomie au sein du Québec ». Je pense qu'il y a là, inscrite en filigrane, l'idée qu'il n'y aura d'autre souveraineté que celle dont le Québec sera dépositaire.

Possibles, hiver 1991

Il y a beaucoup de négativisme en ce moment au Québec à l'endroit des autochtones. Il faut faire attention à ça.

La Presse, 10 octobre 1992

Il faut être généreux, il faut mettre des gros morceaux sur la table. Je suis pour l'autonomie gouvernementale, mais il faut faire des ententes nous-mêmes. (À PROPOS DU RÔLE ÉVENTUEL DES TRIBUNAUX, EN CAS D'IMPASSE DANS LES NÉGOCIATIONS, POUR FIXER LE CONTENU DES ENTENTES.)

La Presse, 10 octobre 1992

Les autochtones du Québec n'ont pas le droit à l'autodétermination. Nous avons été très clairs là-dessus : légalement, Québec a conclu un très important traité avec les Cris et les Inuit – la Convention de la Baie-James – qui fait mention expresse de la cession de tout droit sur les territoires en faveur du Québec. Cette question est réglée.

Le Devoir, 25 mai 1994

Il n'y a aucun fondement légal pour permettre aux autochtones d'invoquer le droit à l'autodétermination. Mais nous reconnaissons le droit à l'autonomie gouvernementale des autochtones et nous savons que le gouvernement du Québec devra conclure des traités et des accords pour répondre à leurs revendications territoriales.

La Presse, 27 mai 1994

Une chose est certaine : s'il y a un endroit au Canada où les autochtones sont mieux traités, c'est au Québec. De plus, nous avons établi un modèle de fonctionnement pour l'avenir avec l'entente de la Baie-James qui prévoit des gouvernements autonomes. René Lévesque a reconnu leur droit au gouvernement autonome. Le Québec souverain aura à assurer les responsabilités fiduciaires, il devra reconnaître leur droit à un gouvernement autonome, et nous devrons négocier avec eux parce qu'ils ont des droits sur des portions de territoire.

Le Devoir, 26 octobre 1995

Autonomie

Les « Maîtres chez nous » de Jean Lesage, « Égalité ou indépendance » de Daniel Johnson père, le Livre blanc du gouvernement Lévesque sur la souveraineté-association, le rapport Allaire du Parti libéral, *Un Québec libre de ses choix,* s'inscrivent comme autant de manifestations de la quête autonomiste du Québec depuis la Révolution tranquille.

Vancouver, 2 mai 1994

A*utoroute de l'information*

C'est là que se situe un des plus grands défis pour l'avenir de notre langue. (DISCOURS D'ASSERMENTATION COMME PREMIER MINISTRE.)

Québec, 29 janvier 1996

A*utruche (politique de l')*

Le gouvernement [fédéral] continue la politique de l'autruche pratiquée par son prédécesseur. Fuyant la réalité, il s'interdit de mettre le doigt sur le mal principal : ce pays n'est pas gouvernable, empêtré qu'il est dans une structure décisionnelle déficiente et sclérosée.

Réponse au discours du Trône,
19 janvier 1994

A*vance (longueur d')*

Je fais beaucoup de discours, beaucoup de sous-sols d'église. Et je constate que ça se passe chez plusieurs au niveau individuel, c'est intériorisé. Les gens sont bien en avance sur les politiciens sur la question de la souveraineté.

La Presse, 26 octobre 1990

A*venir (l')*

L'avenir du Québec ne se fera pas avec des avocats, ni avec des négociateurs, mais avec le peuple et ses rêves.

Le Lac-Saint-Jean,
26 juin 1990

L'avenir, ce ne sont pas les vieilles patentes d'Ottawa mais l'Europe des années 2000, celle du

Traité de Maastricht qui consacre la souveraineté de chaque État.

Le Soleil, 9 septembre 1993

Avertissement

Les attitudes qu'il adoptera dans ses premiers rapports avec le Québec souverain en diront long sur le Canada de demain et le genre de société qu'il se donnera à lui-même. [...] La négation des droits démocratiques du Québec serait plus périlleuse pour l'existence du Canada, comme nation civilisée, que les inconvénients lui résultant de la souveraineté du Québec. (ASSEMBLÉE DE LANCEMENT DU BLOC QUÉBÉCOIS.)

Sorel, 15 juin 1991

Aveu

Parfois, il m'est difficile de parler en mon nom propre et de vivre avec les conséquences de ce que j'ai dit.

Sénat du Canada,
20 juillet 1988

Avocat

Je ne sais pas ce qui va arriver [après le référendum]. J'ai des hauts et des bas par rapport à mon plaisir de faire de la politique. [...] Je suis hanté par l'idée de retourner au droit. J'aime le métier d'avocat. Je travaille comme un avocat. Quand je remplis la carte qu'on nous donne avant d'atterrir en avion, une fois sur deux, à profession, j'inscris « avocat ».

La Presse, 19 octobre 1995

Avortement

[Je suis contre.] Je doute d'ailleurs que des gens soient vraiment pour à 100 %. Personnellement, je n'en ai jamais rencontré. [...] Ce que je ne peux accepter, c'est l'avortement comme moyen de contraception. L'avortement est acceptable seulement dans des cas exceptionnels et [s'il est] fait dans de bonnes conditions médicales.

Le Lac-Saint-Jean,
26 juillet 1988

Je ne suis pas pour l'avortement et je doute que quelqu'un soit pour. [...] Ça se peut que ce soit un mal nécessaire dans certaines circonstances.

Le Réveil de Chicoutimi,
26 juillet 1988

B

B *agotville*

Cette base [de la Royal Canadian Air Force] est là pour demeurer parce qu'elle est importante dans le réseau canadien de défense. Et non seulement nous voulons la conserver, mais il faut aussi la développer pour en faire une base ultramoderne.

Le Réveil de Chicoutimi, 7 mars 1989

B *al (du gouverneur)*

C'est une tradition mondaine. Je n'ai rien contre les bals, je suis déjà allé à des bals et j'espère y retourner un jour quand les circonstances s'y prêteront. On ne s'en ira pas danser en robes longues et en tuxedos. Il y a là un côté fastueux et somptuaire qui répugne dans la situation politique et économique actuelle. (À PROPOS DU BAL ANNUEL ORGANISÉ PAR LE GOUVERNEUR GÉNÉRAL DU CANADA.)

Le Soleil, 12 janvier 1994

B *ananes (pelures de)*

En politique, tout est précaire. Il y a des pelures de banane partout.

Le Devoir, 12 octobre 1993

B *aptême (certificat de)*

Nous sommes un vrai pays. Il nous faut nous décider à naître, à [nous] décerner le certificat de baptême.

Le Devoir, 11 octobre 1995

37

Baseball

C'est un sport fait pour être joué dehors quand il fait beau. [...] Les souvenirs que j'en ai, c'est d'être dans les estrades au soleil, de manger des *Cracker Jack*, un hot dog. Et de jaser avec le monde autour. Il y a dans ce sport une espèce d'absence de rythme qui s'y prête.

Le Devoir, 9 juillet 1993

Bataille *(plan de)*

On va commencer par *clancher* les libéraux, et après ça on va enclencher le référendum ! (CAMPAGNE ÉLECTORALE POUR LE PARTI QUÉBÉCOIS.)

Le Devoir, 3 août 1994

Bavures

Personne ne va nier le caractère démocratique du Canada. Il y a eu des bavures importantes, les troubles d'octobre, l'internement des Japonais, des Ukrainiens, mais enfin, en général, c'est une démocratie.

Richelieu, 2 mai 1993

«**B**eau risque»

Le «beau risque», pour moi, c'était pas le Parti conservateur, c'était Mulroney, quelqu'un qui est allé à Ottawa... pour tenter de façonner un fédéralisme plus hospitalier pour le Québec. Ce que Lévesque n'aura pas su expliquer au Canada anglais, des francophones pensent que Mulroney, lui, pourra l'expliquer, lui qui parle bien l'anglais, lui qui est un anglophone.

L'actualité, 15 mai 1990

L'un des premiers parmi les combattants de la souveraineté, j'ai couru le «beau risque», si bien nommé – et en même temps légitimé – par M. René Lévesque. Personne ne l'a fait avec plus de loyauté que moi.

Lettre de démission à Brian Mulroney, 22 mai 1990

En vérité, le pari n'était pas perdu d'avance. On pouvait supposer que le Canada anglais éprouvait une sorte de remords, qu'il se souviendrait que le fédéralisme canadien avait d'abord été un rêve et que, mû par une sorte d'instinct de conservation, il verrait la main qui se tendait, qu'il percevrait la nécessité du geste à poser envers le Québec et qu'il saluerait avec enthousiasme [...] cette ouverture sur l'avenir.

Canadian Club, Montréal,
29 octobre 1990

En 1984, le Parti conservateur de Brian Mulroney accède au pouvoir après avoir promis d'œuvrer à la réintégration du Québec dans la famille canadienne. René Lévesque légitima la démarche, en la baptisant de «beau risque». Je fus de ceux qui acceptèrent le pari. Avec eux, je le perdis. [...] Le constat a été net pour moi : le Canada n'est pas disposé à reconnaître le caractère distinct du Québec et il faut renoncer à tout espoir de dévolution substantielle de pouvoirs à l'Assemblée nationale.

Traces, novembre-décembre 1991

M. Mulroney avait livré à Sept-Îles un message d'espoir pour le Québec et le Canada, après l'amertume de l'après-référendum et du rapatriement de 1982. Le temps est venu de tirer une ligne. Ce «beau risque», qui est né un après-midi ensoleillé à Sept-Îles, en août 1984, a rendu l'âme une autre journée d'août à Charlottetown, huit ans plus tard. C'est triste, parce que ça finit et que ça finit mal.

La Presse, 18 octobre 1992

B eaudoin, *Laurent*

On peut être fédéraliste et dire qu'on l'est, c'est parfaitement légitime. [...] Mais de dire : «Si vous ne pensez pas comme moi, je vais quitter le Québec», c'est quelque chose qui fait mal quand ça vient de quelqu'un qui, pour moi, est un exemple vivant d'un

Québécois qui est capable de réussir quand il est fonceur, quand il a de la volonté, de l'imagination et du talent. (RÉACTION À LA MENACE DU PRÉSIDENT DE BOMBARDIER DE DÉMÉNAGER SON ENTREPRISE EN CAS D'ACCESSION DU QUÉBEC À LA SOUVERAINETÉ.)

Le Devoir, 5 octobre 1995

B*eaudoin-Dobbie (Commission)*

Ce sont des acteurs professionnels. Ils portent des masques et disent des choses bizarres.

Le Devoir, 31 janvier 1992

B*élanger-Campeau (Commission)*

Les délibérations de cette commission devraient décaper bien des ambiguïtés, des faux-fuyants, des poses avantageuses et des formules passe-partout.

Le Devoir, 10 juillet 1990

Les travaux de la Commission doivent apporter un éclairage indispensable sur les facettes manquantes de la souveraineté. Les discussions ouvertes et vigoureuses que devrait susciter un tel forum constitueront un excellent moyen de substituer l'information à l'appréhension, l'étude à l'interdit, l'échange à la diatribe.

Le Devoir, 31 juillet 1990

On peut se féliciter du rapprochement qu'elle a rendu possible, au-dessus des partis et des intérêts, entre gens et milieux qui, quoi qu'il advienne, auront l'obligation de résoudre leurs différends dans le dialogue. Elle a aussi pourvu les Québécois d'une grille d'analyse – raffinée par le rapport Allaire – dont ils auront bien besoin pour évaluer ce qu'Ottawa leur prépare, offres ou question référendaire.

À visage découvert, Boréal, 1992

B*erlin (mur de)*

Je ne pense pas que M. Tobin peut continuer à nous parler d'un mur de Berlin dans le Golfe. (RÉACTION

La Presse, 29 octobre 1995

B*éton*

Le Canada anglais ne laissera jamais le gouvernement fédéral promettre quelque changement constitutionnel que ce soit et Chrétien va se bétonner dans
la sclérose du régime.

La Presse, 21 août 1995

B*ilinguisme*

Aujourd'hui [...], notre beau pays, à l'aube d'une
prospérité extraordinaire, requiert les efforts réunis
de tous ses habitants et le bilinguisme pourrait bien
s'avérer l'un des meilleurs moyens de réaliser cette
unité entre les deux races, devenue si nécessaire à
notre expansion future. [...] Nous nous en voudrions,
toutefois, de prôner un bilinguisme radical, capable
de concourir à notre anglicisation, plutôt que de conserver chez nous un esprit français bien vivant. Car il
va sans dire que l'on devra procéder, au préalable, à
l'élaboration d'une méthode ordonnée, précaution
indispensable à la mise en pratique d'un bilinguisme
rationnel.

Le Réveil de Jonquière,
20 février 1957

Loin de nous l'idée de renoncer à ce combat
héroïque que, depuis deux siècles, notre peuple
soutient pour la sauvegarde de ses droits. [Le bilin-
guisme] est tout simplement une nouvelle arme que
nous introduisons dans la lutte. Mais une arme pacifique, devant nous conférer une supériorité manifeste sur nos rivaux de toujours. Avec elle, nous
abattrons les barrières qui empêchent notre libéra-
tion économique ! Par elle, nous vaincrons le con-
formisme étroit des impérialistes ! Les Canadiens
anglais reconnaîtront alors, bon gré mal gré, que
non seulement notre survivance est un fait accompli,

mais encore que nous représentons une force vitale au bien-être économique du Canada !

Le Réveil de Jonquière, 20 février 1957

Chez nous, le bilinguisme instauré par Pierre Elliott Trudeau et Gérard Pelletier a été un moyen de résorber certains conflits : il a permis aux hauts fonctionnaires francophones, longtemps cantonnés au gouvernement québécois, de se joindre au gouvernement fédéral d'Ottawa. Aujourd'hui, pour faire une grande carrière politique au Canada, il faut être bilingue.

L'Express, 11 septembre 1987

Il y a des gens qui pensent que le bilinguisme au Canada, c'est contraire aux intérêts du Québec, contraire à la préservation du visage français [québécois]. Je ne le pense pas.

Le Soleil, 28 mai 1988

Je me sens mal à l'aise qu'on soit forcé de défendre la langue française par les lois 101 et 178 [sur l'affichage]. J'ai été élevé dans une région où le bilinguisme n'existait pas et où personne n'apprenait l'anglais.

Possibles, hiver 1991

Beaucoup de francophones dans les couches populaires n'ont pas appris l'anglais, soit parce qu'ils n'en avaient pas les moyens, soit parce qu'il y avait un interdit qui pesait sur le bilinguisme. On n'a pas le choix de ne pas savoir l'anglais. Il va falloir trouver le moyen de parler le français beaucoup mieux qu'on le parle et aussi d'apprendre à parler l'anglais.

Possibles, hiver 1991

Bien que l'on puisse affirmer, dans une perspective à très courte vue, que le programme du bilinguisme officiel du gouvernement canadien a quelque peu amélioré la situation des francophones hors

Québec – mais comment pouvait-elle ne pas l'être? –, il serait risible de prétendre que cette situation correspond, aujourd'hui, aux espoirs qui ont fondé, au Québec, l'acceptation de l'Acte de 1867.

Un nouveau parti..., Bloc québécois, mai 1993

Le bilinguisme hors Québec est déjà un échec, cela est évident. Qui peut prétendre que le bilinguisme existe au Canada? Il existe dans les institutions fédérales, d'accord, au Nouveau-Brunswick aussi, mais au fur et à mesure qu'on s'éloigne du Québec, il n'y a pas de bilinguisme, il n'a jamais existé.

La Presse, 25 mars 1994

Je suis un ardent promoteur et avocat du bilinguisme institutionnel canadien. C'est une nécessité et un impératif.

La Presse, 14 avril 1994

Si le Québec décide de rester fédéraliste, il n'y a aucune raison pour supprimer le bilinguisme, une condition importante du fédéralisme. Si on devient souverainistes, c'est la même chose. Il ne faut pas laisser tomber les francophones hors Québec. Il faut se prémunir pour l'avenir. Il ne faut pas les laisser entre les mains des gouvernements provinciaux de l'Ouest.

Le Devoir, 23 avril 1994

Dans sa croisade en faveur des langues officielles, M. Trudeau a créé un énorme malentendu entre nos deux peuples. Il a fait croire au Canada que l'adoption du bilinguisme institutionnel allait régler le problème québécois. Rien n'était plus faux. Des millions de Canadiens ont investi leur énergie politique et leur bonne foi dans cet espoir. La frustration que M. Trudeau a ainsi engendrée au Canada anglais est un des facteurs les plus néfastes de notre histoire récente.

La Presse, 10 février 1996

Bisbille

Je n'ai pas travaillé trois ans dans le désert à construire le Bloc pour le voir inféodé à des barons locaux. Si ça force, je ne mettrai pas de gants blancs pour m'assurer que les députés du Parti québécois se mêlent de leurs affaires. [...] On n'est pas obligés de faire marcher le monde selon la loi péquiste !

(RÉACTION AUX TENTATIVES DU PQ D'INTERFÉRER DANS LE CHOIX DES CANDIDATS BLOQUISTES AUX ÉLECTIONS FÉDÉRALES.)

La Presse, 3 avril 1993

Bloc québécois

Être à Ottawa ne me paraît pas l'essentiel de la stratégie parce que, pour moi, l'avenir du Québec va se décider au Québec. (À PROPOS DE LA PRÉSENCE ÉVENTUELLE D'UN PARTI SOUVERAINISTE À OTTAWA.)

Le Soleil, 15 juin 1990

Il est évident que le Canada anglais ne sait pas ce qui se passe au Québec. Il faut que la démarche enclenchée vers la souveraineté, qui ne pourra être arrêtée, lui soit expliquée à Ottawa.

Presse Canadienne, 23 février 1991

Je ne resterais pas une minute de plus à Ottawa s'il n'y avait pas dans le collimateur l'idée de faire la souveraineté et que, entre-temps, ça prend des gens pour la défendre [là-bas]. Si le Québec décide qu'il ne veut pas la faire, la souveraineté, on n'aura plus de raisons d'être là. On est purement transitoires.

Le Devoir, 18 mai 1991

Nous sommes à Ottawa en mission temporaire. Notre succès se mesurera à la brièveté de notre mandat.

La Presse, 15 juin 1991

Un nouveau parti, oui ! Mais pas un parti comme les autres. Étrange parti, en effet, qui ne veut pas former de gouvernement et qui doit sa fondation à vous tous qui, pour la plupart, êtes déjà membres de partis existants et entendez le rester. C'est aussi un parti qui a bien l'intention de mourir jeune ! (ASSEMBLÉE DE LANCEMENT DU BLOC QUÉBÉCOIS.)

Sorel, 15 juin 1991

Parce qu'il œuvre à Ottawa, nous savons bien que la contribution du Bloc québécois, au sein du combat souverainiste, est complémentaire au rôle de ceux *oui ?* qui construisent le Québec souverain de l'intérieur. Il n'y aura pas de chevauchement fédéral dans le domaine de la souveraineté. (ASSEMBLÉE DE LANCEMENT DU BLOC QUÉBÉCOIS.)

Sorel, 15 juin 1991

La tribune pour parler au Canada anglais, ce n'est pas à Québec. Pour être sous les feux du Canada anglais, pour que les messages puissent s'y rendre, pour que le monde international voie qu'il se passe des choses au Québec, c'est par le Bloc québécois, par un contingent de députés souverainistes qui agiront sur la scène pancanadienne [qu'il faut passer].

Le Soleil, 19 janvier 1993

On avait envoyé des nationalistes à Ottawa. Or, même ces gens là, qui étaient partis avec les meilleures intentions, n'ont pas été capables de passer à travers la dynamique fédérale : ils sont revenus avec Charlottetown. Il faut donc une autre réaction de solidarité de la part des Québécois qui, cette fois-ci, nous donnera les moyens de réussir, en dissociant nos députés des partis fédéralistes.

Le Devoir, 8 mars 1993

Il faut empêcher la possibilité que le Québec continue à vivre dans l'ambiguïté. Il faut absolument qu'on brise le concept de la double légitimité. Quand le Canada anglais va voir arriver les députés souverainistes à la Chambre des communes, ce sera le réveil, le déchirement du voile. (ALLUSION AU PRINCIPE DE LA DOUBLE LÉGITIMITÉ ÉLECTORALE QUE LES QUÉBÉCOIS ONT

Le Devoir, 26 mars 1993

Il y a deux volets dans la mission du Bloc : le premier, c'est de s'inscrire dans le cheminement vers la souveraineté et de le favoriser. Le second, durant la transition, est de promouvoir les intérêts du Québec. [...] Le Bloc n'a pas de sens s'il n'est pas intégré dans une démarche plus large qui mène à la souveraineté.

L'actualité, juillet 1993

Le Bloc a un rôle pédagogique à jouer, un rôle de préparation psychologique et politique très important. On dira : « Nous sommes envoyés par le Québec, nous sommes des souverainistes, ne vous y trompez pas. » Le réveil risque d'être brutal pour les Canadiens si on ne les prépare pas. [...] Pour éviter qu'ils soient tentés par des réactions irrationnelles, il faut les préparer à discuter avec le Québec.

L'actualité, juillet 1993

Je veux que le Bloc soit un ralliement de tous les souverainistes. Et les souverainistes ne sont pas tous dans le Parti québécois. Il y en a dans le Parti libéral, d'autres qui ont la tentation de la souveraineté mais qui n'y succombent pas encore. Le Bloc québécois doit ouvrir très grand l'éventail de son affection : c'est conforme à son objectif de ralliement.

L'actualité, juillet 1993

Le Bloc va jouer à Ottawa un rôle constructif, un rôle responsable, un rôle positif. On ne va pas là pour prouver par l'absurde que le régime fédéral ne fonctionne pas. La démonstration, on la fait actuellement.

La Presse, 20 septembre 1993

Le Bloc ne veut pas démanteler le pays ni détruire le Canada.

Le Devoir, 20 septembre 1993

Le vrai pouvoir, ce n'est pas le pouvoir qu'on a tenté d'exercer avec les vieux partis. Le vrai pouvoir, c'est d'envoyer à Ottawa le parti du Québec, un parti qui n'aura de comptes à rendre qu'au Québec.

La Presse, 1er octobre 1993

On va avoir les moyens d'un vrai parti, les instruments pour aller chercher la vérité, pour fouiller les livres, pour participer aux commissions parlementaires, pour pointer les inéquités et les mettre sous les projecteurs. On va pouvoir voter, profiter des règles parlementaires. On va envahir la Chambre des communes. Quel spectacle extraordinaire, le Québec debout face au Canada !

Le Soleil, 7 octobre 1993

On ne sait trop qui vote pour le Bloc. Il y a des gens qui disent que c'est surtout des fédéralistes ; c'est la thèse de Mme Campbell. Il y en a d'autres qui pensent qu'il y a plus de souverainistes. Les sondages ne permettent pas de distinguer très clairement quelle est l'option de ceux qui appuient le Bloc.

La Presse, 12 octobre 1993

La souveraineté ne se fera pas à Ottawa mais à Québec. [...] On est là en attendant [un référendum], pour limiter les dégâts et amorcer le dialogue. Si les Québécois votent pour nous, ce n'est pas pour aller crier et mettre la chicane à Ottawa. Ils ne nous pardonneraient pas si on faisait ça. Les Québécois veulent qu'on aille là pour faire triompher un minimum de bon sens et de retenue dans la gestion des finances publiques et un peu d'espoir dans la création d'emplois.

La Presse, 13 octobre 1993

L'élection du Bloc à Ottawa s'inscrit dans une démarche de cohérence québécoise. Ce soir, le peuple québécois nous donne le mandat de veiller à ses intérêts à Ottawa, mais aussi de baliser la route qui mène à cette «prochaine fois» [dont parlait René Lévesque]. (AU SOIR DE LA VICTOIRE DU BLOC AUX ÉLECTIONS FÉDÉRALES DU 25 OCTOBRE.)

Le Soleil, 26 octobre 1993

Si le Bloc est né du rejet de Meech, son élection à Ottawa est la conséquence directe de Charlottetown.

Le Devoir, 26 octobre 1993

Je pense que la seule présence du Bloc québécois à Ottawa, la seule présence des 54 députés souverainistes à Ottawa est en soi un élément perturbateur pour des gens qui pensaient qu'il n'y avait pas de problème pour l'intégrité canadienne. Et je pense que c'est notre rôle à nous de transmettre l'information que nous essayons de transmettre, mais à la condition que nous le fassions d'une façon modérée et responsable.

Le Devoir, 16 juin 1994

Nous serons une véritable courroie de transmission d'un gouvernement à l'autre. [...] On n'aura jamais vu cela. On sera dans une situation sans précédent où le parti d'opposition officielle à Ottawa va véhiculer directement, chaque jour, les préoccupations, les vues, les objectifs d'un gouvernement qui est à Québec. (À PROPOS D'UNE ÉVENTUELLE VICTOIRE PÉQUISTE AUX ÉLECTIONS DE L'AUTOMNE.)

Le Soleil, 23 juin 1994

Je suis content que le Bloc se soit promu lui-même, mais moi, je le voyais comme une façon de promouvoir la souveraineté. Je pense que maintenant, on peut dire qu'on fait partie nous aussi de l'ambiguïté québécoise. (À PROPOS DE LA BONNE IMAGE DU BLOC QUI CONTRASTE ALORS AVEC LA FAIBLE COTE DE LA SOUVERAINETÉ DANS L'OPINION QUÉBÉCOISE.)

La Presse, 29 octobre 1994

Il est clair pour moi que le Bloc québécois ne peut devenir un meuble permanent à la Chambre des communes. [...] On ne nous a pas envoyés à Ottawa pour que des députés fassent carrière. Ça ne doit jamais s'inscrire dans l'ordre des solutions permanentes. Le Bloc n'a de sens que s'il travaille dans le but de la souveraineté. Il ne faut jamais que le Bloc serve de palliatif à la souveraineté du Québec. Il ne doit pas servir d'échappatoire.

La Presse, 27 novembre 1994

Il ne faut pas que les gens pensent [...] qu'il y aura toujours une police d'assurance à Ottawa et qu'il y aura toujours le Bloc à Ottawa. La pire chose qui pourrait nous arriver, c'est qu'on serve de caution à une certaine résignation, à une certaine appréhension d'aller jusqu'à la véritable solution, la souveraineté du Québec.

Le Soleil, 27 novembre 1994

Les fédéraux ont dit que le Bloc est une succursale du PQ. Ce n'est pas vrai. Non, on n'est pas à la remorque du Parti québécois !

Le Devoir, 2 mai 1995

Plus que jamais, il est nécessaire qu'il y ait à Ottawa des Québécois qui défendent véritablement les intérêts du Québec, notamment au moment où des attaques sans précédent seront lancées contre nous. (APRÈS LA DÉFAITE DU OUI AU RÉFÉRENDUM SUR LA SOUVERAINETÉ.)

Le Soleil, 3 novembre 1995

Le Bloc, c'est cinq années de ma vie, cinq années les plus marquantes. Pour moi, ce soir, c'est une porte qui se ferme. [...] C'est important, le Bloc, dans ma maturation politique, dans mon apprentissage du milieu, de l'organisation. J'ai suivi un cours accéléré. (À L'OCCASION DE SON DÉPART DU BLOC ET DE LA CHAMBRE DES COMMUNES.)

La Presse, 16 janvier 1996

Bombardier

Nous savons maintenant, parce que M. Beaudoin nous l'a dit clairement, que Bombardier resterait au

Québec en cas de souveraineté. Il faut saluer [cette attitude] responsable. M. Beaudoin nous parle comme un Québécois qui a ses racines ici et qui sait devoir une partie importante du succès de son entreprise à la loyauté, l'acharnement et l'expertise de sa main-d'œuvre.

La Presse, 27 octobre 1995

B *on sens (gros)*

En cette période d'après-guerre froide, quelle personne sensée refusera d'admettre qu'il est possible de réduire de 25 % les dépenses militaires, ce qui représente 3 milliards de dollars, sans porter atteinte à la sécurité du Canada et du Québec ?

Université de Montréal, 15 septembre 1993

B *onbon*

Il ne faut pas dire que dans un Québec souverain il n'y aurait plus de fermetures [d'hôpitaux, par exemple] et que tout serait rose. Ça ne serait pas honnête. On ne peut pas promettre la lune aux gens. Il faut gérer en gestionnaires responsables. Un Québec souverain, ce n'est pas du bonbon pour tout le monde. Il n'y aura pas de bonbon syndical, pas plus que de bonbon patronal.

Le Devoir, 9 juin 1995

B *onheur*

J'ai toujours été capable de concilier vie privée et vie politique. J'ai une famille, un mariage qui va très bien, une femme extraordinaire, des enfants avec qui je m'entends bien...

Le Soleil, 20 février 1995

B *onnet blanc...*

Libéraux et conservateurs, c'est bonnet blanc, blanc bonnet. Les deux partis sont aussi menaçants et aussi désuets et ont tous deux fait la preuve de leur incapacité à défendre les intérêts du Québec.

Le Soleil, 27 septembre 1993

B *ordel*

Je ne pense pas qu'on puisse paver la voie à la souveraineté en foutant le bordel. Je ne crois pas à ça et les Québécois ne l'accepteraient pas. (À PROPOS DE L'ATTITUDE QUE LE BLOC VA ADOPTER À LA CHAMBRE DES COMMUNES.)

Le Soleil, 27 octobre 1993

B *ouc émissaire*

Si les mythes et les refoulements n'avaient pas existé, les Canadiens français les auraient inventés. Qu'un fossé d'incompréhension et de préjugés nous sépare des Canadiens anglais est de notoriété publique. Mais qu'on impute tous les torts à ces derniers, voilà qui semble trop commode. C'est là pourtant une attitude qui nous est typique.

Le Carabin, 16 novembre 1961

J'aimerais que nous cessions de nous inventer des boucs émissaires : rien n'est jamais de notre faute, c'est toujours celle du gouvernement fédéral, des Anglais ou de Terre-Neuve. Je crois que la souveraineté nous forcera à accepter la responsabilité de nos échecs, comme de nos succès.

Sélection du Reader's Digest,
août 1991

B *ouchard, Lucien*

Il est difficile [aux observateurs extérieurs] de percevoir la dynamique politique. La situation actuelle et ma nouvelle orientation sont des conséquences du référendum de 1980. (LUCIEN BOUCHARD EST AMBASSADEUR DU CANADA À PARIS.)

L'actualité, novembre 1985

Mulroney et moi n'étions pas toujours d'accord en politique. J'étais socialiste et nationaliste alors que lui était conservateur, mais nous sommes tout de même devenus amis. Plus tard, quand je suis devenu indépendantiste et qu'il était fédéraliste, nous nous sommes rencontrés et avons souvent discuté ensemble.

Maclean's, 22 février 1988

Je me retrouve dans la continuité pour défendre les intérêts politiques du Québec. J'inscris ma démarche comme un cheminement pour l'épanouissement du Québec et la reconnaissance de son identité. (LUCIEN BOUCHARD EST ALORS SECRÉTAIRE D'ÉTAT.)

Le Quotidien du Saguenay–Lac-Saint-Jean,
4 mai 1988

J'ai voté libéral, j'ai voté péquiste, j'ai pris le «beau risque» et maintenant, me voilà souverainiste. Et on est plusieurs à penser pareil.

Le Soleil, 4 juin 1992

Au fond, tous ces parcours successifs, ce sont des décisions que j'ai prises, moi, à l'occasion de circonstances que nous avons tous vécues ensemble. [...] On a tous fait cela. M. Lévesque était libéral avant de devenir indépendantiste et de créer son parti. J'étais libéral, au début. Toute la jeunesse québécoise était libérale dans les années soixante. [...] Après, je suis devenu péquiste, je suis devenu indépendantiste parce que je trouvais que ça ne marchait pas.

Radio-Canada, *Raison-Passion*,
10 septembre 1992

Mon cheminement a suivi l'évolution du Québec. Je suis passé de libéral à conservateur, [puis] à indépendantiste.

Voir, 7 octobre 1993

Mon parcours est dans la continuité de l'itinéraire de René Lévesque. [...] J'ai été libéral en même temps que René Lévesque, péquiste quand il a fondé le Parti québécois, j'ai vécu le «beau risque» avec lui, mais si M. Lévesque n'a pas vu la fin du «beau risque», moi je l'ai vue...

Le Journal de Montréal, 19 octobre 1993

Je me sens bien dans mon rôle [de chef du Bloc québécois] parce que je crois fermement en ce que je fais. Comme conservateur, j'étais mal à l'aise ; je devais subordonner mes opinions à la politique du gouvernement. J'étais inconfortable, pas très heureux, jusqu'à la grande explosion qui m'a libéré [en 1990]. Je suis moi-même, je suis maintenant le vrai Lucien Bouchard, un homme très modéré.

Le Devoir, 23 juin 1994

J'ai un itinéraire qui paraît compliqué à certains.

L'actualité, février 1996

Bourassa, Henri

Le thème qui occupe toute la vie d'Henri Bourassa, celui qui en fait le champion incontesté du peuple canadien-français et qui lui vaut l'attachement et la confiance des siens, c'est le nationalisme. Son combat est dirigé contre l'idéologie impérialiste qui, pendant 50 ans, empoisonne la politique intérieure et extérieure du Canada. Henri Bourassa prêche un nationalisme pancanadien qui est fondé sur le respect mutuel de ce qu'il appelle «les deux races». (DISCOURS PRONONCÉ À L'OCCASION DU 80e ANNIVERSAIRE DU QUOTIDIEN *LE DEVOIR*.)

Le Devoir, 3 février 1990

Bourassa, Robert

Le gouvernement de M. Bourassa défend très bien les intérêts des Québécois et son action s'inscrit dans la continuité. *RETOUR D'ASCENSEUR*

La Presse, 29 juin 1988

J'ai de l'estime pour M. Bourassa. Je ne le prends pas à la légère. C'est un homme remarquable qui fera tout pour préserver les intérêts du Québec.

Le Journal de Montréal, 24 mai 1990

Bourassa, c'est comme Houdini. C'est vrai qu'Houdini, pendant longtemps, se sortait des menottes, des prisons de Londres, des barreaux, des camisoles de force. Un bon jour, il s'est fait mettre dans un coffre. On a barré le coffre avec un gros cadenas. On a entouré ça de chaînes et il n'en est jamais sorti. Le coffre, ça pourrait être la loi 150. (AU SUJET DES «CONTORSIONS» ET DES TERGIVERSATIONS DE ROBERT BOURASSA QUANT À LA TENUE DU RÉFÉRENDUM SUR LA SOUVERAINETÉ PRÉVU PAR LA LOI 150.)

La Presse, 31 janvier 1992

M. Bourassa joue avec le destin du Québec depuis quelque temps avec un amusement inconvenant, avec une légèreté qui frise l'irresponsabilité. M. Bourassa va devoir très vite choisir sa place dans l'histoire. Est-ce qu'il tiendra une place à côté d'Adélard Godbout, l'homme de la soumission totale à Ottawa, ou est-ce qu'il tiendra la place d'un véritable leader du Québec? (À PROPOS DE L'ATTITUDE DE ROBERT BOURASSA PAR RAPPORT AU «VIOL DÉMOCRATIQUE» DU QUÉBEC QUE CONSTITUERAIT UN ÉVENTUEL RÉFÉRENDUM PANCANADIEN.)

La Presse, 9 avril 1992

Il est très craintif. Il a peur de son ombre. Il a peur de son parti, il a peur de son aile fédéraliste, il a peur de son aile souverainiste, il a peur de ses jeunes, il a peur du fédéral... Il a peur de tout le monde, M. Bourassa.

CHLC, Baie-Comeau,
30 avril 1992

Voilà que M. Bourassa nous dit qu'il va aller s'accroupir devant le fédéral en leur disant : «Rassurez-vous, je ne vous demanderai rien.» Eh bien! il va falloir le débarquer du gouvernement au plus tôt. Car c'est ça, Robert Bourassa. Maintenant, il n'y a plus de gants blancs à mettre avec lui, le masque est tombé. Voilà un homme prêt à tout brader pour garder son petit pouvoir. (À PROPOS DE LA «FAIBLESSE» DE ROBERT BOURASSA DANS LE FACE À FACE CONSTITUTIONNEL QUÉBEC-CANADA ANGLAIS.)

La Presse, 21 mai 1992

La faiblesse du premier ministre Bourassa est devenue un danger pour le Québec. Le premier ministre Bourassa a mis sa cravate dans la machine et le reste va y passer ! (AU SUJET DE L'ENTENTE DE CHARLOTTETOWN.)

Le Soleil, 11 août 1992

M. Bourassa est le symbole de l'ambiguïté politique.

La Presse, 20 juin 1993

M. Bourassa est un homme neutre par essence. Il est neutre dans tout ce qu'il fait. Il va attendre. Sa devise politique, c'est d'attendre, on le sait. Il peut changer d'idée ce soir, demain, après-demain... M. Bourassa est un homme du passé qui a perdu contact avec le débat politique actuel. (À PROPOS DE LA NEUTRALITÉ ANNONCÉE DU PREMIER MINISTRE QUÉBÉCOIS DANS LES ÉLECTIONS FÉDÉRALES DE L'AUTOMNE.)

Le Soleil, 21 juin 1993

Dans les années soixante-dix, il a eu l'instinct qu'il fallait faire quelque chose de grand pour le Québec, qu'il fallait conquérir le Nord et lancer une économie nouvelle. Il a inspiré les Québécois en faisant cela.

Le Soleil, 9 octobre 1993

Je n'ai jamais été méchant avec lui.

Le Soleil, 9 octobre 1993

J'ai surtout parlé à M. Bourassa au début, quand j'ai démissionné [en 1990]. Il m'a obtenu des sondages pour [le comté] Laurier-Sainte-Marie. Il m'a nommé à la Commission Bélanger-Campeau, le premier. Il a aidé à la création du Bloc, M. Bourassa. [...] Avant que M. Lapierre n'entre dans le Bloc, avant que M. Rocheleau n'entre dans le Bloc, ils sont allés [lui] demander la bénédiction, le *nihil obstat*. (À PROPOS DU RÔLE JOUÉ PAR LE PREMIER MINISTRE DU QUÉBEC DANS LA CRÉATION DU BLOC QUÉBÉCOIS.)

Le Soleil, 9 octobre 1993

Bourassa vit et incarne toutes les ambiguïtés québécoises. Il est avant tout un homme de pouvoir, donc prêt à bien des accommodements, bien des compromis, pour garder le pouvoir, en se tenant au centre. C'est aussi un nationaliste québécois, dans le sens traditionnel du terme. On a vu à quel point il a flirté avec René Lévesque. Il voudrait aller aussi loin que possible sans franchir la ligne du risque. Parce que... ce n'est pas un «risqueux», comme on dit !

L'actualité, juillet 1993

Il n'y a pas de différence fondamentale entre le nationalisme de Robert Bourassa et celui de Jacques Parizeau.

La Presse, 27 novembre 1994

Il m'est arrivé à l'occasion de dire que M. Bourassa était un mou, un peu mou, légèrement mou. Il l'était sûrement un peu, mais sur les choses fondamentales comme celle de l'intégrité du territoire du Québec, M. Bourassa a toujours été d'une fermeté exemplaire.

La Presse, 2 février 1996

B *ourgeois (petits)*

Les étudiants en droit jouissent, au Québec, d'une réputation solidement établie de conservatisme et de bourgeoisie. Bon gré, mal gré, on doit admettre, en effet, qu'ils n'ont pas encore inventé la révolution.

Les Cahiers de Droit, mars 1962

B *oycottage*

Je ne suis pas partisan du boycottage [des institutions financières]. Mais les citoyens vont prendre leur décision. Quand une banque intervient dans le débat politique, elle ne prend plus un risque d'affaires mais un risque politique parce que les citoyens vont réagir. [...] Faire des affaires est une liberté fondamentale. C'est une part de notre système. C'est une décision qui se prend de façon privée et il appartient à chaque personne de décider avec qui elle fait affaire dans un système de concurrence où il y a plusieurs banques.

(À PROPOS D'UNE DÉCLARATION D'UN RESPONSABLE DE LA BANQUE DE MONTRÉAL CONCERNANT LES CONSÉQUENCES NÉGATIVES D'UNE ÉVENTUELLE VICTOIRE ÉLECTORALE DU PQ.)

La Presse, 8 juin 1994

B *rouillage*

Les canaux de communication qui vont du Québec au Canada anglais subissent d'importantes distorsions en franchissant la frontière, de sorte que la réalité québécoise y est perçue de manière très embrouillée. Il y a là d'ailleurs une première justification de la présence de souverainistes québécois dans cette Chambre [des communes].

Réponse au discours du Trône, 19 janvier 1994

B *rûlures (de l'histoire)*

Il n'y aura jamais de lecture unique et définitive de l'histoire des relations entre le Québec et le Canada des 30 dernières années. Le débat entre les acteurs, puis entre les historiens, fera toujours rage. C'est normal.

La Presse, 10 février 1996

B *rute (épaisse)*

Chaque fois que le Québec mange une bonne claque sur la gueule, grattez un peu et vous allez trouver Jean Chrétien !

Le Soleil, 21 juin 1993

Budget

Un budget, ce n'est pas seulement financier, c'est une affaire de société.

La Presse, 4 novembre 1995

Budget fédéral

Le gouvernement [d'Ottawa] nous avait promis un budget qui serait dur. C'est vrai qu'il est dur, mais le problème, c'est qu'il est dur pour les gens qui sont démunis, pour les gens qui ont besoin des programmes sociaux, et il est étonnamment bénin pour les autres.

La Presse, 28 février 1995

Bureaucrates

Les bureaucrates sont les pires ennemis, c'est ce que j'ai découvert [quand j'étais ministre fédéral].

La Presse, 8 avril 1991

Bureaucratie

Les machines bureaucratiques sont incapables de produire un discours intelligible et le moindrement imaginatif. Au contraire, si vous soumettez pour consultation un texte à des fonctionnaires, vous pouvez être certain qu'il reviendra amputé de ses meilleurs passages et alourdi d'un charabia sans saveur.

À visage découvert, Boréal, 1992

Bush, George

Le président Bush est très populaire au Québec. Son naturel et sa simplicité lui valent ici beaucoup d'amis. Mais tout cela n'en fait pas l'arbitre de nos différends avec le Canada anglais. (RÉACTION AUX PROPOS DE GEORGE BUSH SUR LES VERTUS DE L'UNITÉ CANADIENNE.)

Le Journal de Montréal, 16 mars 1991

Butin

Il faut être là pour protéger notre butin et voir à ce que les décisions économiques et politiques du

Canada aillent dans le sens de nos intérêts. (À PROPOS DE LA DÉCISION DE FAIRE DE NOUVEAU PARTICIPER LE QUÉBEC AUX CONFÉRENCES FÉDÉRALES-PROVINCIALES.)

Le Quotidien du Saguenay–Lac-Saint-Jean,
6 février 1996

C

Cabinet

Toute ma vie, je me souviendrai de la semaine difficile et déchirante au cours de laquelle j'ai formé mon cabinet, et je suis prêt à vivre avec ses conséquences politiques.

Le Quotidien du Saguenay–Lac-Saint-Jean, 31 janvier 1996

Cadeau (empoisonné)

Si le Canada anglais ne fait pas attention, Jean Chrétien sera le dernier cadeau, le cadeau d'adieu du Québec au Canada.

Le Devoir, 28 mai 1990

Calculs (savants)

Le fait que certains Canadiens français s'efforcent présentement de détacher le Québec de la Confédération peut très bien être de nature à améliorer notre sort national. Peu importe qu'ils réussissent ou non : l'essentiel, dans cette optique, c'est leur tentative. [...] Les revendications des disciples de Barbeau et de Chaput créent un état de tension qui amènera probablement les Canadiens anglais à des concessions.

Le Carabin, 5 octobre 1961

Dans la crainte que les Canadiens français ne se constituent un État séparé, nul doute que les pancanadianistes s'efforceront de les garder dans la « famille », en leur accordant ce qu'ils réclament depuis si longtemps, c'est-à-dire le respect de leur autonomie provinciale, de leur langue, et une plus grande participation à la direction économique et politique du pays.

Le Carabin, 5 octobre 1961

Calice

C'est une abomination! Jamais, jamais, jamais il ne faut accepter le Sénat élu! Éloignez ce calice de nos lèvres! (À PROPOS DE LA QUESTION DU SÉNAT AU COURS DES ULTIMES TRACTATIONS POUR SAUVER L'ACCORD DU LAC MEECH.)

Le Soleil, 8 juin 1990

Camaraderie

J'ai vécu dans la camaraderie, moi qui étais si individualiste. (À PROPOS DE SES ANNÉES AU BLOC.)

L'actualité, février 1996

Camisole de force

Ce qui effraie plus que tout [les fédéralistes], c'est que le peuple parle. Qu'il parle pour dire sa volonté de s'affranchir de la camisole de force fédérale; pour dire sa détermination à se gouverner lui-même, à faire toutes ses lois, lever ses impôts, signer ses propres traités, comme un peuple qu'il est.

Le Journal de Montréal, 15 décembre 1990

Campbell, Kim

J'en pense du bien. Je n'ai rien de mal à dire contre elle. [...] J'ai rencontré Mme Campbell, j'ai travaillé un peu avec elle. C'est une personne qui est bien, qui me paraît même très bien.

Le Devoir, 19 mars 1993

N'oubliez pas qu'elle a commencé sa carrière avec le Crédit social. Et qu'elle approuve, philosophiquement, la peine de mort. C'est aller loin à droite.

Le Devoir, 21 juin 1993

Elle est l'instrument de l'*establishment*, l'héritière du bilan conservateur des huit dernières années.

La Presse, 21 juin 1993

Elle ne sait plus qu'elle est conservatrice. Elle souffre d'amnésie...

La Presse, 14 septembre 1993

Canada

Le Canada a une composante francophone importante qui nous distingue et qui permet au Canada d'être ce qu'il est par rapport aux autres, qui fait que le Canada n'est pas assimilable aux États-Unis.

Le Devoir, 21 septembre 1985

Ce pays a tourné le dos aux appels à la médiocrité, aux appels à la peur, aux appels à l'irrationnel. Il a voulu regarder les choses en face, les examiner à leur mérite même. C'est le verdict de la raison, la victoire d'un véritable pays dont nous faisons partie à part entière. (APRÈS LA VICTOIRE DU PARTI CONSERVATEUR AUX ÉLECTIONS FÉDÉRALES.)

Le Réveil de Chicoutimi, 22 novembre 1988

Le Canada est un pays de ressources, un pays de commerce qui jouit d'un des niveaux de vie les plus élevés au monde. Mais c'est aussi un pays qui a bâti, au fil des ans, un des systèmes sociaux les mieux développés. Nous sommes une société de compassion qui croit que le gouvernement doit jouer un rôle afin de réduire les inégalités entre les riches et les pauvres, entre les hommes et les femmes, entre les régions pourvues en ressources et celles qui le sont moins.

Chambre des communes, 19 décembre 1988

Je suis fier d'appartenir à ce pays [...]. Le Québec va mieux prospérer au sein de la Confédération.

La Presse, 12 janvier 1989

Nous avons la chance de posséder un patrimoine naturel aux sites sans pareil. Il faut avoir vécu à l'étranger un certain temps pour mesurer à quel point d'autres pays nous envient cette immensité qui est la nôtre, à quel point ceux qui ont visité ce pays ont été fascinés par la splendeur de notre nature, par les trois océans qui nous baignent, par nos montagnes, notre végétation, nos lacs et nos rivières, et par notre faune.

Ottawa, 20 février 1989

Le Canada sans le Québec, je ne sais pas ce que ça représenterait...

La Presse, 7 avril 1990

Le Canada est un pays qui se disloque et dont les finances s'en vont à l'eau, même sans le Québec. [...] C'est un pays paralysé.

Le Réveil de Chicoutimi,
2 octobre 1990

À partir du moment où les anglophones canadiens ont le droit, comme les francophones québécois, d'avoir le pays qu'ils souhaitent, le Canada n'est plus possible. L'épanouissement du Canada anglais, tout autant que celui du Québec, passe ainsi par la reconnaissance de deux pays. *ETHNIQUES*

Université du Québec à Hull,
7 octobre 1990

Dès [lors] que la nature spécifique des aspirations du Québec n'est reconnue et acceptée qu'à la condition de s'emboîter dans le moule des autres, le Canada est un pays impossible. Il n'est pas dit que les peuples doivent vivre en couples, et encore moins en couples mal assortis et malheureux.

Commission Bélanger-Campeau,
novembre 1990

Le pays qu'ils [les Canadiens anglais] conçoivent dans leur tête et portent dans leur cœur, c'est le

Canada actuel, à prédominance clairement anglophone, admirateur et nostalgique de la couronne britannique, institutionnalisé et symbolisé dans un État central, le plus central possible, d'ailleurs. Autour du centre sont rangées les 10 filiales, l'une d'elles étant le Québec. Ce dernier n'est qu'un module parmi les modules, tenant sagement sa place dans une niche provinciale, interchangeable avec chacune des 9 autres.

À visage découvert, Boréal, 1992

Les souverainistes québécois ne considèrent pas le Canada comme un ennemi : ils veulent simplement que le Québec assure lui-même son développement, à l'abri des interminables querelles économiques et politiques avec l'autre gouvernement.

Un nouveau parti..., Bloc québécois, mai 1993

Je suis de ceux qui croient que le Canada, ce n'est pas rien que des échecs. On n'a pas vécu ensemble pendant 125 ans pour ne faire que des erreurs. Et l'une des grandes réussites canadiennes, c'est qu'on s'est soucié des démunis et qu'on a essayé de partager la richesse.

Le Devoir, 18 juin 1993

[Certains] parlent d'une seule nation canadienne, alors que le Québec et le Canada anglais constituent deux nations différentes. Même lorsque personne au Québec n'envisageait la souveraineté, le Canada qui inspirait les Québécois n'était pas taillé dans la même étoffe que celui qui animait le cœur et l'esprit des habitants des Maritimes, de l'Ontario ou de l'Ouest.

Réponse au discours du Trône, 19 janvier 1994

Le Canada et le Québec ont tous deux évolué énormément au cours des 100 dernières années, mais leurs routes sont parallèles et leurs différences persistent. Dans l'ensemble, chacun continue de faire fi de l'histoire et de la culture de l'autre. Ce n'est pas un hasard : la langue, la géographie et l'histoire sont en grande partie responsables de cet état de choses.

Réponse au discours du Trône, 19 janvier 1994

Drôle de pays que nous avons là tout de même ! Souvent, entre individus, on arrive à se comprendre, même dans une situation conflictuelle comme celle que nous vivons à Ottawa. Nos rapports ne sont pas si mauvais, ils sont même corrects, civilisés et parfois un peu conviviaux. On n'a [pourtant] jamais réussi à transposer en solutions collectives les rapports individuels souvent agréables qu'on a avec nos concitoyens de langue anglaise, ceux de l'extérieur du Québec en particulier. (À PROPOS DU COURANT DE SYMPATHIE SUSCITÉ PAR SA MALADIE AU CANADA ANGLAIS.)

Le Soleil, 20 février 1995

Deux peuples, deux histoires, deux solitudes qui ne se sont jamais rejointes.

Le Point, 21 octobre 1995

La Canada est divisible parce que le Canada n'est pas un véritable pays. Il y a deux peuples, deux nations et deux territoires.

The Gazette, 28 janvier 1996

Canada anglais

On a beau dire que cette expression « Canada anglais » est impropre, qu'elle ne peut désigner des composantes aussi dissemblables que les Maritimes et les Prairies, les multiethniques et les Anglo-Saxons de souche, il n'en reste pas moins que, dans le cas de Meech, elle a toute sa pertinence.

Le Journal de Montréal, 29 décembre 1990

Canada (essence du)

En acceptant d'entrer en politique, je me suis fixé un but dont je ne dévierai pas : faire accepter l'Accord du lac Meech et faire comprendre que la réussite canadienne devra passer par l'acceptation du particularisme québécois. Le Canada est différent parce que le quart de sa population est francophone, et le Québec est différent parce qu'il s'y trouve une majorité de francophones. Nier cela, c'est nier *Quoi?* l'essence même de ce pays, c'est nier la réalité.

Halifax, 28 mai 1988

Le pays canadien, qui est un pays à finir, sans cesse en construction, repose sur deux piliers essentiels : une communauté d'expression anglaise, une autre d'expression française, n'excluant aucunement les nations autochtones ni les populations d'autres origines ethniques, de souche récente ou ancienne.

Toronto, 18 novembre 1989

Canada (histoire du)

Il y a 200 ans, le sort des armes défavorisa une petite nation habitant un immense pays. Ses conquérants, de langue, de race et de religion étrangères, plus nombreux, et partant plus puissants, envahirent aussitôt son territoire et s'y installèrent à demeure. [...] Ce mélange ethnique hétérogène ne pouvait rationnellement pas finir autrement que par une guerre civile à outrance, ou par l'absorption accélérée de ce petit peuple, qui avait nom : nation canadienne-française. [...] Malgré les heurts et les frictions qui se sont produits et se produisent encore, l'incroyable mariage ethnique dure toujours. Cette gigantesque aventure a maintenant deux siècles.

Le Carabin, 2 novembre 1961

Canadian

Une loi du Québec, c'est pas important pour Canadian et pour tous ceux qui vont venir se promener, à 10 % des tarifs, pour nous dire qu'ils nous aiment, à Montréal. Une loi du Québec, c'est pas aussi respectable qu'une loi de l'Alberta ou de l'Ontario, ou une loi fédérale. (À PROPOS DES RÉDUCTIONS

La Presse, 27 octobre 1995

Canadiens anglais *(les)*

Ils y tiennent au Québec, nos conationaux! Ne l'oublions pas. Ils savent bien [...] que le Canada, sans le Québec, ne serait plus le Canada.

Le Carabin, 5 octobre 1961

Il faut que les Canadiens anglais comprennent ce qui se passe au Québec. Reconnaissons que c'est difficile pour eux. Mais nous avons le devoir de leur expliquer ce qui est difficile à saisir même pour nous.

Le Devoir, 21 septembre 1985

Par mentalité, les Canadiens sont pacifiques. Au reste, leur géographie, immense et stratégiquement vulnérable, leur en fait une obligation.

Le Devoir, 17 juillet 1990

Devant les 200 000 personnes qui ont envahi la rue Sherbrooke au lendemain de la mort de Meech, d'autres auraient peut-être paniqué, se seraient mis à table pour faire des concessions. Pas les Canadiens anglais, parce que ce n'est pas dans leur nature. Ils pensent que le Québec va finir par casser, qu'il va faire un gros *party*, se péter les bretelles, faire de la rhétorique et du lyrisme, mais qu'à la fin il va rentrer sous la tente.

L'actualité, juillet 1993

Je ne pense pas de mal des Canadiens anglais. Je ne les connaissais pas vraiment jusqu'à il y a cinq ans. Quand j'étais ministre [dans le gouvernement Mulroney], j'ai effectué de nombreux déplacements à travers le Canada anglais. J'ai rencontré beaucoup de gens. J'ai trouvé que leur vie de tous les jours différait très peu de celle des Québécois. Leurs

68

priorités, c'est le travail, la famille, les problèmes sociaux et [ils ont] l'espoir que leurs enfants bénéficieront d'un monde meilleur.

Maclean's, 29 novembre 1993

Je me suis demandé : comment peuvent-ils être si aimables, si gentils, mais en même temps incapables de traduire cela dans une solution collective ? Comment se fait-il que, malgré des grandes amitiés, Québécois et Canadiens anglais ne puissent pas s'entendre au bout du compte sur une solution constitutionnelle ? Cela me trouble, encore plus qu'avant. (ALLUSION À LA VAGUE DE SYMPATHIE QU'IL A REÇUE DU CANADA ANGLAIS DURANT SA MALADIE.)

La Presse, 22 février 1995

Capital *(le)*

C'est une chose volatile. Ça se transporte en quelques microsecondes durant la nuit, d'un pays à l'autre. Il s'en transporte 1 000 milliards par jour d'un pays à l'autre !

Radio-Canada, *Le Point*,
21 mars 1996

Carabin (Le)

Notre journal courra à la déchéance lorsqu'il voudra être le miroir du milieu étudiant. Sa mission n'est autre que de le dépasser. Il a un rôle à jouer qui est de se constituer en juge implacable de notre petite société. [...] Outil de dépassement et de recherche, *Le Carabin* ne doit pas cesser d'être aux yeux de tous, ou le devenir s'il ne l'est pas, un effort de sincérité et de dépassement. Qu'il faille perdre plusieurs lecteurs pour en arriver là, nous le regrettons ; mais cette indifférence des habitués d'*Allô-Police* ne devra jamais empêcher la formation d'une élite de pensée. Ce serait prostituer un journal que de le livrer aux goûts populaires. (AU SUJET DU JOURNAL DE L'UNIVERSITÉ LAVAL DONT IL EST RÉDACTEUR EN CHEF.)

Le Carabin, 22 mars 1962

Caricature (douteuse)

Je l'ai vue ce matin. On me l'a cachée hier. Cela m'a attristé. Cela m'a rappelé que je n'ai pas choisi de me faire couper une jambe. (À PROPOS D'UNE CARICA-TURE DU QUOTIDIEN *OTTAWA SUN* LE MONTRANT EN TRAIN DE SE FAIRE RONGER LA PROTHÈSE PAR UN CASTOR SYMBOLISANT LE CANADA.)

Le Soleil, 2 novembre 1995

Carrière

Je ne suis pas si préoccupé que ça de ma carrière politique. Je m'inquiète davantage de l'environnement ! (LUCIEN BOUCHARD EST ALORS MINISTRE FÉDÉRAL DE L'ENVIRONNEMENT.)

La Presse, 27 octobre 1989

J'ai de jeunes enfants et je ne suis plus très jeune [54 ans]. Je vais peut-être donner un coup dans la pratique du droit pour pouvoir accorder du temps à l'éducation de mes enfants.

Le Soleil, 15 octobre 1993

Ma carrière politique, si elle devait se poursuivre, est forcément liée à la réussite du projet souverainiste. En dehors du cheminement souverainiste, je ne vois pas de place pour moi.

Le Soleil, 18 août 1994

Carnage

Ottawa va se payer la traite si le NON l'emporte [au référendum sur la souveraineté]. Les programmes sociaux et les pensions de vieillesse, regardez-les bien aller. Les couteaux sont sortis là-bas !

TVA, *L'Événement*, 17 septembre 1995

Carte maîtresse

Après un référendum clair exprimant la volonté démocratique des Québécois d'accéder à la souveraineté, il y aura une période de transition. Le

70

Québec détiendra [alors] une carte maîtresse dans les négociations qui s'ensuivront : la part des intérêts de la dette qu'il entend assumer. *CHANTAGE*

Congrès du Bloc québécois, 7 avril 1995

Casse-pipe

Si on arrive à l'automne [1995] et qu'on ne change rien, et qu'on se rend compte qu'on est toujours à 44 %, 40 %, 43 %, est-ce qu'on fait un référendum pour le perdre ? Moi, s'il y a une chose que je ne veux pas, que je ne souhaite pas, c'est d'assister ou de participer à une campagne référendaire qui nous conduirait de façon assurée à l'échec. (PROPOS TENUS QUELQUES JOURS APRÈS SON DISCOURS AU CONGRÈS DU BLOC QUÉBÉCOIS DANS LEQUEL IL EXIGEAIT UN « VIRAGE » DE L'OPTION SOUVERAINISTE DU PQ.)

Radio-Canada, *Midi Quinze*, 10 avril 1995

Casserole

J'ai été membre de ce gouvernement [Mulroney] et j'en paye le prix. Le projet de loi C-13 est le dernier lien qui m'y rattache. Aussi, par réserve, par convenance, par respect du principe de solidarité ministérielle et [à cause] des complications qui risquent de s'ensuivre, je ne touche pas à ce débat-là. Les gens diront ce qu'ils voudront mais je ne peux rien y faire. C'est le dernier dossier qu'ils [les conservateurs] ont où j'ai un fil attaché à la patte. (À PROPOS DE L'ADOPTION AUX COMMUNES DU PROJET DE LOI C-13 SUR LA MISE EN ŒUVRE DU PROCESSUS FÉDÉRAL D'ÉVALUATION ENVIRONNEMENTALE. PRÉPARÉE PAR LE MINISTRE LUCIEN BOUCHARD EN 1990, CETTE LOI EST QUALIFIÉE DE « TOTALITAIRE » PAR... LES PÉQUISTES ET LES LIBÉRAUX QUÉBÉCOIS.)

Le Soleil, 1er avril 1992

Cauchemar

Si le Québec consent à rester au sein de la fédération, il faudra qu'il reste confiné à l'une des 10 cases qui s'organisent et s'ordonnent autour du centre.

Le Devoir, 25 août 1992

71

Cent pour cent

S'il nous faut 100 % des pouvoirs dans les domaines de la culture, de l'immigration et de la formation de la main-d'œuvre, on ira les chercher !

Le Soleil, 8 juin 1990

Centriste

Au Québec, les partis de droite ça ne marche pas. Tout comme les partis de gauche d'ailleurs. La politique au Québec est très centriste, très pragmatique.

Le Devoir, 12 octobre 1993

Cercle vicieux

Le tournage en rond va toujours continuer si on ne prend pas la décision de briser le cercle vicieux en votant OUI au référendum [sur la souveraineté].

TVA, *L'Événement*, 17 septembre 1995

Certitude

Il n'y a rien qui pourra nous arrêter si nous le voulons nous-mêmes, ensemble !

La Presse, 8 juin 1990

Chagrin (peau de)

Dans les années soixante, nous avons fait des choix dans l'abondance. Dans les années quatre-vingt, nous avons fait des choix en empruntant sur des lendemains que nous espérions plus fastes, mais qui ne sont pas venus. Alors que les années quatre-vingt-dix terminent leur course, nous devons aujourd'hui faire des choix dans la difficulté.

Le Quotidien du Saguenay–Lac-Saint-Jean, 20 février 1996

Chair (triste)

J'ai la certitude morale qu'on va l'emporter facilement [au référendum], quand les Québécois verront que Mulroney et Chrétien couchent dans le même lit.

Le Devoir, 20 juin 1992

Chaise vide

Le Parlement est un endroit civilisé, une grande institution inventée depuis longtemps par la démocratie. Il n'est pas question de s'y absenter alors que le principal débat [sur la souveraineté du Québec] va s'y tenir. Je ne suis pas partisan de la chaise vide.

Le Devoir, 24 août 1995

Je n'accepterai jamais de m'exclure des réflexions et des débats fondamentaux, sous prétexte que je suis souverainiste-séparatiste-sécessionniste.

Conseil des relations internationales,
Montréal, 18 mars 1994

Chanceux!

Le président du comité [du NON à Charlottetown], c'est Jacques Parizeau. C'est un très, très bon président et nous sommes bien chanceux de l'avoir!

La Presse, 5 octobre 1992

Changement

Le seul changement qui puisse apporter une solution, c'est la souveraineté du Québec. Il n'y en a pas d'autre, on le sait, on a payé assez cher pour le *Quoi?* savoir.

Le Devoir, 1er novembre 1995

Chantier

Tout se passe comme si le Québec, paralysé, entre autres, par la stérilité de sa démarche constitutionnelle, avait cessé, depuis 10 ans, de s'interroger, de s'assigner des objectifs clairs dans les domaines économique, social et culturel et de se mobiliser pour les atteindre. Il faut que tous [les Québécois] retroussent leurs manches et fassent redémarrer le

Sorel, 15 juin 1991

On ne peut pas continuer à tourner en rond. Le Québec n'est pas arrivé là où il est, ceux qui nous ont précédés n'ont pas construit le Québec d'aujourd'hui, n'ont pas fait les sacrifices qu'on connaît [...] pour arriver à un Québec enlisé, immobilisé, résigné. [...] Il faut qu'on revive le Québec des années soixante. Il faut qu'on refasse du Québec un chantier. On est capables de faire ça. Ça dépend de nous autres !

Alma, 18 avril 1993

Charest, Jean

Jean Charest n'est que la version conservatrice de Pierre Trudeau. N'oubliez jamais que derrière ce visage angélique se cache le même fédéralisme centralisateur.

La Presse, 12 juin 1993

C'est un fédéraliste à tout crin, fixe, bétonné, inconditionnel, un autre Trudeau, mais un mini-Trudeau. S'il y a quelqu'un qui est dangereux pour ses opinions fédéralistes, c'est bien lui ! D'ailleurs il a négocié, avec les sbires de Jean Chrétien, le « rapport Charest » justement.

L'actualité, juillet 1993

Charest (rapport)

Ce rapport accrédite à peu près toutes les tentatives des ennemis de l'Accord du lac Meech pour le diluer et asséner le coup de grâce au Québec. Ce rapport n'aurait pas dû exister. Je le réprouve.

Chambre des communes, 22 mai 1990

Le rapport Charest n'aurait pas dû exister, parce qu'il risque de faire passer le Québec sous les fourches caudines de l'humiliation.

Le Soleil, 23 mai 1990

Ce qu'on me demandait, c'était d'accepter comme base de discussion à une conférence constitutionnelle un rapport auquel a contribué Jean Chrétien, dans lequel on trouve des éléments qui changent Meech et qui font plaisir à Jean Chrétien.

Le Soleil, 28 mai 1990

Le rapport Charest a reçu le baiser de la mort parce qu'il a été embrassé par Jean Chrétien.

Le Lac-Saint-Jean, 29 mai 1990

M. Charest, ça a été un instrument, un simple instrument. Il n'a pas été déterminant du tout [dans l'échec de l'Accord du lac Meech]. Il tenait le crayon et il a écrit ce qu'on lui a dit d'écrire dans le rapport Charest. Le rapport Charest a été dicté par Brian Mulroney et puis Jean Chrétien.

La Presse, 8 juin 1993

Charlottetown *(Entente de)*

Si M. Bourassa commet l'imprudence d'accepter les peccadilles sur la table sans même que le reste du Canada ne les ait approuvées, ça sera la pire erreur, la pire faute politique qu'il aura commise.

La Presse, 27 juin 1992

Il est inimaginable que les Québécois, qu'ils soient fédéralistes, qu'ils soient souverainistes ou qu'ils soient quoi que ce soit, acceptent ces propositions qui constituent un recul [par rapport à Meech]. M. Bourassa a certainement encore une fois manqué de leadership aujourd'hui, lui qui n'a pourtant pas le mandat de rapetisser et d'affaiblir le Québec.

Le Soleil, 10 juillet 1992

Je pense que les Québécois comprendront qu'ils n'ont aucun risque à rejeter des offres qui ne sont pas bonnes. Tout ce qu'ils risquent, c'est d'avoir plus plus tard.

Le Devoir, 31 août 1992

Si le Québec dit OUI, il enverra à Ottawa des premiers ministres qui négocieront à genoux, sans rapport de force, à la merci des mandarins du pouvoir fédéral.

La Presse, 10 septembre 1992

Les Québécois ont trop travaillé pendant les 300 dernières années pour sacrifier le patrimoine, les efforts, à une espèce de document qui ne veut rien dire en soi et qui doit une fois pour toutes nous enfermer dans un réceptacle dont nous ne pourrons jamais sortir.

La Presse, 13 septembre 1992

Le projet d'accord de Charlottetown est, dans une grande mesure, un brouillon, un texte inachevé. [...] Il engendrerait, s'il était adopté, une autre série de négociations constitutionnelles qui se déroulerait à perpétuité.

Laval, 23 septembre 1992

Si on vote NON, au moins on gardera nos billes en mouvement et rien ne sera définitivement perdu.

Le Devoir, 28 septembre 1992

S'ils ne sont pas capables de produire un texte légal de l'Entente, c'est tout simplement parce qu'il n'y a pas d'entente. C'est un crime de lèse-démocratie et un clou définitif dans le cercueil du OUI. [...] Ils tentent de s'en échapper par une tactique de diversion, par des références à la Yougoslavie, au Liban ou à la guerre civile. (À PROPOS DE L'ABSENCE DE TEXTES JURIDIQUES AVANT LE RÉFÉRENDUM.)

Le Soleil, 28 septembre 1992

Un NON ne signifierait pas la fin du Canada mais bien celle de deux mauvais négociateurs, Brian Mulroney et Robert Bourassa. [...] M. Mulroney affirme qu'il ne négociera pas avec le Québec si le NON l'emportait. Ce n'est pas grave. Il ne sera pas en poste encore bien longtemps.

Le Soleil, 29 septembre 1992

Dire OUI, ce serait refuser de décider. Dire OUI, ce serait la solution de la facilité, l'abandon, la tranquillité des soumis. Dire OUI, ce serait dire OUI à la Constitution qu'on nous a enfoncée dans la gorge en 1982, la Constitution de Jean Chrétien.

Radio-Canada, *Le Point*, 6 octobre 1992

En votant NON, on ne jette rien à la poubelle. On ne fera que débarrasser la table d'un projet dangereux qui nous ferait reculer de 30 ans.

Le Devoir, 16 octobre 1992

Il va se passer un drôle de phénomène si le NON l'emporte. Pour une rare fois, dans un pays démocratique, il y aura une sorte de brisure entre la population et la classe des élites [économiques], dont la plupart des représentants ont tous dit qu'ils étaient favorables au OUI.

Le Soleil, 22 octobre 1992

Le NON [à l'Entente] est un message clair de la part des Québécois qui ne veulent pas de troisième voie, qui ne veulent pas du *statu quo* ou des limbes. [...] Les Québécois veulent s'épanouir comme peuple et c'est comme peuple qu'ils ont voté.

La Presse, 27 octobre 1992

On n'est pas un des deux peuples fondateurs, on est une province comme les autres. Il faut qu'on rentre dans le moule. On est comme l'Île-du-Prince-Édouard. [...] Charlottetown, c'était ça !

Richelieu, 2 mai 1993

Le compromis boiteux de Charlottetown, rejeté à la fois par le Québec et par le Canada anglais pour des raisons diamétralement opposées, le premier jugeant que c'était trop peu et l'autre estimant que c'était trop accorder au Québec, a sonné le glas de tout projet de réforme du fédéralisme répondant aux aspirations du Québec.

Beauport, 22 mars 1995

Charte des droits et libertés

À quelle légitimité peut prétendre une Charte des droits et des libertés aux yeux d'un peuple fondateur qui, bien que l'ayant formellement refusée, par la voix de son institution parlementaire, se la voit quand même imposer?

Université de Moncton,
4 novembre 1989

Chasseur de primes

Jean Chrétien, c'est quelqu'un qui, en 1980, a travaillé contre le Québec et qui a été très fier de cela, qui a triomphé pendant plusieurs années et qui touche aujourd'hui sa récompense du Canada anglais. (À PROPOS DE L'ACCORD DU LAC MEECH.)

Le Soleil, 28 mai 1990

Chauvinisme

Sur le chauvinisme qu'on nous impute, que n'a-t-on pas dit, que ne dit-on pas encore! On s'est toutefois bien gardé de signaler, par exemple, que le cabinet le plus internationaliste jamais constitué au Canada – j'inclus le gouvernement fédéral dans la comparaison – a été celui de René Lévesque.

Le Devoir, 31 juillet 1990

Chef de l'opposition

Je me donne comme grille d'intervention le respect de l'équité dans une fédération qui n'a pas toujours été très équitable envers quelques-unes de ses provinces, et surtout le Québec. Jusqu'à ce que les Québécois décident, le cas échéant, de changer les structures politiques, nous ferons partie de cette fédération et il appartiendra à tous de s'assurer que cette fédération traite tous les gens avec équité. Si cela demande d'appuyer des mesures pour le reste du Canada, nous le ferons.

La Presse, 10 novembre 1993

Chemin (bon)

Nos concitoyennes et concitoyens consentiront au coup de barre [pour remettre le Québec sur les rails] s'ils ont le sentiment qu'il nous ramènera dans le bon chemin, celui de la santé financière, de l'emploi et de la consolidation de nos responsabilités sociales.

Chambre de commerce de Laval,
6 décembre 1995

Chèque (en blanc)

M. Parizeau a mon entier appui, mais, en attendant sa décision finale [quant au contenu du projet souverainiste et à la tenue du référendum], je dois attendre. Je ne signe pas de chèque en blanc.

Le Soleil, 9 avril 1995

Comment Jean Chrétien peut il nous demander de nous mettre de nouveau à sa merci par un deuxième NON ? Celui qui nous demande ce soir un autre chèque en blanc sur notre avenir est le même qui a profité de notre faiblesse au lendemain du NON de 1980 [en rapatriant la Constitution].

(RÉACTION APRÈS L'ADRESSE À LA NATION DE JEAN CHRÉTIEN POUR «SAUVER» LE CANADA.)

Le Soleil, 26 octobre 1995

Chevauchements

Nous n'avons que nous-mêmes à blâmer si les chevauchements des activités fédérales et provinciales empêchent l'adoption de programmes cohérents et génèrent un scandaleux gaspillage de ressources humaines et financières. Voilà qui révèle une [...] réalité tout aussi incontournable que la mauvaise conjoncture économique : il s'agit bel et bien de l'inefficacité inscrite au cœur même du régime.

Réponse au discours du Trône,
19 janvier 1994

Chicane

Je vais continuer d'inviter les Québécoises et les Québécois à la réconciliation et au rassemblement dans le but d'unir leurs efforts pour régler nos problèmes. S'il y en a qui veulent se chicaner, ils le feront tout seuls. (À PROPOS DES ATTAQUES DONT IL EST L'OBJET DE LA PART DE CERTAINS FÉDÉRALISTES QUÉBÉCOIS.)

La Presse, 6 février 1996

Choix *(cornélien)*

Il joue gros, M. Parizeau : un politicien traditionnel prendrait quelques détours, mais lui y va clairement et franchement. Il n'est pas arrivé souvent qu'on mette les Québécois devant un choix aussi clair. Même M. Lévesque n'avait pas osé en 1980. M. Parizeau, lui, il ose ! « *Statu quo* ou souveraineté » : pour les Québécois qui n'aiment pas prendre de décisions, c'est tout un drame !

Le Soleil, 20 février 1995

Chômage

Il est certain que le Québec est capable de baisser le niveau de chômage si c'est lui qui prend les décisions. Si c'est d'autres qui les prennent, qui continuent de se battre, de se chicaner, de gaspiller comme ça se passe présentement, on s'en va vers la faillite.

La Presse, 11 septembre 1993

Personne ne se présente de gaieté de cœur dans un centre d'emploi pour obtenir les prestations d'assurance-chômage auxquelles il a droit. Le sous-emploi entraîne des coûts économiques et sociaux considérables. Il s'agit d'une véritable tragédie collective. En ce sens, il faut de toute urgence remettre les gens au travail, en leur redonnant un espoir réel de recouvrer leur dignité en recouvrant le droit de gagner leur vie.

Réponse au discours du Trône,
19 janvier 1994

Je vois la nécessité de tisser des liens étroits entre l'éducation, l'aide sociale et les politiques de main-d'œuvre. On ne pourra lutter efficacement contre le chômage sans opérer cette jonction.

Chambre de commerce de Laval,
6 décembre 1995

Il est impératif de s'attaquer au chômage structurel chronique, notamment par une politique intégrée du marché du travail. Il est évident que la présence d'Ottawa dans ce domaine limite [notre] capacité [...] d'établir une politique efficace. Cependant, vu l'importance de l'enjeu, le gouvernement du Québec doit agir dès maintenant avec les leviers dont il dispose.

Chambre de commerce de Laval,
6 décembre 1995

Rappelons-nous toujours que les chômeurs et les assistés sociaux sont les victimes et non les causes de la dégradation de l'économie. [...] Je ne partage pas l'opinion de M. Paul Martin [ministre fédéral des Finances] et du gouvernement fédéral voulant que la générosité des programmes sociaux crée du chômage.

Chambre de commerce de Laval,
6 décembre 1995

Il faut utiliser tous les moyens connus et en inventer encore bien plus pour redonner à des centaines de milliers de femmes et d'hommes la place qui leur revient dans l'activité québécoise. [...] Aujourd'hui, environ 700 000 Québécoises et Québécois se voient refuser le droit de participer pleinement à la vie économique. C'est comme si on voulait construire une maison en s'attachant une main derrière le dos. Il faut libérer cette force. Il faut lui redonner sa place.

Sommet socio-économique,
Québec, 18 mars 1996

Améliorer la situation de l'emploi nécessite un effort concerté, composé, en gros, de trois ingrédients : il faut des femmes et des hommes qui sont bien préparés pour l'emploi, il faut des emplois et il faut des instruments qui fassent le mieux possible le lien entre les chercheurs et les donneurs d'emploi.

Assemblée nationale, 25 mars 1996

Chorale

Le Québec n'est pas une chorale ! (À PROPOS DE LA DIVERSITÉ DES POINTS DE VUE EXPRIMÉS AUX COMMISSIONS RÉGIONALES SUR L'AVENIR DU QUÉBEC.)

Radio-Canada, Le Point, 19 février 1995

Chrétien, Jean

Jean Chrétien, c'est le genre de Québécois que les anglophones affectionnent. Il prétend que les Québécois s'intéressent au dossier constitutionnel parce qu'ils n'ont pas suffisamment visité leurs parents au cours des derniers mois et aussi parce qu'on ne leur a pas suffisamment expliqué le fédéralisme.

La Presse, 28 juin 1990

Chrétien, c'est l'homme de tous les rendez-vous où le Québec s'est fait avoir. C'est l'homme du rapatriement de 1980-1982, c'est l'homme [...] de Meech en 1990, c'est l'homme de la proposition inacceptable de Charlottetown. Chrétien, c'est l'homme-caution de tous les mauvais coups reçus par le Québec depuis une dizaine d'années. C'est l'homme-miroir dans lequel les Canadiens anglais aiment voir l'image rapiécée du Québec.

Trois-Rivières, 26 mars 1993

Jean Chrétien, c'est celui qui peut se vanter d'avoir vaincu René Lévesque, d'avoir terrassé l'homme le plus aimé de l'histoire contemporaine du Québec.

La Presse, 2 octobre 1993

Ce que M. Chrétien aimerait, c'est d'avoir un Québec affaibli et divisé par un référendum que nous perdrions afin qu'il puisse continuer la job qu'il avait faite à René Lévesque en 1981.

Le Devoir, 20 septembre 1994

M. Chrétien salive trop vite à l'idée de la traite qu'il pourra se payer au Québec après un NON.

La Presse, 21 septembre 1995

Ce que veut Jean Chrétien, ce n'est pas seulement extirper le projet souverainiste de la fibre québécoise, c'est également rompre avec la continuité et la fidélité du Parti libéral du Québec aux intérêts du Québec. [...] Ce que veut Jean Chrétien, ce sont les pleins pouvoirs : « Je veux être le maître de l'avenir du Québec, nous dit Jean Chrétien. Je veux que vous me confiiez le français, la culture et les emplois du Québec, toutes les politiques qui façonnent l'identité du Québec. C'est moi qui déciderai dorénavant pour vous. »

Le Devoir, 23 octobre 1995

Cet homme, qui s'est dressé sur le chemin des Québécois chaque fois qu'ils ont voulu se comporter comme un peuple, a mauvaise grâce ce soir de tenter de nous faire croire qu'il envisage de reconnaître le caractère distinct du Québec. C'est le gars qui vient manger toutes les poules dans le poulailler. Là, il nous dit : « J'arrête de manger les poules. » Et il en reste une belle petite, toute fraîche, et il nous dit qu'il ne la mangera pas ? Personne ne va le croire !

(APRÈS L'ÉVOCATION PAR LE PREMIER MINISTRE D'UNE ÉVENTUELLE RECONNAISSANCE DE LA SOCIÉTÉ DISTINCTE DANS SON ADRESSE À LA NATION AVANT LE RÉFÉRENDUM.)

CKAC, 25 octobre 1995

Ses propos ne sont pas crédibles parce que lui-même ne l'est pas. [...] Même quand il promet, il ne livre pas. Alors, imaginez quand il ne promet pas !

(*IDEM.*)

La Presse, 26 octobre 1995

Le rôle de Jean Chrétien vis-à-vis de la reconnaissance formelle du caractère distinctif du Québec qui apparaissait dans l'Accord du lac Meech est bien connu : il est l'assassin.

Le Devoir, 2 novembre 1995

La personnalité de M. Chrétien, l'homme, l'individu, ne me déplaît pas. Il y a des choses très typiques chez lui : je reconnais bien souvent le tempérament du Québécois dans sa façon de se comporter. Même si on dit qu'il ne connaît pas le Québec [...], qu'il le veuille ou non, il participe lui-même profondément à cette culture qui est la nôtre, à cette façon d'être.

Le Devoir, 14 décembre 1995

Les décibels ont monté à l'occasion, mais je ne crois pas qu'on ait prononcé, l'un envers l'autre, des paroles irrémédiables.

Le Devoir, 14 décembre 1995

Mes relations personnelles avec M. Chrétien ne sont pas si mauvaises que cela. Elles ne sont pas affectueuses, mais elles sont positives. Je respecte l'homme et je respecte ses idées. J'en sais plus sur lui que j'en savais avant, parce que j'ai travaillé avec lui, ou contre lui, pendant deux ans. Je dois dire que je n'ai rien de négatif contre l'homme. [...] Il ne comprend [cependant] pas le Québec et ne comprend pas les aspirations des Québécois. Il a une vision déformée du projet souverainiste. Ce n'est peut-être pas possible de discuter avec lui de la question nationale.

Le Devoir, 23 décembre 1995

Christianisme

Pour beaucoup d'entre nous, le christianisme est devenu une religion d'apaisement. Loin de voir en lui la confrontation dure et virile du réel et de nos aspirations à un absolu, nous le concevons très souvent comme un moyen d'exorciser le défi lancé par la souffrance des autres. [...] Notre foi elle-même s'est institutionnalisée. Ce n'est pas cette flamme inquiète et dévorante, à mi-chemin entre l'angoisse et la certitude, mais bien quelque chose d'arrivé, de méprisant et de monnayable aussi.

Le Carabin, 1er février 1962

Cible

Les Québécois me connaissent et savent que je pratique la tolérance. À mesure que montait la panique la semaine dernière [dans le camp du NON], je savais que je serais une cible. Mais je suis prêt à payer ce prix si cela nous aide à voter OUI le 30 octobre prochain. (ALLUSION AUX ATTAQUES DES FÉDÉRALISTES CONCERNANT SES PROPOS SUR LA « RACE BLANCHE » ET LE VOTE DES FEMMES.)

Le Soleil, 17 octobre 1995

Ciment

Le Bloc, c'est une coalition de gens dont le ciment, le seul ciment, est la souveraineté du Québec et la défense des intérêts exclusifs du Québec à Ottawa.

Hull, 14 mai 1991

Civisme

Le vote de chacun de nous est aussi important que celui de MM. Chrétien, Parizeau, Johnson, Beaudoin, Péladeau... C'est un devoir incontournable et ne pas voter, c'est renoncer à un exercice qui a pris des millénaires à se faire respecter. C'est un moment de grâce.

Le Soleil, 30 octobre 1995

Clarté

Tout le monde est clair. Daniel Johnson dit le *statu quo*, Jean Chrétien dit aussi le *statu quo* et Jacques Parizeau dit la souveraineté sans trait d'union.

Le Soleil, 14 juin 1994

Cliche (Commission)

La Commission me permit de vivre une extraordinaire expérience, professionnelle et humaine. D'abord et avant tout, ses travaux me firent découvrir à quel point les institutions, syndicales, patronales et gouvernementales, sont vulnérables à la corruption, à la violence et au chantage.

À visage découvert, Boréal, 1992

Cliche, Robert

Beauceron de naissance et de cœur, peu porté sur la bureaucratie, il n'avait rien de l'homme d'appareil. L'État, il ne le voyait pas autrement que comme un lieu de mise en commun et un instrument de justice sociale. [...] Pour lui, l'activité politique était la plus belle et la plus exigeante qui soit. [...] À bien des égards, il était une synthèse vivante de ces qualités d'exubérance, de générosité et d'indépendance qu'on aime à prêter à l'âme québécoise.

Le Devoir, 2 mai 1985

On peut se demander ce que Robert Cliche aurait apporté au Canada s'il était entré à la Chambre des communes et avait joué pleinement le rôle public que son talent lui assignait. L'apparition sur la scène fédérale de ce personnage flamboyant aurait peut-être changé l'histoire. Son instinct de rassembleur et son sens inné du dialogue le destinaient plus que quiconque au rôle de champion du Québec à Ottawa. Ses défaites aux élections de 1965 et de 1968 nous auront ainsi privés d'une alternative au radicalisme qui a prévalu, dans les relations fédérales-provinciales, entre 1968 et 1984.

Le Devoir, 2 mai 1985

C'était quelqu'un qui croyait que le fédéralisme pourrait ne pas nous aliéner s'il était social-démocrate, s'il intégrait l'âme québécoise. Mais le Québec [les électeurs de Laval] n'a pas cru en lui.

[...] Cliche a été battu deux fois : ironie de la politique et précarité des jugements portés par le peuple.

L'actualité, 15 mai 1990

Clinton, Bill

Je vais lui rappeler, avec autant de force que je peux, que les souverainistes sont des démocrates, que leur projet est fondamentalement un projet démocratique. Je vais lui expliquer que ce n'est pas un projet antiaméricain, au contraire. Et, troisièmement, je vais lui souligner que les Québécois ne sont pas des protectionnistes : si les États-Unis cherchent un bon partenaire, c'est au Québec qu'ils vont le trouver puisque c'est nous qui avons imposé le libre-échange au Canada anglais. (À PROPOS DE L'ENTRETIEN QU'IL S'APPRÊTE À AVOIR AVEC LE PRÉSIDENT CLINTON EN VISITE OFFICIELLE AU CANADA.)

Le Soleil, 20 février 1995

Il verra qu'un séparatiste du Québec, ça n'a pas de cornes, c'est pas griffu, pis c'est pas gauchisant ! (*IDEM.*)

Le Soleil, 20 février 1995

Il sera exposé en personne et directement avec un séparatiste québécois. Ce sera la première fois qu'un séparatiste du Québec rencontrera un président américain. J'ai l'intention de me présenter comme un séparatiste typique et de bien me conduire, comme ma mère m'a élevé. (*IDEM.*)

La Presse, 23 février 1995

Je veux qu'il voie à quoi ressemble, en chair et en os, un souverainiste québécois. J'espère que ce sera une rencontre candide. (*IDEM.*)

Le Soleil, 23 février 1995

Je crois qu'ils [les représentants américains] ont apprécié le fait que nous n'étions ni subversifs ni clandestins. (APRÈS SA RENCONTRE AVEC BILL CLINTON.)

Presse Canadienne, 23 février 1995

Je voulais dire à M. Clinton pourquoi quelqu'un comme moi, modéré, responsable, âgé de 56 ans et père de 2 enfants, qui a pratiqué le droit pendant 20 ans, pouvait vouloir la souveraineté [du Québec]. (*IDEM.*)

Presse Canadienne, 23 février 1995

M. Clinton s'en tient aux positions traditionnelles adoptées par les États-Unis devant la montée du souverainisme québécois. Le président américain a une obligation de courtoisie internationale, qui est de ne pas s'immiscer dans quelque chose pouvant avoir l'air d'aider un démembrement de souveraineté. La courtoisie qu'il doit aujourd'hui à la souveraineté canadienne, il la devra demain à la souveraineté québécoise. [...] Je suis très content parce que M. Clinton a résisté aux pressions du gouvernement fédéral qui voulait le faire s'engager beaucoup plus avant [dans un soutien au fédéralisme canadien]. [...] Le président américain s'en remet à la décision qui sera prise et en prendra acte.

La Presse, 27 octobre 1995

Club *(des démocrates)*

Au Québec, les Jean Lesage et René Lévesque, Daniel Johnson père et fils, Jacques Parizeau, Claude Ryan et Brian Mulroney ne sont sans doute pas parfaits. [...] Mais tous, ils ont respecté le processus et le verdict démocratiques. Tous, ils se sont pliés aux décisions majoritaires. Tous, ils ont donné raison à la volonté du peuple québécois. Tous, à un moment ou à un autre, ont été répudiés, conspués, accusés par Pierre Elliott Trudeau. Six jours seulement après ma prestation de serment [comme premier ministre], me voici introduit dans ce club des démocrates. (EN RÉPONSE À L'ACCUSATION PUBLIQUE DE PIERRE TRUDEAU D'AVOIR TRAHI LES INTÉRÊTS DU QUÉBEC ET «SOUILLÉ» SA RÉPUTATION.)

La Presse, 10 février 1996

Coche (ne pas rater le)

À tort ou à raison, il existe chez nous, surtout chez les jeunes, un besoin presque irrésistible d'affirmer son talent sur la scène internationale. [...] Si on n'est pas capables d'être des intervenants actifs et sérieux sur la scène internationale, on va rater le coche et continuer à charger des wagons de bois et de papier. (LUCIEN BOUCHARD VIENT D'ÊTRE NOMMÉ AMBASSADEUR À PARIS.)

La Presse, 11 juillet 1985

Cœur (affaire de)

La volonté d'un leader ne remplace pas la détermination d'un peuple. La souveraineté, il va falloir qu'elle soit d'abord dans le cœur des Québécois.

Le Droit, 20 février 1995

La décision d'assumer la plénitude de nos responsabilités est tout autant un mouvement du cœur qu'un acte de raison.

Le Devoir, 8 avril 1995

Combat des chefs

Je suis prêt à démissionner et à me représenter dans mon comté, sous les couleurs du Bloc québécois. Si on veut un combat singulier, de type médiéval, je suis prêt à le faire contre n'importe quel chef.

Le Soleil, 28 juillet 1990

Commandement (premier)

Le premier commandement du code de rectitude politique présentement en vigueur à Ottawa [est] : TOUT PROBLÈME QUI N'EST PAS SOLUBLE À L'INTÉRIEUR DU RÉGIME, TU IGNORERAS !

Université de Montréal, 15 septembre 1993

Commerce

À l'évidence, un Québec souverain devra être et sera une nation commerçante, faisant le meilleur accueil à l'investissement et au commerce étrangers, fidèle à ses engagements financiers et à la recherche du plus grand nombre de partenaires économiques possible.

Canadian Club, Montréal, 29 octobre 1990

[Il nous faut] une très grande ouverture sur le monde au plan de nos politiques commerciales : « *We are open to business !* »

Chambre de commerce de Laval,
6 décembre 1995

Commis *voyageur*

comme
Chrétien

Je voudrais aussi souvent que je pourrai me transformer en commis voyageur, quand on saura par exemple qu'il y a des projets qui requièrent un coup de pouce du gouvernement, pour aller expliquer ce qui se passe au Québec, [...] pour expliquer le consensus qu'on a obtenu, pour vanter les mérites économiques du Québec. Je serai toujours disponible pour ce faire.

Radio-Canada, *Le Point*, 21 mars 1996

Commissions *(sur la souveraineté)*

Il y a un processus de consultation en marche, la voix a été donnée à la population et il faut l'écouter.

Le Soleil, 20 février 1995

Les commissions régionales sur la souveraineté ont rendu au Québec un service inestimable, à savoir de lui épargner un référendum prématuré parce que tenu dans des conditions insuffisamment propices.

Le Devoir, 8 avril 1995

Commonwealth

Personnellement, je verrais des avantages à ce que le Québec [souverain] demeure associé au Commonwealth, où il trouvera, sans devoir y consacrer des investissements onéreux, l'occasion de maintenir et d'intensifier ses rapports avec des pays des Caraïbes, de l'Asie ou d'Afrique autrement plus difficiles d'accès [que les pays francophones].

Hôtel Château-Champlain,
Montréal, 10 avril 1991

Communes (Chambre des)

Comme tout étudiant en droit, j'ai toujours rêvé de me retrouver au Parlement parce que c'est le berceau de la démocratie. [...] Le parlementarisme est le sommet de la démocratie. Beaucoup de carrières se sont faites et défaites aux Communes.

Le Quotidien du Saguenay–Lac-Saint-Jean,
29 juin 1988

À Ottawa, on ne vient pas par goût. Parce que c'est toffe ! On sent beaucoup d'hostilité. En Chambre, dès qu'on se lève, on se fait crier des noms.

La Presse, 18 mai 1991

Le Bloc québécois n'a pas l'intention de paralyser la Chambre des communes. Il ne cherchera pas à faire ce qui ne peut être fait que par un référendum au Québec. Il respectera les règles de la Chambre des communes. Pourquoi le Bloc chercherait-il à miner cette démocratie parlementaire qui, de fait, constitue le fondement de sa force et de sa légitimité ?

Empire Club, Toronto, 20 septembre 1993

Il était inévitable que ces vieux murs, qui ont répercuté trop de voix québécoises promptes à avaliser des mesures répudiées par l'électorat, [...] entendent un jour les discours de députés qui fondent leur allégeance de parti sur l'engagement de ne jamais accepter de compromission dans les affaires du Québec traitées à Ottawa; des députés affranchis des contraintes des vieux partis pancanadiens.

Réponse au discours du Trône, 19 janvier 1994

Les Québécois découvrent le Parlement et découvrent que des questions très intéressantes y sont débattues, comme les grands dossiers internationaux par exemple. À cause de cela, on dit que nous répandons l'intérêt pour le fédéralisme au Québec. J'espère bien que non !

La Presse, 2 avril 1994

Pour la première fois, on peut leur dire [aux Canadiens anglais] les choses en plein cœur du temple fédéral. On peut dire aux grands-prêtres : « Ça ne marche pas, votre affaire ! » On peut démasquer leurs ambiguïtés et pointer les projecteurs sur toutes les zones d'ombre dans lesquelles ils ont dissimulé les vrais problèmes. C'est extraordinaire qu'on puisse faire cela.

Le Devoir, 23 avril 1994

C'est une tribune extraordinaire pour faire une campagne référendaire et ce n'est pas comptabilisé. Quand on pose des questions à la Chambre, qu'on fait des discours ou qu'on tient des conférences de presse à Ottawa, ça n'entre pas dans les dépenses référendaires d'un comité du OUI à Québec. Je pense que ce serait une très bonne chose pour la cause souverainiste que le débat puisse se prolonger ici, à Ottawa, durant la campagne référendaire.

Le Soleil, 23 juin 1994

Durant ces journées d'inquiétude, qui m'apportaient des témoignages de sympathie, je me suis senti proche de vous tous. [...] Les deux mois qui viennent de s'écouler m'ont appris quelque chose au sujet de cette Chambre et de ceux et celles qui y siègent. J'ai appris en effet qu'on peut s'en ennuyer.
(RETOUR À LA CHAMBRE DES COMMUNES APRÈS SA GRAVE MALADIE.)

Le Soleil, 23 février 1995

Ici il n'y a rien à faire. Il n'y a pas de temps à perdre. Il n'y a plus de temps à perdre !

Le Devoir, 1er novembre 1995

Je partirai d'ici avec le respect des personnes, le respect des opinions des personnes – même si ce ne sont pas des opinions qui coïncident avec les nôtres –, le respect des institutions et la reconnaissance que j'ai d'avoir fait un apprentissage plus poussé d'une démocratie parlementaire exceptionnelle, celle de la Chambre des communes du Canada. [...] Pour moi, ce n'est pas sans une certaine nostalgie, quand même, que je vais quitter la Chambre des communes. J'ai aimé la vie parlementaire. Je me suis même réconcilié avec la vie parlementaire.

La Presse, 14 décembre 1995

Communisme

Ainsi donc, ce crime horrible a été commis : on a réussi à imprégner toute une jeunesse [de l'Union soviétique] de ces principes inhumains qui sont l'âme du communisme ; on a supprimé en elle cette aspiration instinctive de l'homme vers le Beau, le Vrai, l'Absolu, pour les plonger dans la frange* d'un matérialisme vil et bas, oublieux de la personne humaine. (*IL S'AGIT PROBABLEMENT D'UNE COQUILLE. VU LE CONTEXTE, LE MOT «FANGE» PARAÎT EN EFFET PLUS APPROPRIÉ...)

Le Cran, 4 décembre 1957

Complot

Cette Constitution canadienne a été faite dans les cuisines du Château-Laurier, la nuit, dans une sorte de complot, avec des personnes à la mine hirsute cachées en arrière des chaudrons, dont Jean Chrétien, marmiton en chef. [...] Une Constitution qui est enfoncée dans la gorge d'un des deux peuples fondateurs ne mérite pas le titre de Constitution.

La Presse, 2 octobre 1993

Compromis canadien

Il ne fait aucun doute qu'au cours des débats des dernières années, les représentants québécois ont dû commettre, de temps à autre, des erreurs d'appréciation, de stratégie ou de tactique. [...] Ils ont cependant eu le courage, et je pense ici en particulier à M. Brian Mulroney, de tenter de forger un compromis canadien qui inclurait, plutôt que d'exclure, les Québécois. M. Mulroney a payé très cher sa tentative de sortir le Canada du « gâchis » légué, disait-il avec raison, par son prédécesseur [Pierre Elliott Trudeau].

La Presse, 10 février 1996

Concertation

Il y a à peu près 10 ans que nous n'avons pas abordé des questions directes. Nous devons connaître le pouls de la population du Québec et les opinions de toutes les couches de la société sur la culture, le développement régional, l'environnement, la répartition des richesses. On doit, en somme, faire une concertation.

Le Lac-Saint-Jean, 26 juin 1990

La concertation [gouvernement-syndicats] ne devra pas être un alibi à l'inaction. L'immobilisme est le grand danger qui nous guette. (ALLUSION AUX TURBULENCES QUE LE PLAN GOUVERNEMENTAL DE RÉDUCTION DU RÔLE DE L'ÉTAT RISQUE D'ENTRAÎNER DANS LA FONCTION PUBLIQUE.)

Chambre de commerce de Laval,
6 décembre 1995

Concessions

René Lévesque avait raison, ce soir de mai 1980, de nous donner rendez-vous « à la prochaine ». Même si l'on sait que les chemins de l'histoire sont détournés, ni lui ni quiconque ne pouvait prévoir que cette « prochaine », aussi paradoxal que cela puisse paraître, résulterait d'un autre geste d'apaisement du Québec [l'Accord du lac Meech], désireux de donner une autre chance au Canada. Qui aurait dit que c'est de concession en concession que le Québec serait, un jour, acculé à la souveraineté ?

Traces, novembre-décembre 1991

Conférence parlementaire

Nos concitoyens veulent donner des assises plus élaborées à l'union économique Québec-Canada. Compte tenu de l'ampleur de l'espace économique commun, il nous faut réfléchir davantage sur les moyens concrets de le consolider. Il importe d'examiner sérieusement l'opportunité de l'encadrer par des institutions communes, voire de nature politique.

Congrès du Bloc québécois,
7 avril 1995

C'est un débat qui dure depuis bien des années parmi les souverainistes, à savoir si on ne pourrait pas accepter, pour asseoir les liens économiques qui subsisteront avec le Canada anglais, un Parlement qui continuerait de siéger pour réunir des représentants des États partenaires et égaux. [...] Nous, du Bloc, avons convenu qu'il fallait aller jusque-là pour rassurer les gens quant à notre volonté de maintenir l'espace économique et de l'encadrer. (AU SUJET DE LA « CONFÉRENCE PARLEMENTAIRE » ANNONCÉE DANS SON DISCOURS DU 7 AVRIL AU CONGRÈS DU BLOC QUÉBÉCOIS, QUI LIERAIT DAVANTAGE UN QUÉBEC INDÉPENDANT AU CANADA QUE LA SOUVERAINETÉ-ASSOCIATION DE 1980.)

La Presse, 9 avril 1995

Confession

Quand j'ai démissionné, l'an dernier, je n'avais pas conduit une auto depuis cinq ans. (À PROPOS DE SA VIE D'AMBASSADEUR PUIS DE MINISTRE.)

La Presse, 18 mai 1991

Confort (faux)

Il est clair que depuis le référendum [sur Charlottetown], on veut occulter tout le débat sur la souveraineté. À mon avis, il faut plutôt en parler plus que jamais. On ne peut pas laisser les gens se réfugier dans le faux confort d'un oubli artificiel.

Le Devoir, 14 mai 1993

95

Confusion

On a peut-être trop attendu avant de parler du partenariat. [...] Notre projet est en deux parties, la souveraineté et le rendez-vous avec le Canada ; il y a un lien de causalité.

Le Soleil, 13 octobre 1995

Le mandat sollicité par le gouvernement de M. Parizeau, et par les souverainistes, c'est que le Québec fasse sa souveraineté et que, fort de cette souveraineté, il tente ensuite de négocier un accord de partenariat. Mais la conclusion de cet accord n'est pas une condition à laquelle se subordonne l'accession du Québec à la souveraineté. (RIVIÈRE-DU-LOUP, 19 OCTOBRE 1995. MIDI.)

La Presse, 20 octobre 1995

Le peuple du Québec exige qu'il y ait une négociation véritable. M. Parizeau en a pris l'engagement d'honneur et moi aussi. D'abord, offrir un partenariat au Canada anglais, négocier avec lui de bonne foi, de façon crédible et vigoureuse, afin que toutes les chances soient mises de notre côté pour qu'un partenariat intervienne. [...] Je pense que nous avons toutes les chances de réussir puisque nous aurons le rapport de force du mandat que M. Parizeau et son gouvernement auront obtenu. (RIMOUSKI, 19 OCTOBRE 1995. SOIRÉE.)

La Presse, 20 octobre 1995

Conscience *(prise de)*

Je ne suis pas allé en politique uniquement par amitié. [...] J'y suis allé pour un principe fondamental : faire marcher la fédération, à l'aide d'une démarche qu'on a appelée le «beau risque». Après deux ans, je me suis rendu compte que ce pays n'était pas le mien. C'était LEUR pays, avec des provinces interchangeables, modulaires : le Québec égal à l'Île-du-Prince-Édouard.

La Presse, 16 novembre 1990

Conseil privé

Le Conseil privé n'a plus d'idées depuis que son maître à penser, M. Trudeau, est parti. On refuse de regarder le vrai problème [du Québec]. C'est un problème politique et c'est une solution politique qu'il faut.

La Presse, 12 novembre 1991

Consensus

Il faudra en arriver à un consensus sur quelque chose qui va refléter la volonté du peuple québécois. [...] Et aucune option ne devrait être rejetée [quant à l'avenir du Québec].

Chambre de commerce de Montréal,
23 mai 1990

Sur l'essentiel, il faut que nous ayons des consensus. Tous les pays du monde ont des consensus. Il est dans la nature d'un pays de se cristalliser autour de consensus. [...] Toutes les grandes civilisations ont dû, justement parce qu'elles étaient grandes, se fonder sur ce qu'on appelle des consensus, qui sont tout simplement des points de convergence qui ne souffrent aucune discussion parce que c'est fondamental, parce que c'est le postulat national, parce que c'est l'essentiel.

Hull, 14 mai 1991

L'effort que nous allons consentir sera le fruit de notre volonté et, j'en suis sûr, de notre intelligence collective. Les choix que nous ferons refléteront nos valeurs, nos priorités, l'état d'avancement de certains débats qui nous animent ici plus qu'ailleurs, de certaines initiatives que nous avons lancées et qui marquent notre différence. Ils testeront vraiment notre culture du consensus et de l'entraide. (DISCOURS D'ASSERMENTATION COMME PREMIER MINISTRE.)

Québec, 29 janvier 1996

Conservateur (Parti)

Nous [conservateurs] sommes porteurs de la légitimité politique et des intérêts du Québec.

Le Soleil, 2 mai 1988

Le Parti conservateur a démontré beaucoup d'ouverture envers le Québec.

Le Lac-Saint-Jean, 20 septembre 1988

Je suis fier d'appartenir à ce parti.

La Presse, 12 janvier 1989

J'ai brûlé mes vaisseaux. J'ai annoncé clairement ce que je voulais faire et ça ne peut pas coïncider avec l'itinéraire du Parti conservateur.

Le Soleil, 15 juin 1990

C'est clair maintenant, ce parti est résolument fédéraliste. Le reste du Canada le savait déjà, mais, au Québec, le doute était permis. Il avait été délibérément entretenu par ceux-là mêmes qui y trouvaient leur profit.

Le Journal de Montréal, 16 février 1991

Sans vouloir caricaturer, reconnaissons que le Parti conservateur est tout de même la formation politique qui a mis Felix Holtman à la tête du Comité parlementaire sur la culture. Pour les personnes qui ne s'en souviennent pas, M. Holtman est le député conservateur qui, présidant une séance de son comité, a reproché à Radio-Canada de diffuser de la musique étrangère, comme celle de Beethoven.

À visage découvert, Boréal, 1992

Le Parti conservateur, c'est un parti de droite, beaucoup plus à droite que je ne l'aurais cru moi-même. [...] Ce sont les gens presque de l'extrême droite qui ont pris le contrôle de ce parti.

Alma, 18 avril 1993

Je ne suis pas conservateur, je n'ai jamais été conservateur [même] si j'en ai eu l'étiquette.

Le Devoir, 16 octobre 1993

Conservateurs

Il n'existe pas de machine électorale conservatrice au Québec. Il n'y a pas non plus une base de militants conservateurs comme tels. [...] En 1984 et en 1988, les conservateurs ont ouvertement sollicité et obtenu l'appui des souverainistes. Ils ont même utilisé les organisateurs du Parti québécois.

Le Journal de Montréal, 16 février 1991

Le *credo* conservateur tient en peu de mots : privatisation, déréglementation et rétrécissement du rôle du gouvernement.

À visage découvert, Boréal, 1992

Les conservateurs se sont aliéné le vote nationaliste qui leur avait permis de gagner en 1984 et 1988. Ce vote se tournera vers nous [du Bloc québécois]. Les conservateurs sont maintenant inexistants au Québec.

Le Soleil, 21 novembre 1992

Sur le terrain, nos adversaires, ce sont les libéraux. Il n'y en a pas de conservateurs, on n'en voit pas. Ça n'existe pas, des conservateurs au Québec !

La Presse, 8 juin 1993

Les conservateurs n'ont pas de structure ni de militants : leur parti s'est bâti autour d'une idée.

L'actualité, juillet 1993

Constat (amer)

Notre principal adversaire n'a jamais été le fédéralisme, c'était la peur de s'émanciper. Ce qui me désole, c'est que le Québec semble avoir perdu sa capacité de révolte.

Le Point, 21 octobre 1995

Constitution

Les Québécois, de quelque tendance qu'ils soient, n'ont jamais accepté et n'acceptent pas de vivre en dehors de la Constitution canadienne, alors que nous vivons dans une société de droit. Ça, il faut que tout le monde au Canada le sache !

Halifax, 28 mai 1988

Une Constitution, c'est plus qu'une loi, c'est un rêve. Actuellement, il y a un « rêve canadien » dont le Québec est exclu. Mais il y a aussi un « rêve québécois ».

La Presse, 8 juin 1988

Il est très important que le Québec, collectivement, souscrive à la Constitution. [...] Il n'est pas normal que la Constitution d'un pays, qui est l'instrument par lequel on définit ses valeurs fondamentales, qui doit mobiliser les rêves et la motivation profonde des citoyens, ne soit pas approuvée par près d'un tiers du pays.

Trois-Rivières, 22 avril 1989

Nous sommes le pays de la Constitution immobile. Nous savons bien qu'un cadre politique dressé il y a 123 ans pour réunir 4 colonies britanniques ne peut plus rendre compte des pulsions, des exigences et des besoins d'un pays des années 2000, grand comme un continent.

Canadian Club, Montréal,
29 octobre 1990

Une Constitution, c'est l'âme d'un pays. Pour nous, c'est encore l'âme d'un autre. Mais Meech nous a renvoyés à nous-mêmes.

La Presse, 22 novembre 1990

Constitution (rapatriement de la)

L'absence de la signature du Québec au bas de la Constitution est une donnée explosive. [...] Il y a là

consistency

un tison, une braise sous la cendre. Le Canada va se rendre compte qu'il doit négocier. S'il y a une entente, elle sera de nature historique et ça réglera le problème pour longtemps. S'il n'y a pas d'entente, là c'est différent. Les hommes politiques québécois en tireront des conclusions.

Le Devoir, 21 septembre 1985

Je sais que la Charte des droits satisfait les intellectuels et que tout le monde est content. Mais moi, je dis une chose : tout cela nous a été enfoncé dans la gorge, ça ne s'est pas fait dans la clarté du jour et des cœurs. Ça s'est fait la nuit dans un motel ; les autres dormaient, on ne leur a pas dit. On ne fait pas des Constitutions comme ça. On ne donne pas des assises à une nation par des procédés comme ceux-là.

Le Devoir, 21 septembre 1985

Même aux moments de leur plus grande méfiance, les Québécois n'avaient jamais imaginé qu'on puisse, sans leur consentement, modifier le pacte de 1867. D'où l'impression qu'ils ont ressentie, en 1982, d'un bris de confiance, d'un accroc à l'intégrité du lien national. Les descendants de George-Étienne Cartier n'attendaient pas cela des descendants de John A. Macdonald. Perçu comme une tromperie au Québec, le rapatriement de 1982 a placé une sorte de bombe à retardement dans la dynamique politique de ce pays.

Empire Club, Toronto,
février 1990

Si on oublie le rapatriement unilatéral de 1982, on oublie tout, on ne comprend rien de ce qui se passe. Le fédéral n'a rien retenu du passé. Il veut arracher l'histoire de ce pays [le Québec].

La Presse, 16 novembre 1991

Le rapatriement de la Constitution est un bris de confiance qui a marqué pour très longtemps la viabilité du fédéralisme canadien. Il y avait une sorte de pacte entre deux peuples fondateurs, un document accepté par tout le monde qui s'appelait l'Acte confédératif. Mais en 1981 on l'a déchiré et on l'a refait contre la volonté du Québec.

L'actualité, juillet 1993

Expliquez à n'importe quel étranger que 11 premiers ministres étaient conviés à une conférence cruciale pour l'avenir et que, pendant la dernière nuit, 10 d'entre eux se sont concertés pour concevoir un accord qui, loin de satisfaire le onzième, lui enlevait une partie de ses acquis. Vous n'en trouverez aucun qui croira qu'une démocratie ait pu agir ainsi, quelles qu'aient été les circonstances ou les alliances.

La Presse, 10 février 1996

Continuez!

Que l'on continue... (MESSAGE GRIFFONNÉ À L'INTENTION DES MÉDECINS QUI S'APPRÊTENT À L'AMPUTER D'UNE JAMBE. JACQUES PARIZEAU, LUI, Y VERRA UN ULTIME MESSAGE POLITIQUE.)

La Presse, 3 décembre 1994

Contraste

À Paris, c'était : «Est-ce que Votre Excellence prendra plus de soupe ?», «Dois-je faire avancer la limousine de Votre Excellence maintenant ?» Ici, c'est : «Salut, t'as l'air d'un bon gars mais qu'est-ce que tu vas faire pour le chômage ?» Pour moi, cela a été un très salutaire exercice de modestie.

Maclean's, 20 juin 1988

Contrebande

Il faut [...] s'attaquer résolument à la contrebande. Il n'y a en fait qu'une seule manière pacifique de réussir cette opération, c'est de couper l'herbe sous le pied des contrebandiers, c'est-à-dire réduire très nettement l'écart de prix entre le produit légal et le produit de contrebande. La réduction des taxes sur le tabac est devenue une urgence sociale, à cause de toutes les conséquences qu'entraîne leur niveau prohibitif.

Réponse au discours du Trône,
19 janvier 1994

Controverse

J'ai, comme on dit, bouclé une boucle. Je l'ai bouclée rapidement, avec intensité, de façon marquée, souvent dans la controverse, moi qui ne m'étais jamais perçu comme un personnage controversé. (DERNIER JOUR AUX COMMUNES.)

Le Devoir, 14 décembre 1995

Cordon ombilical

Les Québécois n'ont pas voulu rompre le lien fédéral. Ils se sont découvert des racines fortes au Canada, d'autant plus fortes qu'en voulant les arracher, ça leur a fait mal.

Le Devoir, 21 septembre 1983

Corruption

Un peu d'héroïsme nous changerait de notre médiocrité habituelle. Après tout, la nation canadienne-française croit peut être en d'autres valeurs que dans la corruption politique et électorale. (À PROPOS DU RÔLE QU'IL PRÊTE AU QUOTIDIEN *LE DEVOIR* DANS LA VIE INTELLECTUELLE.)

Le Carabin, 9 novembre 1961

Couple (fatal)

Pierre Trudeau et Jean Chrétien ont humilié, insulté et ostracisé le Québec.

Le Soleil, 12 juillet 1990

C'est Chrétien qui exécutait les œuvres, mais c'est Trudeau qui commandait. [C'est] le couple fatal qui se dresse chaque fois sur l'itinéraire du Québec.

Le Soleil, 12 octobre 1995

Courtoisie

Non, je ne me trouve pas brutal ni violent ; je ne sais pas si vous avez remarqué mais il me semble que je m'exprime de façon civilisée et courtoise et je m'emploie à ne pas utiliser des gros mots comme ceux que mes adversaires lancent. Ce ne serait pas bien de les imiter, je n'ai pas été élevé de cette façon. (RÉPONSE À PIERRE TRUDEAU ET DANIEL JOHNSON, NOTAMMENT, QUI L'ACCUSAIENT D'AVOIR TENU DES PROPOS HARGNEUX AU COURS DE LA CAMPAGNE RÉFÉRENDAIRE DE 1995.)

La Presse, 6 février 1996

Couverture (aérienne)

Je ne m'incrusterai pas 10 ans à Ottawa. On y retourne pour être la couverture aérienne du Parti québécois, le temps de faire la souveraineté. Ça va débouler vite.

Le Monde, 16 octobre 1992

Crédibilité

La crédibilité [budgétaire] du Québec est en train d'être reconstruite. Et la crédibilité, lorsqu'on est endetté, ça vaut des dizaines de millions de dollars. C'est simple : si votre banquier vous fait confiance, votre taux d'intérêt va baisser. Et, ces temps-ci plus que jamais, chaque sou compte.

Sommet socio-économique,
Québec, 18 mars 1996

Créditistes

[Au Bloc], on est plus dangereux que les créditistes. Nous ne sommes pas venus manger dans la main des politiciens fédéraux, comme l'ont fait beaucoup de parlementaires québécois. (ALLUSION AU RALLIEMENT DES CRÉDITISTES, MOUVEMENT POPULISTE DE DROITE DES ANNÉES SOIXANTE ET SOIXANTE-DIX, ANIMÉ PAR RÉAL CAOUETTE.)

Le Soleil, 21 septembre 1990

Cri *(du cœur)*

Les souverainistes québécois paient des taxes, eux aussi ! [...] Durant deux décennies, ils ont envoyé de l'argent à Ottawa et, en retour, ils n'ont eu que de la propagande fédéraliste.

Maclean's, 29 novembre 1993

Cris

Il faut respecter [leur] décision, ils ont le droit d'avoir leur opinion. On peut les comprendre en grande partie : depuis longtemps leur responsabilité fiduciaire est confiée au gouvernement fédéral, donc leur lien est avec le fédéral. (AU SUJET DU RÉFÉRENDUM TENU AUPRÈS DES 4 849 CRIS DU QUÉBEC QUI SOUHAITENT, À 96 %, RESTER DANS LA FÉDÉRATION.)

Le Devoir, 26 octobre 1995

Critique *(voilée)*

J'endosse la démarche de souveraineté-association, mais on ne l'a jamais vraiment définie. Ça fait 10 ans qu'on n'a pas réfléchi à ce que nous voulons être...

Le Soleil, 15 juin 1990

Croisade

Nous, étudiants catholiques, citoyens de la Cité future, nous nous devons de réagir devant ce danger croissant [du communisme] et de nous orienter sans crainte vers les carrières scientifiques où nous pourrons rivaliser avec les ennemis possibles de l'État et de l'Église, pourvu que nos recherches soient en fonction de ce qu'il y a de plus noble en nous, notre âme immortelle et notre esprit créateur.

Le Cran, 4 décembre 1957

Croque-mitaine

Le Canada anglais nous dit : «Énervez-vous pas, les Québécois, sinon on vous envoie Jean Chrétien.

Il va compléter la belle job qu'il vous a faite en 1981-1982...»

Le Soleil, 12 juillet 1990

Cul-de-sac

On a tout essayé, et même un peu trop. Nous n'avons plus d'alibi, nous n'avons plus d'excuses possibles. Il n'y a plus de contorsion intellectuelle que l'on puisse encore faire pour trouver une façon d'éviter de prendre la vraie décision [de dire OUI à la souveraineté du Québec]. Toutes les avenues, nous les avons explorées jusqu'au bout et nous avons trouvé des culs-de-sac.

Le Soleil, 16 août 1995

Culpabilité

J'espère que ces gens qui aiment tellement le Québec aujourd'hui l'aimeront encore lorsqu'il aura pris une décision très démocratique. L'idée, c'est de culpabiliser les Québécois. Ne nous laissons pas avoir par ce genre de diversion. (À PROPOS DE LA « CROISADE POUR LE CANADA» ORGANISÉE À MONTRÉAL PAR LES PARTISANS DU FÉDÉRALISME QUELQUES JOURS AVANT LE RÉFÉREN-DUM SUR LA SOUVERAINETÉ.)

Presse Canadienne,
27 octobre 1995

C'est une manifestation bidon. [...] Où étaient-ils ceux qui nous aiment, en 1982, quand on a rapatrié la Constitution sans notre consentement? Il n'y en a pas un qui a dit que c'était honteux. Maintenant que le Québec se lève debout, on vient dire aux Québécois qu'on les aime. On veut qu'ils soient gênés de voter OUI devant un tel amour. On veut les culpabiliser, c'est ça l'idée. (IDEM.)

Le Soleil, 27 octobre 1995

Culture

Pour moi, la culture, c'est extrêmement important. Ça englobe même l'économie. Un gouvernement souverainiste qui ne ferait pas le plus grand cas de la culture manquerait le bateau...

Voir, 4 juin 1992

J'ai toujours pensé que le fait de vivre en société, d'avoir une certaine perception des choses, de développer certaines expertises et de faire tout ça à partir de valeurs qui nous sont propres, que tout cela fait partie de la culture. S'agissant d'un peuple qui cherche, comme le nôtre, la voie de son achèvement, la culture revêt une importance particulière. Et à chaque fois qu'il s'agit de la culture, je pense à l'éducation. Pour moi, le couple est indissociable. [...] Ce couple culture-éducation, je pense qu'il faut le placer au centre de l'activité gouvernementale. Il faut que toutes nos décisions s'imprègnent de la préoccupation culturelle.

Avis d'artistes,
hiver 1996

À mon avis, on appauvrit tous les secteurs quand on appauvrit la culture. [...] Quand il s'agit de choses importantes comme la culture, on n'a pas le droit d'imposer des coupures aveugles. On n'a pas le droit de dire : « Puisqu'il faut couper tant de millions, tout le monde écopera dans la même proportion. » Est-ce le moment, par exemple, de couper dans les ressources affectées à l'acquisition de livres alors qu'il n'y en a pas assez ? Je me rappelle trop de ce qu'était ma fringale de lecture quand j'étais jeune, alors que je devais relire des livres que j'avais déjà lus parce qu'il n'y en avait pas d'autres à Jonquière à l'époque.

Avis d'artistes,
hiver 1996

L'éducation et la culture constituent en quelque sorte notre rempart ou notre antidote contre la tendance à tout voir par la lorgnette de l'économie. Ce n'est pas vrai qu'on peut comprendre une société en se contentant, à proprement parler, de la

« déchiffrer ». Il faut la lire et l'écouter, l'apprendre, la remodeler, la raconter et la chanter. (DISCOURS D'ASSERMENTATION COMME PREMIER MINISTRE.)

Québec, 29 janvier 1996

Culture québécoise

On peut chercher longtemps à définir ce qu'est la culture québécoise. C'est toujours périlleux de tenter une définition de la culture. Qu'est-ce que la culture française ? la culture britannique ? la culture américaine ? Ça n'est pas simple. Mais dans tous les cas, on trouve certains éléments centraux. Et au Québec, il est évident que la langue française en est un. [...] La langue française est au cœur d'une définition de la culture québécoise au sens le plus large, c'est-à-dire de la culture qui intègre tout le monde.

Avis d'artistes, hiver 1996

Cynisme

C'est ce que je déteste le plus, le cynisme. Je déteste, j'abhorre le cynisme en politique. Le cynisme nous a conduits là où nous sommes. On ne sait même pas où on est ! [...] Le cynisme va nous tuer, au Québec, si on ne se réveille pas à temps. (À PROPOS DE L'ATTITUDE DE ROBERT BOURASSA VIS-À-VIS DE L'IMPASSE CONSTITUTIONNELLE.)

Radio-Canada, *Raison-Passion*, 10 septembre 1992

D

D *anger!*

Je vais faire tout ce qui est démocratiquement possible pour empêcher les Québécois [d'accepter un deuxième «beau risque»]. Il ne faut pas qu'on entre là-dedans. Et ça, dans l'intérêt même des Canadiens anglais. Voyez-vous le Canada au lendemain d'un référendum où les Québécois auraient accepté des offres tordues, pâlottes? Les Québécois vont se sentir coupables et ils vont mépriser davantage les Canadiens anglais. Le pays qui ne marchait pas va marcher encore moins. Je ne souhaite pas ça au Canada anglais! (À PROPOS DE L'ENTENTE DE CHARLOTTETOWN.)

Voir, 4 juin 1992

D *ébat linguistique*

On sait tous que le débat linguistique est toujours difficile. Si on doit avoir ce débat, on l'aura, mais, quoi qu'il arrive, je ne veux pas un débat qui divise, émotif. Je souhaite un débat objectif et serein. (À PROPOS DE LA POLÉMIQUE SUSCITÉE PAR LES CONCLUSIONS DU RAPPORT PRÉLIMINAIRE LEGAULT-PLOURDE SUR LA SITUATION LINGUISTIQUE.)

La Presse, 24 février 1996

Je ne vois pas en quoi on pourrait entretenir des inquiétudes sur les intentions d'un gouvernement souverainiste, que je préside, de s'assurer que le français va survivre et qu'il va être promu. On n'a pas à s'inquiéter non plus du fait qu'un gouvernement, puis qu'un premier ministre de l'ensemble des Québécois, puissent souhaiter qu'il y ait un dialogue avec toutes les composantes de notre société. [...] Il faut que tout le monde au Québec se sente à l'aise. Qu'on préserve un climat de sérénité et d'objectivité au sein duquel on peut prendre les bonnes décisions pour tout le monde. (*IDEM.*)

Le Devoir, 24 février 1996

À mon avis, dans le débat sur la langue, les deux grands groupes linguistiques du Québec sont maintenant sortis de l'ère des bouleversements pour entrer dans une période d'intérêt mutuel. Afin de profiter pleinement du métissage culturel et des occasions qui nous sont offertes aujourd'hui, chaque groupe a besoin de l'autre s'il veut jouir d'un climat sain et confortable. (DISCOURS AUX ANGLOPHONES DE MONTRÉAL.)

La Presse, 13 mars 1996

D *ebout!*

On veut un Québec debout, un Québec vivant, sûr de lui-même, fier et responsable de ses propres décisions. C'est ça qu'on veut, rien de plus, rien de moins.

Le Devoir, 3 août 1994

D *écalage*

Ça fait deux ans que les Québécois entendent dire qu'il va y avoir un référendum. Or, tout ce qu'ils voient à la télé, c'est Mulroney et Bourassa qui répètent les mêmes affaires : des mots ésotériques comme « paramètres », « asymétrie », « équité », « triple E »... Ça ne veut rien dire pour personne ! Et pendant ce temps-là, les gens perdent leur job, ils ont de la misère à payer leur hypothèque...

Voir, 4 juin 1992

D *écès (avis de)*

Meech n'est pas mort seul. Il emporte, mêlées aux siennes, les cendres du « beau risque ». Il nous dépouille aussi d'une certaine candeur qui nous faisait espérer des autres ce qu'ils ne pouvaient nous donner.

Le Devoir, 26 juin 1990

Décider

Décider, c'est, pour moi, cesser de piétiner en face de la seule porte qui nous soit ouverte, la seule dont l'accès ne dépende que de nous, la seule qui, une fois franchie, nous place en contrôle de notre avenir.

Beauport, 22 mars 1995

Décrochage scolaire

[Il faut] procurer des emplois aux jeunes qui voudront aller au bout de la formation de l'école. Le décrochage s'inscrit dans un cercle vicieux. Les jeunes resteraient à l'école s'ils la voyaient pour ce qu'elle doit être, le lieu de passage vers le marché du travail. Rien ne doit faire plus de mal à la motivation d'un étudiant du secondaire que la vue de diplômés universitaires acculés au chômage.

À visage découvert, Boréal, 1992

Dédoublements

Les dédoublements de services et de ministères à Ottawa et à Québec coûtent plus de 3 milliards par année au Québec. Seulement dans le domaine de la main-d'œuvre, c'est 300 millions que nous pouvons aller chercher.

La Presse, 7 décembre 1992

Défense

Cessons de gaspiller de l'argent sur le militaire et prenons un an pour examiner la situation. [...] Ce sera zéro hélicoptère, zéro tank et le gel des frégates, dans la mesure où on peut le faire, pour celles qui n'ont pas été mises en chantier. (POSITION DU BLOC AU CAS OÙ LES ÉLECTIONS DU 25 OCTOBRE LUI AURAIENT CONFÉRÉ LE POUVOIR D'IMPOSER SES VUES À UN GOUVERNEMENT MINORITAIRE.)

La Presse, 11 septembre 1993

Il faut redéfinir nos besoins militaires [au fédéral]. Au lieu de dire qu'on va couper dans les programmes sociaux, cessons d'abord de dépenser de l'argent en équipement militaire. Tout est bouleversé dans le monde. Il n'y a plus d'Empire soviétique. [...] Arrêtons de gaspiller de l'argent, d'acheter des *gadgets*, des hélicoptères, des chars d'assaut et des frégates construites pour traquer les sous-marins atomiques soviétiques qui sont maintenant dans des cours à *scrap*. (*IDEM.*)

Le Devoir, 11 septembre 1993

Les états-majors sont bourrés d'argent. On a acheté des corvettes meilleures que celles des Américains, dépensé deux milliards de dollars pour des blindés et on n'attend que le NON [au référendum sur la souveraineté] pour acheter quatre ou cinq sous-marins britanniques usagés. Les états-majors ont embarqué les gouvernements.

Le Soleil, 13 octobre 1995

Déficit budgétaire

Il semble que, tel le Minotaure, ce monstre vorace puisse prélever à volonté son tribut annuel à même les emplois, à même la sécurité déjà minimale des démunis, à même la santé financière de l'État fédéral, à même l'avenir des jeunes. Non seulement ces déficits ne connaissent pas de relâche depuis 18 ans, mais, à quelque 43 milliards de dollars, celui de l'année en cours témoigne d'un système totalement déréglé.

Réponse au discours du Trône,
19 janvier 1994

Chaque déficit annuel accroît notre dette, accroît donc la portion de notre budget qu'il faut consacrer aux intérêts de la dette, au détriment de nos autres besoins. Ces déficits restreignent par conséquent notre capacité à améliorer la condition des Québécois. C'est un peu comme si on se mettait, collectivement, une camisole de force et qu'avec

chaque déficit on serrait encore d'un cran. (DISCOURS
D'ASSERMENTATION COMME PREMIER MINISTRE.)

Québec, 29 janvier 1996

D élégation du Québec (à Paris)

Je voudrais consolider la place que le Québec
occupe à Paris, de sorte que le Québec ne se sente
pas menacé. Je comprends qu'ils ont dû se battre très
fort pour arriver là où ils sont, et chaque jour cet
acquis est menacé parce que cette place n'est pas
encadrée par un statut juridique. Je ne pense pas
qu'il soit possible au Québec de faire le moindre
gain additionnel au plan politique à Paris. Ce qu'il y
avait à gagner, ils l'ont gagné. Et je pense qu'il faut
le considérer comme un acquis définitif. Aller plus
loin, c'est avoir une souveraineté. Ce n'est pas
possible. (LUCIEN BOUCHARD S'APPRÊTE À PRENDRE SES FONC-
TIONS D'AMBASSADEUR À PARIS.)

Le Devoir, 21 septembre 1985

D élinquance

On ne réglera pas les problèmes de délinquance,
les problèmes du crime, les problèmes de la drogue
et autres parce qu'on va supprimer la vie des gens
qui sont concernés. On sait bien que c'est un
problème social. On sait bien que ce genre de
problème-là pousse sur une terre fertile en délinquance. Pourquoi ? Parce qu'il y a des problèmes
sociaux qui n'ont pas été réglés. Il faut aller à la
source du mal. (APRÈS QUE KIM CAMPBELL SE SOIT DÉCLARÉE
FAVORABLE À LA PEINE DE MORT, LUCIEN BOUCHARD RÉITÈRE SON
OPPOSITION À CETTE « AFFAIRE SAUVAGE ».)

Alma, 18 avril 1993

D émission

Je me vois contraint de quitter le gouvernement,
avec douleur, avec déchirement, aussi bien que le
caucus conservateur, pour siéger comme député
indépendant.

Chambre des communes, 22 mai 1990

Quand on dit, à Ottawa, que le Québec n'acceptera jamais un échec de [l'Accord du lac] Meech, on se fait accuser de bluffer. Moi, j'ai décidé de le *caller*, le bluff!

La Presse, 24 mai 1990

Je ne demande à personne de me suivre...

La Presse, 24 mai 1990

J'aurais bien pu rester à Ottawa et trouver les mots pour expliquer cette décision, mais j'avais besoin de faire maison nette. [...] C'est tout le contraire de la définition de l'opportunisme.

Le Journal de Montréal, 24 mai 1990

Cela fait longtemps que je ne me suis pas senti aussi bien. Je me sens dégagé, tout à fait en accord avec moi-même. [...] Je voudrais être vu comme un homme libre, qui parle aussi net qu'il le peut et qui découvre les vertus de la liberté.

Le Journal de Montréal, 24 mai 1990

C'est très dur pour Mulroney, car je ne suis pas allé à Ottawa pour lui faire des misères. Je suis allé là-bas pour l'aider, mais la décision est prise, maintenant, et je me sens heureux.

Le Journal de Montréal, 24 mai 1990

J'ai voulu me dissocier du reste des négociations [autour de Meech] parce que je n'étais pas d'accord avec les recommandations du rapport [Charest]. Je l'ai fait par intérêt collectif, car je ne voulais pas voir les intérêts du Québec bafoués encore une fois.

Le Lac-Saint-Jean, 29 mai 1990

Un Québécois qui s'en va à Ottawa, s'il veut réussir, il faut qu'il fasse comme Jean Chrétien sinon il est fini. Alors je me suis dit: «J'ai fait une erreur, alors je sors, je tire ma révérence, je quitte la politique.» C'est ça que je voulais faire.

Le Mouton noir, Jacques Godbout, 1991

Non seulement je ne regrette pas ma démission, mais chaque journée depuis m'a ancré dans la certitude que j'ai eu raison. Cela n'aurait pas été pertinent, ni utile, de rester en politique sans former le Bloc. Et j'en suis fier !

Le Devoir, 20 juin 1992

J'ai démissionné parce que c'était la chose la plus honorable à faire.

Radio-Canada, 3 octobre 1993

Démocrate

Je ne suis pas un gars de droite. Je cherche à me définir comme un démocrate, respectueux de toutes les libertés mais sachant qu'il y a des compromis à faire par rapport aux droits individuels et aux droits collectifs.

Possibles, hiver 1991

Moi, je me considère comme un humaniste et, dans l'ordre des moyens, comme un pragmatique. Si j'ai une idéologie, c'est celle de la démocratie. Il faut aller très loin dans ce sens-là, prendre des chances et miser sur les droits individuels, tout en sachant qu'une société doit se protéger, s'assumer.

Possibles, hiver 1991

Tout ce que je fais est basé sur la démocratie, absolument tout. [...] Je crois en la démocratie, c'est mon engagement.

The Gazette, 6 février 1996

Démocratie

S'il existait une possibilité que le Québec cesse d'être démocratique au moment de son accession à la souveraineté, je combattrais la souveraineté.

Harvard Business School, Boston, 10 mars 1993

La démocratie, il faut se le rappeler ce soir, est le fondement de tout. René Lévesque a fondé son

combat sur le respect des valeurs démocratiques.
(APRÈS LA DÉFAITE DU OUI AU RÉFÉRENDUM SUR LA SOUVERAINETÉ.)

Le Devoir, 31 octobre 1995

Il y a au Québec une grande tradition démocratique qui exige que toutes les questions soient résolues selon le droit et dans la paix. [...] Tout le monde, moi le premier, reconnaît que la grande tradition démocratique, de droit et pacifiste du Québec est une chose qu'il faut respecter et promouvoir plus que tout.

La Presse, 13 février 1996

Démocratie en péril

La démocratie, c'est 50 % plus un. [...] Le gouvernement fédéral devra respecter la majorité démocratique du Québec, n'importe quoi au-dessus de 50 %, sinon, c'est un gouvernement qui va entacher la réputation internationale de la démocratie canadienne. (RÉACTION AUX RUMEURS SELON LESQUELLES LE POURCENTAGE DE OUI REQUIS POUR QUE LA SOUVERAINETÉ SOIT CONSIDÉRÉE LÉGITIME APRÈS UN RÉFÉRENDUM POURRAIT ÊTRE PORTÉ DE 50 % PLUS UNE VOIX À 66 %.)

La Presse, 31 janvier 1996

J'aurais souhaité qu'Ottawa s'emploie à chercher des solutions imaginatives [en matière constitutionnelle] pour faire en sorte que le peuple soit traité comme tel, que l'on traite de peuple à peuple de façon civilisée. Mais je me rends compte que, pour son plus grand malheur, l'État fédéral a décidé plutôt d'entacher sa réputation de démocratie et, comme on est toujours canadiens, je n'aime pas ça. (ALLUSION AUX ATTAQUES DONT IL EST LA CIBLE À OTTAWA ET AUX RUMEURS DE PARTITION DU QUÉBEC EN CAS D'ACCESSION À LA SOUVERAINETÉ.)

La Presse, 6 février 1996

J'aimerais qu'à l'avenir, quoi qu'il arrive, on s'en remette à la démocratie pour statuer sur l'avenir du Québec et du Canada, la démocratie étant, comme elle a toujours été dans le monde entier, la barre du 50 % plus quelque chose et non pas une démocratie artificielle qui serait faite à partir des gens qui veulent piper les dés.

La Presse, 6 février 1996

D *émolisseurs*

Le Québec s'est bâti sur l'espoir, l'enthousiasme, l'énergie, l'avenir. Or, les politiques fédérales sont en train de sabrer dans les acquis du Québec, de démolir ce qui a été construit en 1960.

Le Soleil, 29 mars 1993

D *émons*

Je souhaite que l'on conjure nos deux démons actuels : l'indécision et la division. (À PROPOS DU CONTENU DE LA QUESTION RÉFÉRENDAIRE « IDÉALE ».)

Radio-Canada, *Le Point*, 19 février 1995

D *émunis*

Une des grandes réussites du Canada, c'est notre souci des démunis. On a partagé la richesse et favorisé une certaine conception de la justice dans l'organisation des rapports entre l'État et les individus en créant des programmes sociaux parmi les meilleurs au monde. Cela, il faut le préserver.

La Presse, 19 juin 1993

D *entiste*

Devant un tel effort [pour réduire le déficit budgétaire], il est normal qu'on hésite et qu'on soit tenté par l'esquive. Ne pourrait-on pas prendre son temps ? Étaler l'effort sur un plus grand nombre d'années ? On a bien envie de succomber à la tentation. Mais ce ne serait pas très sage. Ce serait un peu comme dire au dentiste : « Docteur, pouvez-vous m'arracher la dent, mais tranquillement ? Par étapes. Amusez-vous un peu avec le nerf ! »

Sommet socio-économique, Québec, 18 mars 1996

Dépenser (pouvoir de)

Dépenser, dépenser encore et dépenser plus est aussi un effet de la dynamique fédérale-provinciale. Les stratèges et bureaucrates fédéraux, obéissant à leur propension naturelle à accroître leurs champs de compétence, n'ont pas manqué d'utiliser à profusion ce qu'ils appellent leur « pouvoir de dépenser ». Nous savons maintenant où cela nous a menés.

La Presse, 30 octobre 1990

C'est ce pouvoir qui, au fil des ans, a incité le gouvernement fédéral à envahir des domaines de juridiction provinciale et à accumuler, de ce fait, une dette de près de 440 milliards de dollars.

Laval, 23 septembre 1992

Député

Je considère que d'être admis au Sénat avant de siéger comme ministre ne représente pas la grande porte. La grande porte, c'est la porte de l'électorat, la porte démocratique. C'est ce que je veux faire, même si c'est plus difficile. (APRÈS SA NOMINATION COMME SECRÉTAIRE D'ÉTAT.)

Le Soleil, 1er avril 1988

C'est dur une campagne électorale, mais c'est nécessaire. J'ai besoin d'une base politique pour avoir la légitimité d'un élu.

La Presse, 24 mai 1988

Être député serait pour moi le plus beau des titres. [...] Je désire défendre les intérêts du Québec à Ottawa, et je veux être là lorsque les grandes destinées du Québec vont se jouer au cours des prochaines années. (CAMPAGNE POUR L'ÉLECTION FÉDÉRALE PARTIELLE DE JUIN 1988 DANS LAC-SAINT-JEAN.)

Le Lac-Saint-Jean, 24 mai 1988

L'appui [dont j'ai bénéficié] n'est pas lié à un homme. Ce n'est pas pour mes beaux yeux, pour la couleur de mes cheveux. C'est un appui à mes idées, c'est un appui à un programme d'action, c'est un appui à une nouvelle perception du rôle du Québec à Ottawa. (ALLUSION AU SOUTIEN QU'IL A REÇU DE LA PART DES LIBÉRAUX PROVINCIAUX LORS DE SON ÉLECTION COMME DÉPUTÉ CONSERVATEUR DE LAC-SAINT-JEAN.)

Le Soleil, 21 juin 1988

Je vais démontrer que la population de Lac-Saint-Jean ne m'a pas élu en vain. [...] La création d'emplois demeurera ma grande priorité. Le manque d'emplois est un des problèmes majeurs du comté. Je vais travailler à donner de l'espoir aux jeunes et à les garder ici. Mes autres priorités concernent l'amélioration du réseau routier, le tourisme et la protection de l'environnement. (APRÈS SON ÉLECTION COMME DÉPUTÉ FÉDÉRAL CONSERVATEUR.)

Le Lac-Saint-Jean, 21 juin 1988

Je savais que c'était difficile, la politique. J'avais une perception théorique des difficultés politiques [et] j'avais hâte de vérifier mes perceptions. Les citoyens voulaient que je mérite mon poste et ils m'ont fait une campagne difficile. Les gens ont voté pour des idées et pour l'espérance qu'ils ont en certains hommes pour les mener à terme. (IDEM.)

Le Quotidien du Saguenay–Lac-Saint-Jean, 21 juin 1988

D ésabusé

Les grands discours de principe se traduisent rarement ou jamais par des réalisations.

La Presse, 25 mars 1994

D ésaveu

La souveraineté, je vois ça comme un projet qui englobe tout le monde : le peuple du Québec, ce n'est pas celui qu'avaient à l'esprit ceux qui m'ont précédé.

L'actualité, février 1996

Déshonneur

Là où il n'y a pas d'honneur, le déshonneur n'est pas loin. (À PROPOS DE L'ACCORD DU LAC MEECH.)

Le Devoir, 12 juin 1990

Desjardins (Mouvement)

Le Mouvement des caisses Desjardins [...] illustre bien le proverbe chinois : « *Un long voyage commence par un petit pas.* » Après des débuts très modestes, ce Mouvement est devenu un vaste réseau financier coopératif, toujours propriété de ses membres. [...] C'est non seulement la première institution financière du Québec, mais également son plus important enployeur privé.

Un nouveau parti..., Bloc québécois, mai 1993

Je serais déçu que le Mouvement Desjardins, qui a joué un rôle si important [dans l'histoire du Québec], ne soit pas du débat [référendaire]. Il faut souhaiter qu'il intervienne. [...] Il reflète les efforts que le Québec a déployés pour être ce qu'il est. Il représente trop l'ascension du Québec vers sa maturité politique pour être absent à ce moment. (ALLUSION AU SILENCE « INEXPLICABLE » OBSERVÉ PAR LES DIRIGEANTS DU MOUVEMENT DESJARDINS DURANT LA CAMPAGNE RÉFÉRENDAIRE.)

Le Devoir, 21 octobre 1995

Déstabilisation

C'est tout ce qui leur reste [aux gens d'Ottawa] après l'impuissance dont ils ont fait preuve, soit à convaincre les Québécois des bienfaits du fédéralisme, soit à les convaincre qu'il y aura des changements sérieux pour répondre à leurs aspirations profondes. Comme ils demeurent impuissants là-dedans, ils se réfugient dans les insultes et la déstabilisation. (À PROPOS DES ATTAQUES DONT IL EST LA CIBLE DE LA PART DES FÉDÉRALISTES ET DES RUMEURS DE «CHARCUTAGE» DU TERRITOIRE QUÉBÉCOIS EN CAS DE SOUVERAINETÉ.)

La Presse, 6 février 1996

Destinée

Voici un peuple qui, depuis près de 400 ans, habite le même territoire, s'est employé à y construire une civilisation, [...] parle une langue universelle qu'il a dû défendre contre tous les dangers, s'est donné un État, des structures et des leviers économiques, un corps de droit, de même que des systèmes d'éducation et de sécurité sociale. Il ne se peut pas qu'à la fin de cette course, la plupart du temps douloureuse, qu'au bout de ce long et dur combat, parvenu aux bords de la Terre promise, ce peuple renonce à ce qu'il a toujours ressenti comme un devoir envers soi-même, une fidélité à l'histoire, l'accomplissement de sa destinée.

Université du Québec à Hull, 7 octobre 1990

Dette *(partage de la)*

Si le gouvernement fédéral veut être dur avec nous [advenant un Québec souverain], on pourra dire qu'on refuse de payer notre part de la dette tant qu'on n'aura pas réglé les termes de la souveraineté.

Voir, 4 juin 1992

Dès que le Québec deviendra souverain, les créanciers internationaux vont se tourner vers le gouvernement fédéral, responsable de la dette extérieure canadienne, et ils vont lui dire : il faut que le Québec vous aide. Ils savent très bien que le Canada ne peut pas rembourser seul cette dette-là.

L'actualité, juillet 1993

Jean Chrétien aurait un téléphone d'un financier japonais, dès le lendemain [d'une victoire du OUI], qui lui rappellerait que la dette intérieure du Canada est de 300 milliards, et la dette extérieure aussi élevée. Le Japonais lui dirait qu'il en détient une partie et qu'il ne croit pas que le Canada puisse s'acquitter de cette dette sans le Québec. «Parlez donc à Jacques Parizeau», lui dirait-il. Et suivraient d'autres téléphones, de Berlin, de Londres, de Paris, de

121

Washington. Chrétien s'empresserait de parler au premier ministre du Québec.

La Presse, 16 août 1995

Il est évident que l'un des premiers gestes du Canada anglais [advenant la souveraineté] sera de courir après M. Parizeau, de lui demander, de le supplier de s'asseoir et de discuter de la part du Québec. Il y aura donc des négociations, et le Québec sera assez intelligent pour lier la question à d'autres éléments [comme l'établissement d'une union économique]. [...] Le créancier, celui que les débiteurs appelleront en premier, sera le gouvernement fédéral, parce que c'est lui qui a contracté la dette. Et le gouvernement fédéral se tournera immédiatement vers le Québec et lui demandera de l'aider à soutenir la dette. C'est exactement ce qui se produira.

Le Devoir, 28 septembre 1995

Tout sera sur la table. Et il ne sera pas possible pour le reste du Canada de refuser toutes les demandes [d'association économique] du Québec et, en même temps, d'exiger un énorme chèque pour l'aider à rembourser la dette. Tout sera lié.

Le Devoir, 28 septembre 1995

D*éveloppement (aide au)*

Il faut résister à la démagogie quand on parle de l'aide à l'étranger. Ce n'est pas de l'argent gaspillé. Le Canada a des obligations envers les moins nantis et il ne peut laisser se creuser l'écart entre riches et pauvres. (À PROPOS DE L'INTENTION DE KIM CAMPBELL DE PRIVER L'AGENCE CANADIENNE DE DÉVELOPPEMENT INTERNATIONAL DE 800 MILLIONS DE DOLLARS POUR RÉDUIRE LE DÉFICIT BUDGÉTAIRE.)

La Presse, 13 octobre 1993

L'efficacité de nos efforts pour contrer la pauvreté dans le tiers monde a été compromise par une mauvaise utilisation des moyens financiers disponibles. L'Agence canadienne de développement international a éparpillé ses ressources. Dotée d'un budget de 2,2 milliards, elle administre quelque 1 000 projets dans 117 pays. Elle est l'agence de développement international la plus dispersée de tous les pays de l'OCDE.

Conseil des relations internationales,
Montréal, 18 mars 1994

Le gouvernement [fédéral] doit effectuer un virage majeur dans sa politique d'aide au développement. Il doit réexaminer ses investissements en Asie. La Thaïlande et l'Indonésie ont maintenant pris leur essor économique. Il me semble que la précarité de nos finances publiques nous oblige à recentrer nos efforts de coopération.

Le Devoir, 19 mars 1994

D evoir

Oui, on peut prendre nos décisions nous-mêmes et on doit les prendre. C'est un devoir. Ce n'est pas seulement un désir, c'est un devoir de peuple, c'est un devoir de maturité politique qu'il faut remplir.

Le Journal de Montréal,
10 juin 1991

D evoir (Le)

Il en est des journaux comme des hommes : nos exigences à l'égard des uns comme à l'égard des autres sont à la mesure de ce qu'ils peuvent donner. On ne demande rien à certains journaux ; on se contente simplement de ne pas les lire et de les mépriser. À d'autres, on demande de rester lucides, de fuir la médiocrité et de défendre farouchement leur liberté. Parmi ces autres, il y a principalement *Le Devoir*. [...] On attend de lui qu'il fasse fi de tout impératif financier ; on lui interdit formellement tout sens pratique. Pour nous satisfaire, il lui faut être intellectuel dans un milieu qui ne l'est pas.

Le Carabin, 9 novembre 1961

Diabolique

Entre un pacte avec Chrétien et un pacte avec le diable, il n'y a pas de différence. (À PROPOS DE L'ACCORD DU LAC MEECH ET DU RAPPORT CHAREST.)

Possibles, hiver 1991

Dialogue

Je serai toujours heureux de rencontrer n'importe quel ministre du fédéral, n'importe quel premier ministre au Canada. Ce sera la même chose pour mes ministres. On a l'intention d'assister à autant de conférences fédérales-provinciales qu'on en aura besoin, pour autant que des questions économiques seront discutées. Là où on sera hésitants, c'est s'il faut s'asseoir à des tables où des discussions constitutionnelles reprendraient. Je ne dis pas que nous ne serons pas là, mais nous serons réticents à une reprise des discussions stériles des dernières années.

La Presse, 3 février 1996

Le gouvernement a la responsabilité de dialoguer avec tous les Québécois, y compris ceux qui n'ont pas voté pour nous. Il a la responsabilité de représenter tous les Québécois, la responsabilité de défendre tous les Québécois.

La Presse, 25 février 1996

«Difficile»

En ce moment, un mot semble occuper nos pensées, nos discussions et nos projets. Il s'agit du mot «difficile». La vie, pour plusieurs centaines de milliers de Québécois sans emploi ou qui vivent dans la précarité, est difficile. Le nouveau gouvernement québécois, dit-on avec raison, est placé devant des choix difficiles. L'assainissement nécessaire des finances collectives du Québec, c'est indubitable, promet des moments difficiles. Il faudra faire des sacrifices, perdre quelques habitudes bien ancrées. Lesquelles ? Pour l'instant, c'est difficile à dire. (DISCOURS D'ASSERMENTATION COMME PREMIER MINISTRE.)

Québec, 29 janvier 1996

D*ion, Stéphane*

Je ne pense pas que l'on va changer le message parce que l'on change le messager, surtout que l'on connaît le message du messager, qui ressemble étrangement à celui de M. Chrétien. [...] Mais c'est son droit, à M. Dion, qui est un fédéraliste de choc comme il le dit avec beaucoup de transparence.

(RÉACTION À LA NOMINATION DE STÉPHANE DION COMME MINISTRE FÉDÉRAL DES AFFAIRES INTERGOUVERNEMENTALES.)

Presse Canadienne, 25 janvier 1996

Je crois qu'il va subir un terrible choc quand il s'apercevra lui aussi, après tant d'autres, que ses beaux efforts pour tenter de réformer le Canada au point de vue constitutionnel [et régler le problème du Québec] se heurtent à un refus du Canada [anglais].

Presse Canadienne, 25 janvier 1996

Il va devoir apprendre lui aussi que les universités, c'est très important pour s'instruire, mais qu'il n'y a rien comme la vie quotidienne à Ottawa pour apprendre que c'est impossible de convaincre qui que ce soit d'aller au-delà de ce qui a déjà été tenté.

Presse Canadienne, 25 janvier 1996

D*iplomatie*

Pour un Québec souverain, il ne s'agira pas de semer les ambassades à tout vent, bien entendu, mais il s'imposera d'y mettre un prix sans doute non négligeable, celui que justifie la rentabilité non seulement politique mais économique de rapports directs avec les gouvernements.

La Presse, 18 avril 1991

L'histoire et notre destin comme seul État francophone en Amérique du Nord dictent la prééminence des relations avec la France dans le cadre de politiques internationales du Québec souverain. [...] Son appui pourra aussi être précieux, sinon déterminant, pour assurer la réalisation d'un objectif qui deviendra de plus en plus fondamental pour le Québec : le développement de liens économiques avec la Communauté européenne et son marché commun de plus de 320 millions de consommateurs.

La Presse, 18 avril 1991

On vend mal les dossiers du Québec à l'étranger parce qu'on n'a pas de présence sur le plan international. Notre diplomatie est encore très embryonnaire. On n'a pas l'expérience du [gouvernement] fédéral. Partout où l'on va, on se fait accompagner d'un agent fédéral...

Voir, 4 juin 1992

J'ai eu l'occasion de travailler à Ottawa et au plus haut niveau. On ne s'improvise pas professionnel là-dedans et, à Québec, on n'a pas eu l'occasion de développer cette expertise.

L'actualité, février 1996

D iscours (bon)

Je crois au lyrisme. [...] Un bon discours allie la passion à la sincérité.

L'actualité, août 1987

D iscrimination

Nous avons souffert nous aussi de discrimination, assez pour ne pas devenir des auteurs de discriminations. Notre nationalisme se veut ouvert sur le monde. (DEVANT DES MEMBRES DE LA COMMUNAUTÉ JUIVE DE MONTRÉAL.)

Le Devoir, 15 octobre 1992

D iscussions (stériles)

Il n'y a personne qui va nous embarquer, nous les souverainistes, dans un autre cycle de 30 ans de stériles discussions, de *guedis*, de niaisage, d'imposture et de supercherie verbale.

Le Devoir, 1er novembre 1995

D iscutable

L'efficacité est la morale des peuples.

Le Carabin, 5 octobre 1961

D istinct

Dans ce système [fédéral], «distinct» fait horreur. Le mot est anticanadien.

À visage découvert,
Boréal, 1992

D ivisions (fratricides)

Tous les députés québécois des partis fédéralistes, aussitôt qu'ils sont élus, neutralisent les efforts des députés de l'Assemblée nationale. Ce que dit un député de l'Assemblée nationale et ce que dit (en général le contraire) un député québécois élu à Ottawa, c'est aussi légitime l'un que l'autre, les deux sont élus. Alors on fait toujours match nul, on est toujours renvoyés dos à dos. Y a pas besoin des anglophones pour nous diviser. On s'fait la job nous autres mêmes !

La Presse, 13 février 1993

D ogmatique

Jacques Parizeau n'est pas un dogmatique. Il a un parti qui donne parfois cette impression mais c'est un parti qui va évoluer.

Le Devoir, 14 mai 1993

D ollar

Personne n'a intérêt à créer une monnaie nouvelle en Amérique du Nord. Surtout pas nous ! Il y a d'autres formules que celle du dollar canadien. Le Canada anglais ne doit pas s'imaginer pouvoir nous mettre le couteau sous la gorge en refusant l'union monétaire. Il peut y avoir un alignement sur la monnaie américaine chez nous. Il va falloir être imaginatif.

Possibles, hiver 1991

Nous devrons nous aligner sur une autre devise [advenant la souveraineté] et si, d'après moi, le choix le plus logique devrait être le dollar canadien, ce pourrait bien être aussi le dollar américain. Je peux facilement imaginer cela [dans l'hypothèse où des négociations monétaires avec le Canada anglais échoueraient].

La Presse, 4 avril 1991

L'alignement [sur le dollar canadien ou américain] conviendra au début. Puis, quand nous aurons établi notre crédibilité, je crois que nous pourrons même songer à avoir notre propre devise. [...] Mais je ne m'attends pas à ce que le Québec atteigne une autonomie monétaire totale. Qui y arrive vraiment? Personne. Aussi, là n'est pas le principal problème.

La Presse, 4 avril 1991

Tous les experts disent que le Québec aurait intérêt à avoir sa propre monnaie, ne serait-ce que pour éviter que la Banque centrale d'un autre pays nous impose ses politiques monétaires. Mais dans un premier temps, je crois qu'il faudrait garder la monnaie canadienne. [...] Mais éventuellement, et surtout si la Banque du Canada veut profiter de la situation pour nous imposer des contraintes inacceptables, il y aurait une transition très douce vers une monnaie québécoise.

Voir, 4 juin 1992

Double jeu

Maintenant que le frêle esquif du «beau risque» a sombré dans les eaux glauques du lac Meech, nos élus à Ottawa ne s'en tireront plus avec des airs souffrants et déchirés, des mises en berne du drapeau canadien dans leur cour arrière, des ronflants: «Je veille aux intérêts du Québec», ou encore des stoïques : « Il faut bien gérer ce grand pays ». Ces Werther du nationalisme devront dévoiler leurs vraies couleurs.

Le Devoir, 10 juillet 1990

D ouloureux

Jamais la victoire du OUI ne nous avait paru aussi proche que ces jours derniers. De la voir se dérober à l'instant même où l'on croyait pouvoir la saisir, cela fait mal... (AU SOIR DE LA DÉFAITE DU OUI AU RÉFÉRENDUM.)

Le Journal de Montréal,
31 octobre 1995

D roit (éloge du)

La formation juridique forme la pensée. Elle nous fait aborder les choses d'une façon cartésienne. Alors, on voit rapidement l'essentiel et la structure du problème. [...] En politique, la prolifération de dossiers est incroyable et c'est là qu'on s'aperçoit de l'avantage d'être avocat. [...] Le cours de droit n'est pas seulement bon pour ce qu'il nous apprend mais surtout pour ce qu'il nous fait faire après. Lorsqu'on analyse les lois, on en vient à comprendre la société.

Maîtres, janvier 1989

D roite

Un vent de droite souffle au Canada anglais, un vent qui prépare des mesures sans-cœur sur le dos des plus démunis.

Le Devoir, 12 octobre 1995

Avec ma préoccupation qui est au centre des valeurs sociales, les valeurs de compassion et d'équité, ça ne me met pas dans le camp de la droite.

Le Devoir, 7 décembre 1995

Le vent de droite qui souffle sur le continent n'emportera ni nos valeurs, ni notre compassion, ni notre solidarité [envers les plus démunis].

Le Devoir, 13 mars 1996

Droits de l'homme

Il semblerait que, dorénavant, notre ardeur à protéger les droits de l'homme soit proportionnelle à la pauvreté des pays délinquants. Moins nous aurons de gains commerciaux à tirer de nos échanges avec eux, plus nous serons sévères. Mais plus ils seront riches [et] plus nous serons complaisants. [...] C'est la politique des affairistes, élastique à souhait, où les décisions se moulent, à la fin, sur les seuls intérêts commerciaux, les bonnes âmes n'entrant en scène que lorsqu'il n'y a pas de gain pécuniaire à réaliser.

Conseil des relations internationales,
Montréal, 18 mars 1994

Dualité linguistique

Le principe de la dualité linguistique prend racine à la charnière même de notre réalité historique et de la vie du pays. Son inscription dans la Constitution découle donc d'une nécessité et marque un gain certain pour les minorités linguistiques. (À PROPOS DE L'ACCORD DU LAC MEECH.)

Université de Moncton,
4 novembre 1989

Duceppe, Gilles

L'apport de Duceppe est exceptionnel. Il nous donne une légitimité. (À PROPOS DU PREMIER DÉPUTÉ ÉLU SOUS LA BANNIÈRE SOUVERAINISTE, À LAURIER–SAINTE-MARIE.)

La Presse, 18 mai 1991

Duceppe, Jean

Jean Duceppe, c'est un demi-siècle de dévotion au théâtre, de promotion des arts et d'engagement pour les siens. Qu'il ait été aimé par les Québécois n'est pas assez dire. La faveur constante qui lui a été prodiguée par le public dépasse le tribut normalement rendu au succès, même immense, d'un comédien. Cette histoire d'amour en dit long sur

Jean Duceppe et encore plus sur le peuple québécois lui-même.

Le Journal de Montréal, 22 décembre 1990

D umont, Mario

Il me semble que le but qu'il poursuit, la démarche par laquelle il veut atteindre le but qu'il poursuit ne sont pas clairs. Il y a comme un chaînon qui manque, un ressort fondamental, qui est le passage obligé par la souveraineté ; faire le pays d'abord. Et je ne l'ai pas entendu dire cela, M. Dumont.

Le Devoir, 23 mars 1995

Il représente quelque chose au Québec. Il est jeune, il a eu le courage de rompre avec le PLQ sur la question nationale. Il y a là un souffle qu'on ne peut se permettre de laisser de côté. S'il y a moyen de s'entendre sur le même projet, on a intérêt à le faire.

Le Devoir, 2 mai 1995

S'il y a quelqu'un qui peut se considérer comme le véritable héritier de la pensée politique tradition-nelle du Parti libéral du Québec, [...] c'est Mario Dumont [et non Daniel Johnson].

La Presse, 16 août 1995

D ur, dur!

On me dit souvent que je ne souris pas assez. J'essaie, mais il faut que ce soit drôle. Quand ça ne l'est pas, on a l'air fou de rire ! C'est pas toujours drôle une campagne électorale !

La Presse, 2 octobre 1993

E

É*cole*

L'école québécoise est malade et il n'est pas aisé, même pour les spécialistes, de poser le diagnostic. [...] Ce qui est grave, c'est que, justement, nous ne cherchons pas à savoir. Après avoir été au cœur du bouillonnement social et politique des années soixante, l'éducation n'est plus un sujet à la mode. [...] Les bureaucrates ont pris la relève des inspirateurs.

Le Journal de Montréal,
4 mai 1991

C'est un drame. Et il s'en prépare d'autres. À grands coups d'argent, sous l'œil apparemment impassible de la machine à directives qui nous tient lieu de ministère de l'Éducation, nous fabriquons pour demain des chômeurs, des démunis, des désespérés. Bien souvent, décrocher à 15 ans, c'est décrocher pour la vie. [...] Mais gardons-nous d'être trop sévères pour l'école. S'il est vrai qu'elle construit la société de demain, elle est aussi le reflet de celle d'aujourd'hui. En ce sens, nous avons tous un *mea culpa* à faire.

Le Journal de Montréal,
4 mai 1991

Le premier devoir d'un Québec souverain sera [...] de faire de l'école ce qu'on a rêvé d'en faire durant les années soixante : le laboratoire du Québec de demain, un irremplaçable levier de transformation sociale, un instrument de valorisation de la connaissance et un lieu de dépassement personnel. C'est dans l'école d'aujourd'hui que nous devons préparer les victoires qu'il nous faudra remporter, demain, sur les grands marchés internationaux. La souveraineté, c'est l'obligation de travailler plus fort, dans les usines comme à l'école, d'être plus inventifs, plus entreprenants.

Laval, 20 juin 1992

Il faut revoir nos écoles, de la garderie à l'université, comme le font les états généraux de l'éducation, et mettre en branle une grande réforme de fond et de forme.

Sommet socio-économique,
Québec, 18 mars 1996

École *(question de l')*

L'école, c'est le cœur de l'affaire [linguistique]. En ce qui me concerne, jamais on ne pourra toucher à l'école. S'il y a un endroit où le combat du Québec français va se perdre, c'est à l'école. [...] Si on laisse assouplir l'accès à l'école au Québec, c'est fini. Là, c'est fini. C'est comme ça qu'ils nous ont eus dans l'Ouest. Ils nous ont eus partout au Canada comme ça : l'école.

La Presse, 13 mai 1993

Je me demande si on n'a pas été naïfs de parler de flexibilité dans l'affichage quand on s'aperçoit que finalement, pour les anglophones, ce n'était pas si important. Que ce qu'ils veulent, c'est le gros morceau : l'école. Ce que je refuse absolument.

Le Devoir, 14 mai 1993

Jamais on n'ouvrira la question de l'école, jamais ! C'est la clef de la survivance française au Québec. Ça, on ne le lâchera pas ! [...] Moi, jamais en ce qui me concerne on ne pourra toucher à l'école. S'il y a un endroit où le combat du Québec français va se perdre ou se gagner, c'est l'école.

Presse Canadienne, 5 décembre 1993

É *conomie mixte*

Moi, je crois à l'économie mixte. Notre économie a besoin de leviers, de supports. Même le Japon s'appuie sur l'État. Je ne serais pas celui qui scinderait la Caisse de dépôt en deux.

Voir, 4 juin 1992

É *den*

Nous savons bien, nous, du Bloc québécois, que la graine qui a été jetée dans le jardin du Parti québécois a poussé et s'est épanouie, et a fleuri même dans le jardin du Parti libéral, même si le Parti libéral se demande ce que ces fleurs font là, à travers les chardons.

Hull, 14 mai 1991

É *ducation*

On oublie trop souvent que le niveau culturel remarquable atteint par des pays comme la France et l'Angleterre, pour ne citer que ceux-là, est plus le fait d'une éducation populaire rationnelle que de l'épanouissement immédiat de talents prodiges.

Le Cran, 19 mars 1958

Peu d'activités sont assujetties, chez nous, à un encadrement aussi enchevêtré que le domaine de l'éducation. L'élève, le maître et l'école sont coincés entre une bureaucratie tatillonne et une convention collective rigide à l'excès. En plus, ils sont ballottés d'une réforme à l'autre, d'une trouvaille pédagogique à l'autre. Pendant des années, on leur a fait entendre un discours laxiste, dénonciateur de l'émulation et de l'excellence.

Le Journal de Montréal, 4 mai 1991

Il faut se le dire franchement : la qualité de la vie québécoise des prochaines décennies dépend entièrement des choix que nous ferons en éducation à compter de cette année. Qu'il s'agisse de formation professionnelle, où la tâche est immense, qu'il s'agisse de la maîtrise de notre principal outil commun, la langue française, qu'il s'agisse de la compréhension de notre histoire, de l'apprentissage de l'effort, de la rigueur et de la créativité, tout passe par l'éducation. Il faut décider, maintenant, si nous voulons former des générations de décrocheurs ou des générations de bâtisseurs. (DISCOURS D'ASSERMENTA-TION COMME PREMIER MINISTRE.)

Québec, 29 janvier 1996

La réforme devra donner plus d'autonomie aux établissements d'enseignement, réduire l'encadrement abusif, extirper les excès de bureaucratie. Il faut simplifier les programmes et revenir aux méthodes d'enseignement et d'apprentissage qui ont fait leurs preuves, réhabiliter la notion d'effort, inévitable.

L'actualité, février 1996

E *fficacité*

L'action gouvernementale est efficace lorsqu'elle est concentrée sur un nombre limité d'objectifs. C'est vrai aussi pour notre société. Si nous voulons tenir un grand débat, le faire progresser, changer les mentalités et inscrire nos décisions durablement dans la réalité, l'éparpillement est notre adversaire. (DISCOURS D'ASSERMENTATION COMME PREMIER MINISTRE.)

Québec, 29 janvier 1996

É *galité*

Les Québécois [...] sont tous égaux, il n'y a pas de distinction de statut, d'appartenance à notre société québécoise du fait qu'on soit d'une couleur, d'une religion, d'une origine ethnique ou l'autre. C'est fondamentalement ma croyance.

Le Devoir, 17 octobre 1995

Le peuple du Québec est composé de citoyens tous égaux, sans exclusive, quelle que soit leur langue ou leur origine. (DISCOURS D'ASSERMENTATION COMME PREMIER MINISTRE.)

Québec, 29 janvier 1996

Il n'y a pas de distinction qui puisse s'établir en quoi que ce soit entre les Québécois avant, pendant et après un référendum gagné ou perdu. Il est très important de nous rappeler que notre avenir nous est commun et que, quoi qu'il arrive, nous serons ensemble. [...] Le Québec de demain est le Québec de tous.

La Presse, 14 février 1996

É lans (collectifs)

Le Québec, quand il s'éveille et prend son essor, loin de se refermer, s'ouvre tout grand. Il n'y a pas dénigrement plus odieux que de réduire nos élans collectifs les plus légitimes à des replis chauvins et frileux.

À visage découvert, Boréal, 1992

É lisabeth II

Les Québécois ne voient aucun intérêt à avoir une reine britannique. Nous n'avons rien contre la Reine. Elisabeth II est une femme remarquable, mais je pense que les Québécois ressemblent davantage aux Américains, qu'ils sont plus républicains que les Canadiens anglais.

Maclean's, 29 novembre 1993

É mancipation

Les choses doivent changer au Québec. Le temps est venu de cesser de demander la permission et de quémander. Seul le OUI peut apporter le changement. [...] Désormais, le Québec n'aura plus besoin de crier, il n'aura qu'à parler calmement et avec assurance pour se faire entendre.

Le Devoir, 26 octobre 1995

E mpire britannique

Les Québécois ont été à l'avant-garde de la lutte en faveur d'une plus grande autonomie du Canada dans l'Empire britannique et, plus tard, de l'indépendance politique. On tend à oublier cela dans certains milieux, où le dénigrement systématique du Québec est un passe-temps favori.

Réponse au discours du Trône, 19 janvier 1994

E*ncerclement (manœuvre d')*

En 1980, René Lévesque était encerclé, cerné par les Québécois d'Ottawa et son opposition au Québec même. Aujourd'hui, Jean Chrétien ne peut plus prétendre, comme Pierre Trudeau à l'époque, représenter les Québécois. Il a été élu par le Canada anglophone. Dorénavant, c'est nous qui encerclons !

L'Express, 13 janvier 1994

E*ndettement*

Ce n'est pas normal qu'un pays riche comme le Canada, le deuxième plus grand du monde, avec une population minuscule de 26 millions de personnes, avec des richesses naturelles illimitées [...], soit aussi endetté. Qu'est-ce qui est arrivé ? Pourquoi sommes-nous aussi endettés ? On est endettés parce que, ne pouvant régler les problèmes fondamentaux du pays, on les a achetés.

Richelieu, 2 mai 1993

Depuis un an [l'automne 1994], le gouvernement du Parti québécois a mis un frein salutaire à la spirale de l'endettement. Cette année, ensemble et avec tous les Québécois de bonne volonté, nous allons franchir une étape décisive. Nous allons éponger, d'ici un an, le déficit des opérations courantes. Nous devons poursuivre, ensuite, sur cette lancée, pour briser durablement le cycle de l'endettement. [...] Voilà notre première tâche : arrêter d'hypothéquer notre avenir.

(DISCOURS D'ASSERMENTATION COMME PREMIER MINISTRE.)

Québec, 29 janvier 1996

É*nergie(s)*

Lorsque la société québécoise concentre ses énergies sur des objectifs précis, cruciaux, communs, elle est capable de grandes choses.

Assemblée nationale, 25 mars 1996

Enfants

Pensez-vous que ça a du bon sens qu'on ait si peu d'enfants au Québec ? On est une des races blanches qui a le moins d'enfants. Ça n'a pas de bon sens, ça veut dire qu'on n'a pas réglé les problèmes familiaux.

La Presse, 4 novembre 1995

Tout homme, toute femme, veut se prolonger. On apprend vite dans la vie que le temps nous est compté et que c'est une transmission qui est le sens même de la civilisation et de l'effort personnel qu'on peut déployer. [...] Les enfants, c'est le prolongement. C'est aussi comme une ascension. Quand je pense à mes arrière-grands-parents, je regarde ça, de génération en génération, et j'ai le sens d'une continuité.

L'actualité, février 1996

Ennemi (héréditaire)

Comme jadis à la petite école, l'Anglais, à nos yeux, a continué de jouer le rôle du vilain. Avec l'âge, notre imagination s'est développée, et le portrait de notre ennemi héréditaire y a gagné en férocité. En fouillant bien les bas-fonds de notre subconscient, nous verrons de quoi retourne cette représentation freudienne du Canada anglais. C'est, à peu de détails près, celle de l'exploiteur universel : cigare de Havane, diamants aux doigts, cliquetis de monnaie et de dents en or, rictus sardonique, regards froids et calculateurs, ventre proéminent. [...] On conçoit dès lors facilement toute la haine qu'engendrent de telles inhibitions si on ne les exhume pas pour les dissiper au contact de la réalité.

Le Carabin, 16 novembre 1961

Enseignants

Les enseignants du Québec enseignent moins et travaillent moins et sont payés plus cher que leurs

collègues d'Ontario. (LUCIEN BOUCHARD EST COORDONNA-
TEUR GÉNÉRAL DES NÉGOCIATIONS AVEC LES SECTEURS PUBLIC ET
PARAPUBLIC POUR LE GOUVERNEMENT DE RENÉ LÉVESQUE.)

L'actualité, février 1981

Entente (du 12 juin)

Nous avons l'option gagnante. La convergence
est acquise [entre le Bloc québécois et le PQ] en
ce qui concerne les grandes lignes. Les balises
essentielles sont posées, et c'est dans ce cadre-là que
devra se faire le rapprochement avec M. Dumont. Si
on ne peut pas s'entendre sur l'essentiel, évidemment, on se passera de lui. Mais j'ai espoir qu'on
pourra travailler sur un projet qui rassemblera tout le
monde. (À PROPOS DE LA PLATE-FORME COMMUNE PQ-BLOC
QUÉBÉCOIS-ADQ POUR LE RÉFÉRENDUM.)

Le Devoir, 20 mai 1995

Tout le monde a mis de l'eau dans son vin.
(*IDEM*.)

Le Devoir, 9 juin 1995

Il n'y a pas projet plus souverainiste que celui-là.
M. Lévesque n'en avait pas envisagé d'autre non
plus. Toutes les institutions décrites dans notre
accord étaient prévues dans le Livre blanc de
M. Lévesque. Il avait ça à l'esprit lui-même. Je suis
convaincu que c'est ce que M. Lévesque voulait
faire. (*IDEM*.)

La Presse, 12 juin 1995

C'est un projet souverainiste. Notre but est de
réaliser la souveraineté. Il n'y a aucun doute que les
Québécois doivent avoir la conviction qu'une fois
qu'on aura voté OUI, le Québec deviendra sou-
verain, quelle que soit la réaction du Canada. (APRÈS
LA SIGNATURE DE L'ENTENTE TRIPARTITE PQ-BLOC QUÉBÉCOIS-ADQ
SUR LA STRATÉGIE RÉFÉRENDAIRE ET POSTRÉFÉRENDAIRE EN CAS
DE VICTOIRE DU OUI.)

Le Devoir, 13 juin 1995

Je crois que ça devrait être dans le programme du Parti [québécois].

Le Devoir, 15 mars 1996

Entreprises

De façon globale, le gouvernement du Québec devra développer tout ce qui est en son pouvoir pour appuyer les initiatives privées, pour créer un environnement propice à l'innovation, à l'accroissement de la productivité et à l'expansion des exportations des entreprises québécoises.

Hôtel Château-Champlain,
Montréal, 10 avril 1991

On doit repenser l'intervention du gouvernement [québécois] auprès des entreprises. L'État devra servir de catalyseur pour instaurer un climat favorisant la créativité et l'innovation, par opposition aux subventions traditionnelles souvent inefficaces, qui, au surplus, créent parfois un lien de dépendance [pour] l'entreprise.

Chambre de commerce de Laval,
6 décembre 1995

Nous avons besoin d'un soutien efficace de l'État au développement des entreprises, principalement en matière de formation de la main-d'œuvre, de technologie et de recherche et développement. Sur ce dernier point, l'entreprise québécoise devra, au nom de son propre intérêt bien senti et de sa compétitivité, faire davantage.

Chambre de commerce de Laval,
6 décembre 1995

Environnement

La situation environnementale, qui préoccupe grandement les Canadiens, nous a mis en face, de manière brutale et répétée, des limites du développement économique. Elle nous a fait mesurer la sagesse de ce mot de Ramaswami Venkataraman, président le l'Union indienne : « Nous n'avons pas hérité de la terre de nos pères ; nous l'avons empruntée à nos enfants. »

Ottawa, 12 janvier 1989

La protection de l'environnement, pour être efficace et permanente, ne peut plus se limiter à colmater des brèches. Il faut y voir un exercice collectif et global, où les appétits individuels, les ambitions illimitées et la croissance effrénée devront céder le pas à la conscience du bien commun, à l'autodiscipline, bref à un réaménagement de notre système de valeurs.

Ottawa, 12 janvier 1989

Les hommes et les femmes de ma génération ont vécu dans la terreur d'une apocalypse nucléaire. Le cauchemar de la génération actuelle n'est pas moins terrifiant. Nous savons que du train où vont les choses le monde va finir. Les mers et les fleuves seront stériles, les terres sans fertilité naturelle, l'air étouffant dans les villes et la vie un privilège. [...] La planète est à bout de souffle. L'apocalypse n'est plus un fantasme. Nos enfants la touchent du doigt.

Conseil des relations internationales,
Montréal, 13 juin 1989

Il va falloir qu'un Québec souverain reconnaisse qu'il y a des exigences d'interdépendance en matière d'environnement aussi. Le Québec ne doit pas devenir un ghetto environnemental, pas plus qu'il ne doit devenir un ghetto économique. Nous avons tout intérêt à harmoniser les politiques du Québec non seulement avec celles du reste du Canada, mais aussi avec celles des États-Unis, des Soviétiques et du Brésil.

Le Soleil, 30 octobre 1990

É*pithètes*

Nous avons frappé à toutes les portes, nous avons inventé tous les mots, toutes les épithètes pour qualifier le fédéralisme : « particulier », « rentable », « asymétrique », « spécifique ».

Le Soleil, 25 octobre 1995

É *pouvantail*

Chrétien n'est pas montrable au Québec. Je vois bien la réaction des francophones du Québec, des souverainistes « mous » : plus il va se montrer, plus il va les repousser dans le camp souverainiste. [...] Les fédéralistes [québécois] n'ont pas le gros joueur avec lui...

Le Soleil, 20 février 1995

É *quilibre linguistique*

Si le français perdait sa masse critique à Montréal, ce serait au détriment de tous. Cela signifie-t-il pour autant que la communauté anglophone doive diminuer ? Bien sûr que non ! Cela aussi détruirait l'équilibre.

La Presse, 13 mars 1996

É *quilibriste*

Si on est très près de ses racines et qu'on fait la jonction entre les intérêts du Québec et ceux du gouvernement fédéral, on peut gagner.

La Presse, 2 avril 1988

É *quité*

Nous serons confrontés à des choix pénibles dans les mois qui viennent [pour redresser la situation du Québec]. L'équité doit être le principe qui guidera chacune de nos actions. La population acceptera, et même appuiera les décisions du gouvernement, si elle les juge équitables.

Chambre de commerce de Laval,
6 décembre 1995

Ce sont tous les Québécois qui devront partager cet effort collectif [les sacrifices à venir] qui sera requis de nous et qui n'a de chance de réussir que s'il s'inspire de l'exigence fondamentale qu'est l'équité.

Le Devoir, 17 janvier 1996

Il faut non seulement que les réorganisations, les compressions et les coupures se fassent dans l'équité, mais il faut de plus que les gestes que nous posons pour assainir notre budget collectif soient conçus comme des instruments d'une plus grande créativité, d'une plus grande justice et d'une plus grande équité.

(DISCOURS D'ASSERMENTATION COMME PREMIER MINISTRE.)

Québec, 29 janvier 1996

E *rreur*

Ceux qui croient que je suis venu en politique pour me venger ou faire un pied de nez à Brian Mulroney se trompent.

La Presse, 12 octobre 1993

E *space économique (canadien)*

Si le Canada anglais veut faire du mal au Québec [souverain], il en souffrira lui aussi. S'il veut ériger un mur autour du Québec, pour l'empêcher de commercer, c'est lui qui s'enfermera.

La Presse, 3 mai 1994

Il est vrai que le Canada peut faire des torts économiques au Québec [en refusant de négocier avec un Québec souverain]. Mais, ce faisant, il souffrira lui-même. Les Canadiens vont-ils choisir de se tirer dans le pied? J'en doute fortement.

Le Devoir, 4 mai 1994

Les souverainistes ont toujours insisté sur la nécessité de maintenir l'espace économique commun à la fois pour le Québec et pour le Canada. [...] Par-delà le chantage, les menaces et l'inflation verbale de la classe politique d'Ottawa et du Canada anglais, je demeure fermement convaincu qu'une très large majorité de

Canadiens anglais [...] souhaiteront eux aussi, tout
comme les Québécois, maintenir l'espace économique
commun entre le Canada et un Québec souverain.

Congrès du Bloc québécois, 7 avril 1995

E *spoir*

Ça prend de l'espoir pour une société [nouvelle]
et il n'y en a pas présentement.

Le Devoir, 26 mars 1993

É *tapisme*

Je rêve d'une question référendaire qui serait pro-
posée par les deux partis [québécois] et qui dirait :
« Autorisez-vous le gouvernement du Québec à prendre les pleins pouvoirs en matière d'immigration ? »

Le Réveil de Chicoutimi, 26 juin 1990

É *tat (rôle de l')*

Seul un État québécois démocratiquement nanti
d'un mandat clair, fondé sur la récupération de ses
pleines attributions, disposera de l'autorité politique
nécessaire pour négocier l'association canadienne de
demain.

Lettre de démission à Brian Mulroney,
22 mai 1990

C'est en État souverain que [le Québec] gérera son
interdépendance économique ; en État souverain qu'il
réaménagera, à l'interne, la distribution des pouvoirs
régionaux ; en État souverain qu'il pourra identifier
les champs communs qu'il voudra maintenir et les
pouvoirs qu'il décidera d'exercer seul ou en partage ;
en État souverain qu'il pourra, s'il le souhaite, participer à des structures communes et, le cas échéant, à
une organisation politique de type confédéral.

Commission Bélanger-Campeau, novembre 1990

Il n'y a personne qui pense, au Québec, qu'il ne
faut pas que l'État s'occupe du tout de l'économie.
[...] Le libre marché ne peut pas diriger seul le

Québec. Il faut que le libre marché prévale dans toute la mesure du possible, mais un petit État comme le nôtre, une collectivité fragile comme la nôtre, ne peut pas se permettre de s'engager dans l'économie sans l'appui de l'État.

Hull, 14 mai 1991

Le deuxième grand axe du redressement de l'État québécois [avec l'assainissement des finances publiques] consiste à réduire sa taille et à cibler ses interventions en réduisant leur nombre et en éliminant des niveaux hiérarchiques. [...] Le maintien de sa présence est requis dans ses missions sociale (santé, sécurité du revenu) et culturelle (éducation, culture).

Chambre de commerce de Laval, 6 décembre 1995

Le gouvernement doit gérer de la façon la plus serrée possible sa propre maison et, dans sa mission économique, son rôle consistera à établir des conditions propices au développement des projets et des entreprises et favorables à la création d'emplois.

Chambre de commerce de Laval,
6 décembre 1995

L'État québécois est le seul outil qui peut nous permettre de changer notre devenir collectif et il est actuellement sévèrement hypothéqué par une dette qui a servi à payer l'épicerie.

Le Quotidien du Saguenay–Lac-Saint-Jean,
26 janvier 1996

Nous n'aurons pas dans un an exactement le même État, exactement les mêmes services, les mêmes avantages. [Il faut prévoir] l'abandon du vieux réflexe selon lequel toutes les vaches sont sacrées.

La Presse, 25 février 1996

Il n'est pas question de remettre en cause le rôle prioritaire, essentiel, de l'État dans le sens de sa capacité de faire des choix d'intervenir.

Le Devoir, 26 février 1996

É*tats-Unis*

Je pense qu'il faut espérer et compter sur la neutralité américaine [dans le débat sur la souveraineté]. Les Américains ont toujours été très prudents avec ce genre de choses, d'autant plus qu'il y a des perspectives d'avenir intéressantes entre le Québec et les États-Unis. (RÉACTION AUX PROPOS DE GEORGE BUSH, QUI SE FÉLICITAIT DE « L'EXISTENCE D'UN CANADA UNI, AMI ET ALLIÉ INDÉFECTIBLE».)

La Presse, 15 mars 1991

Les Québécois aiment et admirent les Américains. Ils vont plus souvent aux États-Unis que dans le reste du Canada. Ils connaissent mieux la culture et la littérature américaines que celles du Canada anglais.

Le Journal de Montréal,
16 mars 1991

Les Québécois se sentent plus proches des Américains que les Canadiens anglais le sont. Il n'y a pas d'ambiguïté dans nos rapports. Nous ne sommes pas protectionnistes et les Américains savent très bien que si le libre-échange a été signé au Canada, c'est grâce aux Québécois. Ils savent que nous voulons d'abord faire des affaires avec eux. Et ils savent que nous ferons partie de la défense continentale.

Le Devoir, 14 octobre 1993

Les Américains n'accepteraient jamais et deviendraient très inquiets si le projet souverainiste était un projet de fermeture des frontières, de fermeture des flux, des commerces, ou si le projet souverainiste était un projet gauchisant, genre Cuba du Nord, basé sur un sentiment antiaméricain. C'est pour ça que les souverainistes doivent parler aux Américains, [...] pour démystifier les choses, expliquer de façon rationnelle, à partir de notre analyse à nous, pourquoi le Québec devrait devenir souverain.

Le Devoir, 14 janvier 1994

Les Américains savent que s'il y a des gens qui les aiment, c'est nous autres, et que s'il y a un sentiment antiaméricain quelque part, ce n'est pas au Québec, c'est au Canada anglais, en Ontario en particulier. Ils le savent ça. Au fond, il n'y a aucun problème pour les Américains [par rapport à la souveraineté du Québec].

Le Soleil, 14 janvier 1994

Les États-Unis sont le meilleur ami du Canada, son seul voisin, son allié le plus sûr et son principal partenaire économique. Une grande nation, qui parle la même langue que celle de la majorité canadienne. Les piliers de l'OTAN et de NORAD, les deux pactes dont nous tirons les garanties de notre sécurité.

Le Devoir, 27 janvier 1994

Notre dossier [de la souveraineté] n'est pas antiaméricain et je suis sûr qu'au Département d'État la fiche du Bloc n'est pas négative. [...] Traditionnellement, les démocrates ne sont pas hostiles aux Québécois. On dit même que John Kennedy avait un faible pour le mouvement souverainiste.

Le Soleil, 20 février 1995

É *teignoir*

Si on dit oui à cette histoire-là [de Charlottetown], ça va être la fin de quelque chose. Ça va être la fin de nos rêves de jeunesse. Ça va être la fin de ce pourquoi on s'est battus, ce pourquoi on a évolué dans une société qui se construisait. [...] Je pense que ça va être l'éteignoir si on dit oui. Alors, moi, je ne veux pas m'éteindre !

Radio-Canada, *Raison-Passion*, 10 septembre 1992

E *thniques (communautés)*

Le rapport des communautés ethnoculturelles avec l'ensemble de notre société, en particulier avec le mouvement souverainiste, [m'importe]. Je suis bien conscient que si nous avons un répit relativement court avant le [prochain] référendum, nous devons en profiter notamment pour creuser cet aspect d'une réflexion profonde, élaborée, ouverte, quant à la nature du nationalisme québécois, celui que nous disons moderne, territorial et ouvert.

La Presse, 23 décembre 1995

É *tiquettes*

S'il y a une chose qui me répugne, ce sont les étiquettes de gauche et de droite. Je me définis fondamentalement comme un homme pragmatique. Qu'on soit à gauche ou à droite, c'est la réalité qui décide.

Le Devoir, 7 décembre 1995

Ê *tre (nous-mêmes)*

Ce que nous voulons, au fond, c'est oser être nous-mêmes, dans l'effort et la solidarité pour pouvoir, demain, être encore plus libres de nos décisions et de nos ambitions. (DISCOURS D'ASSERMENTATION COMME PREMIER MINISTRE.)

Québec, 29 janvier 1996

É *tudiants*

Il [en] est des étudiants d'université comme des jolies femmes : on dépense pour eux beaucoup d'argent, mais on ne s'attend pas à ce qu'ils disent des choses intelligentes.

Le Carabin, 28 septembre 1961

À 22 ou 23 ans, de nos jours, on est quelquefois plus vieux que ne l'étaient nos prédécesseurs des autres générations, lorsqu'ils avaient le même âge. Nous n'avons peut-être pas leur sens de l'obéissance et de la modération, mais nous nous croyons capables d'assumer des responsabilités sociales.

Les Cahiers de Droit, mars 1962

Europe

Certains voient l'Europe nouvelle comme une réussite du fédéralisme, d'autres en exaltent la nature confédérale. En réalité, l'Europe [...] échappe à ces catégories formelles, n'étant ni une fédération ni une confédération, mais quelque chose d'hybride, progressivement façonné pour répondre aux exigences d'une réalité propre, fondamentalement distincte de la nôtre.

Université de Montréal, 9 novembre 1991

L'Union européenne est constituée d'abord et avant tout du regroupement d'États souverains qui transfèrent volontairement certaines compétences à des institutions communes. Cela n'a rien de comparable avec le régime fédéral canadien, à l'intérieur duquel le Québec ne sera jamais qu'un État fédéré, confronté aux appétits centralisateurs de l'État fédéral.

Congrès du Bloc québécois, 7 avril 1995

Européen (modèle)

L'étroite intégration économique qui lie le Québec et le Canada anglais nous commande de nous intéresser de près à ce qui se passe sur le Vieux Continent. Que nous enseigne le modèle européen? Certains grands pontes aiment à croire que la Communauté européenne finira par ressembler à quelque chose de voisin du fédéralisme canadien et voient là un argument contre la souveraineté du Québec. [...] C'est plutôt le contraire qui semble se produire : pour résoudre la crise politique dans laquelle est plongé le Canada, nos institutions actuelles doivent évoluer dans le même sens que celles de la Communauté européenne.

Réponse au discours du Trône, 19 janvier 1994

Dès 1967, c'est-à-dire dès la fondation par René Lévesque du Mouvement Souveraineté-Association, l'exemple européen fut brandi comme argument contre la souveraineté du Québec. Celle-ci, disait-on, n'allait pas dans le sens de l'histoire, qui s'orientait plutôt vers des institutions supranationales. On le disait en 1967, on l'a répété en 1980 et on le répète aujourd'hui. Il y a un seul ennui avec cette répétition : elle repose sur une base chancelante et une lecture très sélective de la réalité.

Congrès du Bloc québécois, 7 avril 1995

E uthanasie

Je suis en faveur d'une révision de la question, d'un débat, d'une réflexion. [...] J'ai été plutôt conservateur jusqu'à présent à ce sujet et j'imagine que je le suis encore, mais je suis prêt à poser un regard neuf sur cette question. (APRÈS LE SUICIDE ASSISTÉ DE SUE RODRIGUEZ, UNE FEMME DE COLOMBIE-BRITANNIQUE SOUFFRANT D'UNE MALADIE INCURABLE.)

La Presse, 15 février 1994

É vasion

Nous voulons la souveraineté pour que le Québec grandisse, qu'il fasse porter son regard sur l'horizon du monde. Loin d'élever un mur autour du Québec, la souveraineté abattra celui que le régime fédéraliste et les intérêts de la majorité ont dressé entre la communauté internationale et nous.

Laval, 20 juin 1992

E verest

Cela fait cinq ans* que je suis en politique : je n'ai jamais rien fait de très important. J'ai uniquement construit des camps d'approche pour les autres qui voulaient gravir l'Everest. Cela fait cinq ans que je fais ça mais le sommet est toujours là et, à un moment donné, il faut y aller au sommet ! (*SEPT, EN RÉALITÉ.)

Le Soleil, 20 février 1995

É vidence

En vérité, il y a deux peuples, deux loyautés, deux visions de pays. Il manque un pays, dans

ce pays. Il manque le Québec. (ASSEMBLÉE DE LANCE-
MENT DU BLOC QUÉBÉCOIS.)

Sorel, 15 juin 1991

E *xécuteur (testamentaire)*

Maintenant que Pierre Elliott Trudeau est parti,
c'est pas vrai qu'on va envoyer à Ottawa son exécu-
teur testamentaire. Si Jean Chrétien veut se faire
élire, qu'il aille se faire élire au Canada anglais. [...]
Les triomphes de Jean Chrétien correspondent aux
échecs du Québec. C'est la face cachée de Pierre
Elliott Trudeau.

La Presse, 1er octobre 1993

E *xemple*

Ce serait le temps de dire au reste du Canada que
l'Accord du lac Meech a été négocié, qu'il est là sur
la table. Venez le signer! Venez ratifier vos signatures! [Bourassa] devrait leur dire : « Trêve de
réunions compliquées, trêve de petits voyages com-
pliqués, trêve de petites phrases compliquées à la
télévision. Faites comme le grand-père de Lucien
Bouchard, respectez donc vos signatures! »

Le Soleil, 28 mai 1990

E *xperts (les)*

Sans parler de catastrophes, il faut tout de même
reconnaître que les « experts » compliquent plus
qu'ils n'éclaircissent. En effet, leurs propos contradictoires rendent la discussion intelligente (et intelligible) entre hommes de la rue de plus en plus
difficile.

Le Carabin, 15 février 1962

E *xploit*

Ce à quoi nous sommes arrivés [au Québec], c'est
à rien de moins qu'une francophonie. Près de 94 %
de la population québécoise peut soutenir une con-
versation en français. Les accents sont variés. Pour

la plupart, il s'agit de la langue première ; pour d'autres, c'est la deuxième ou la troisième langue. Mais tout cela, dans l'ensemble, constitue un exploit.

La Presse, 13 mars 1996

E *xportations*

C'est [...] sur le front des exportations que se jouera la bataille de la croissance économique du Québec. L'encouragement de l'État à l'offensive des entreprises, des PME notamment, sur les marchés extérieurs devra s'avérer d'une constance sans faille. C'est l'une des clés du développement économique du Québec, grâce notamment à l'ALÉNA, qui fait de l'Amérique du Nord un immense prolongement naturel de notre marché intérieur.

Chambre de commerce de Laval,
6 décembre 1995

F âcheux

On me dit qu'il y a un changement radical au Québec, que les gens prennent l'habitude de regarder la période des questions [à la Chambre des communes]. Les gens aiment ça et la clientèle est plus large qu'elle ne l'a jamais été. Il y en a qui croient que nous sommes en voie de rendre le Parlement intéressant au Québec et que ça aide le fédéralisme. J'espère que nous ne travaillons pas à ça !

La Presse, 26 mars 1994

F actice

Le Canada juridique et le Canada politique n'ont jamais fait bon ménage. C'est l'histoire du couple Trudeau et Lévesque. La logique, quand elle s'obstine à ne vouloir considérer que les êtres de raison et à ignorer les circonvolutions indisciplinées du réel sociologique, historique et culturel, peut bien fonder des systèmes ordonnés qui plaisent à l'esprit. Mais c'est l'harmonie de l'imaginaire, la discipline des soldats de bois, la quiétude du laboratoire.

Université du Québec à Hull, 7 octobre 1990

F aillite

Le Québec s'est construit comment ? Le Québec s'est construit parce que chaque génération a cédé à la génération qui la remplaçait un pays, un patrimoine un peu plus élevé. Des fois, c'était moins élevé, mais ça montait tout le temps. Puis, à force de monter, on a construit un pays, le pays du Québec.

[...] Nous, notre génération, qui avons profité le plus, qui avons reçu le plus, pour la première fois, allons transmettre moins à nos enfants. Nous allons transmettre un patrimoine hypothéqué, un patrimoine pollué. [...] Il n'y a pas de quoi être fier.

Alma, 18 avril 1993

F *air play*

Me faire traiter de traître, je n'aime pas ça. [...] Je ne suis pas le genre de politicien qui reçoit des coups [sans broncher]. Je fais un effort pour ne pas attaquer sur le même plan.

La Presse, 18 octobre 1995

F *aites excuse!*

J'ai été assez bien élevé pour savoir que je dois m'excuser lorsque j'offense quelqu'un.

Le Soleil, 1er octobre 1992

F *antasmes*

M. Bourassa accepte de négocier les fantasmes du Canada anglais. [...] Il tente d'aménager une sauce inmangeable pour le Québec. (À PROPOS DE L'ENTENTE DE CHARLOTTETOWN.)

Le Soleil, 11 août 1992

F *antômes*

J'ai une inquiétude et c'est directement lié à mon entrée en politique. Ce sont les vieux fantômes qui viennent hanter nos nuits : Trudeau et les grenouillages du Parti libéral du Canada qui n'ont pas accepté l'Accord du lac Meech et qui veulent déchirer le Traité de libre-échange.

Le Quotidien du Saguenay–Lac-Saint-Jean,
4 mai 1988

Nous savons que Jean Chrétien revient dans le portrait, qu'il revient nous hanter comme un vieux fantôme qui traîne ses chaînes qu'il veut nous imposer.

Le Soleil, 28 mai 1990

F *ascisme*

Jean Chrétien n'a encore rien compris. Il est tout à fait déphasé, il croit revivre la belle époque de 1982. [...] C'est littéralement du fascisme et un viol de la volonté politique du Québec. (RÉACTION AUX PROPOS DU CHEF LIBÉRAL, POUR QUI LA RÉFORME CONSTITUTION-NELLE N'A PAS BESOIN DE L'ACCORD DU QUÉBEC.)

La Presse, 7 mai 1990

F *astes (d'antan)*

Je crois que nous sommes, dans toute l'histoire du Québec, la génération qui a le plus reçu. Nous, on a reçu quasiment un vrai pays, quasiment un pays achevé. Un pays qui nous a créé de l'emploi d'une façon extraordinaire. Quand on finissait notre cours, nous autres à l'époque, en 1964, le problème c'était de choisir l'emploi. On avait tous 8, 10, 15 offres d'emploi. C'était pas un problème, se trouver une job après avoir étudié. Au contraire, il y en avait plein parce que le Québec se construisait, parce que le Québec était un chantier.

Richelieu, 2 mai 1993

F *atigué*

Je commence à être mal à l'aise de voir tous ces visiteurs étrangers qui nous arrivent, qui nous font des leçons de nationalisme et qui nous disent comment organiser notre avenir. Ça commence à me fatiguer, ça ! Ça devient embarrassant, humiliant. C'est contraire à toutes les règles de la démocratie et c'est puéril. (APRÈS UNE DÉCLARATION DU PRÉSIDENT MEXICAIN CARLOS SALINAS VANTANT LES VERTUS DE L'UNITÉ CANADIENNE.)

La Presse, 11 avril 1991

F *aucon*

Par rapport aux colombes péquistes de gauche, il ne faut pas être trop faucon pour se voir affubler d'un tel qualificatif. Je ne tiens pas à passer pour un

dur. Seulement pour un gars qui fait sa job. (À PROPOS
DE SON IMAGE DE DUR DANS LES MILIEUX SYNDICAUX EN TANT
QUE NÉGOCIATEUR GOUVERNEMENTAL.)

La Presse, 2 octobre 1982

F *édéralisme*

On ne peut résorber les clivages habituels, mais
on peut les dépasser. Nous, Canadiens, appelons cela
fédéralisme.

L'Express, 11 septembre 1987

Le système fédéral qu'on veut combattre maintenant aurait peut-être pu fonctionner si on avait
respecté la conception initiale qui était de réunir
dans une même structure politique deux peuples fondateurs et [de] les considérer comme égaux.

Le Journal de Montréal, 10 juin 1991

L'avenir est à la concertation et à la convergence,
lorsque profitables aux uns et aux autres. Il n'est pas
au fédéralisme supranational.

Un nouveau parti..., Bloc québécois,
mai 1993

Nous n'avons rien à redire à l'idée du fédéralisme
quand elle s'applique à des États uninationaux. Par
contre, c'est autre chose quand elle vise des États
multinationaux, surtout quand il s'agit d'un fédéralisme comme celui qui est en vigueur ici. Au
Canada, le fédéralisme signifie que le gouvernement
du Québec se trouve soumis, sous tous rapports, à un
gouvernement central et que, au sein du régime
fédéral, le Canada anglais peut imposer son *veto* au
développement du Québec.

Réponse au discours du Trône, 19 janvier 1994

Le *statu quo* du fédéralisme est pire de jour en
jour. Il est meilleur aujourd'hui qu'il sera demain.
Ses rouages broient lentement les juridictions du
Québec.

La Presse, 27 novembre 1994

F édéralisme mou

Kim Campbell a comme conception du fédéralisme un fédéralisme qui n'est ni centralisateur ni décentralisateur, quelque part entre les deux. Donc, c'est une nouvelle approche, comme on dit à Ottawa. C'est l'approche du fédéralisme asexué, du fédéralisme neutre. C'est le genre de fédéralisme qu'on pratique dans une campagne [...] quand on ne veut se prononcer sur rien et qu'on veut s'en tirer quand même.

Alma, 18 avril 1993

F édéralisme (renouvellement du)

Peut-être y a-t-il encore une majorité au Québec en faveur d'un renouvellement du fédéralisme canadien. Mais sa patience est à bout. La majorité s'effrite. Le nouveau NON du Canada anglais sécrète chaque jour des indifférents à la chose canadienne, ou des gens fatigués [...], ou carrément des souverainistes (ALLUSION À L'ACCORD DU LAC MEECH.)

Toronto,
18 novembre 1989

Je crois profondément qu'il faut repenser ce pays. Il faut cesser de s'acharner à faire entrer le Québec dans le moule d'une province comme les autres. Au-delà des argumentations juridiques, il y a pour cela une raison péremptoire : ce moule, les Québécois ne l'acceptent pas. Leur réalité même le fait éclater.

Lettre de démission à Brian Mulroney,
22 mai 1990

Pour opérer un réaménagement des pouvoirs qui rendrait le Québec maître des principaux leviers de son développement, il n'y a pas de voie interne praticable. Celle qui existe sur papier conduit d'une frustration à l'autre, d'un blocage à l'autre, pour se perdre dans un labyrinthe d'incompréhension et de malentendus. Ne nous le cachons pas, toute tentative de renouvellement du fédéralisme est vouée à

159

l'échec si elle doit passer par les méandres de la formule d'amendement.

Commission Bélanger-Campeau, novembre 1990

Pour moi, l'heure approche où les Québécoises et les Québécois qui sont déjà souverainistes feront leur jonction avec les autres qui ne tiennent plus au fédéralisme que par le fil d'un fragile et fugace espoir de renouvellement authentique. Car il est illusoire, l'espoir de voir le Canada anglais renverser ses tendances les plus profondes. Pour lui, la place du Québec dans la fédération est celle d'une province comme les autres, moulée dans un tout dont le centre, le symbole et l'inspiration sont à Ottawa.

Traces, novembre-décembre 1991

Regardons les choses en face. Depuis 30 ans, tous les premiers ministres du Québec ont essayé d'arracher des pouvoirs à Ottawa. Cela ne marche pas. Même René Lévesque s'y est cassé les dents.

Le Soleil, 30 septembre 1992

La conclusion s'impose : le fédéralisme canadien ne pourra jamais être réformé dans le sens des intérêts québécois. Le référendum [sur l'Entente de Charlottetown] a scellé le sort du fédéralisme renouvelable, vieille rengaine maintenant disparue du répertoire politique.

Le Devoir, 9 septembre 1993

Le renouvellement du fédéralisme est une idée morte. Le premier ministre Jean Chrétien lui-même ne veut pas en entendre parler. Cela tombe bien : nous non plus !

L'Express, 13 janvier 1994

Maintenant que Meech et Charlottetown ont décapé le fédéralisme canadien de son vernis de rectitude politique, en le montrant dans son opiniâtre fixité, tout le monde est immunisé contre les promesses de renouvellement. Au point qu'il ne se trouve plus personne pour oser en faire, ne serait-ce que par calcul politique.

Réponse au discours du Trône,
19 janvier 1994

F *édéralisme symétrique*

Nous arrivons [...] au point de rupture entre la fiction juridique du fédéralisme symétrique et modulaire et la réalité incompressible du travail des forces politiques.

Université du Québec à Hull, 7 octobre 1990

F *édéralistes (les)*

De façon subliminale ou expresse, ils jouent sur les démons de la peur québécoise. Ils comptent là-dessus, c'est leur principal allié.

Le Soleil, 25 septembre 1995

Les gens du fédéral savent très bien qu'il faut reprendre le contrôle et refaire ce pays dont ils rêvent, ce pays inaccessible, artificiel, impossible. [...] Ils veulent se débarrasser de l'idée de souveraineté, ils en ont assez du Québec. C'est pourquoi ils veulent l'écraser, c'est pourquoi il y a de la hargne. Ils ont besoin de faire place nette pour pouvoir imposer ce qui s'en vient après le 30 octobre. Leur rêve fou, c'est d'avoir au Québec quelqu'un comme Daniel Johnson, qui dit oui à l'avance à tout ce qu'ils demandent. Ils vont patauger dans ce que nous avons de plus sacré [l'éducation par exemple].

Le Devoir, 11 octobre 1995

F *édération*

Il faut absolument qu'on tourne une page et le Canada ne peut pas se passer de ceux qui ont voté pour le OUI. On a décidé de poursuivre l'évolution du Québec à l'intérieur d'un Canada vraiment renouvelé et c'est tout un programme.

La Presse, 11 juillet 1985

Je suis convaincu que la fédération canadienne a tout à gagner d'un Québec qui aura guéri ses blessures et acquis tous les instruments de son développement.

Le Devoir, 11 juillet 1985

Je pense qu'on est dans la fédération pour longtemps et peut-être pour tout le temps. Dans l'avenir immédiat et aussi loin qu'on puisse voir, dans notre génération, on est dans la fédération parce que les Québécois l'ont décidé.

Le Devoir, 21 septembre 1985

Le rêve québécois devra se réaliser au sein de la fédération.

La Presse, 4 mai 1988

Maintenant, nous vivons dans la fédération canadienne. C'est ce que nous avons décidé [en 1980]. On y est, c'est là que ça va se jouer, au moins à moyen terme et on peut croire à long terme, comme je le pense. Il serait souhaitable d'intensifier une démarche unificatrice. Pas une démarche totalitaire, mais s'entendre sur deux ou trois questions de fond. Cela nous ferait des balises autour desquelles on pourrait s'engager plus clairement dans l'avenir.

La Presse, 19 juin 1988

On peut très raisonnablement soutenir, preuves à l'appui, qu'il est de l'intérêt du Québec de sortir de la fédération, que cette fédération est à bout de souffle, qu'elle n'est plus capable de se renouveler, d'entraîner l'enthousiasme collectif ni de prendre des décisions, qu'elle est sclérosée, que ses finances publiques sont dans un état absolument épouvantable.

L'actualité, juillet 1993

Pour tout ce qui concerne l'économie et les finances publiques, nous devons avoir l'esprit ouvert, nous sommes encore dans la fédération canadienne. On paye encore nos taxes à Ottawa, qui prend encore les décisions qui affectent directement et parfois cruellement le Québec. Ottawa a encore un rôle à jouer dans le développement économique du Québec. Nous devons recevoir notre juste part de l'argent que nous envoyons chaque année à Ottawa.

Le Devoir, 23 décembre 1995

F*emmes (les)*

Les femmes prétendent souffrir de discrimination du fait que les emplois où elles se trouvent en majorité sont les emplois les moins rémunérés. Elles veulent un réajustement des salaires accordés à ces postes, et non pas seulement le principe : à travail égal, salaire égal. Cela va susciter un profond débat, parce que ça remet en cause les valeurs que nous accordons à chaque fonction, l'évaluation que nos sociétés ont toujours faite de la valeur respective des rôles des hommes et des femmes.

L'actualité, février 1981

Notre objectif, c'est d'avoir 50 % de femmes au sein du Bloc. La politique, c'est un combat de pouvoir et les femmes doivent elles aussi être au centre de ce combat. L'absence de femmes dans les partis politiques entre pour beaucoup dans la défaveur dont ils sont l'objet auprès de la population.

La Presse, 24 février 1993

L'avenir du Québec appartient maintenant aux femmes. C'est une lourde responsabilité, mais nous avons confiance en elles. (AVANT LE RÉFÉRENDUM SUR LA SOUVERAINETÉ.)

Le Devoir, 16 octobre 1995

Le désir de la souveraineté est aussi fort chez les femmes que chez les hommes. Mais chez les femmes, il y a peut-être une légère hésitation en raison de leur situation financière plus précaire. Je ne crois pas qu'il s'agisse d'une question de sexe ou d'une question biologique. Il ne me viendrait jamais à l'esprit de penser qu'on puisse reprocher quoi que ce soit aux femmes après le référendum, peu importe le vote qu'elles auront exprimé. (*IDEM.*)

La Presse, 16 octobre 1995

Ce sont les femmes qui vont décider, ce sont elles qui ont toujours été l'assise du Québec et j'ai confiance en elles. Confiance qu'elles diront OUI comme elles l'ont toujours fait. (*IDEM.*)

Le Soleil, 16 octobre 1995

[J'ai l'intention] de mettre en place au Québec une politique sociale qui fera en sorte que les femmes et les couples qui veulent des enfants auront le choix de le faire, parce qu'on aura créé les conditions pour le faire.

Le Devoir, 17 octobre 1995

Pensons à la capacité pour les femmes de jouer leur rôle de femme, leur rôle de mère, et en même temps de jouer des rôles professionnels. C'est pas facile ça, c'est pas réglé ce problème-là !

La Presse, 4 novembre 1995

F *ierté*

Il suffit que nous écoutions le message de M. René Lévesque [pour savoir] que nous ne sommes pas des peureux, que nous ne sommes pas des lâches, que nous avons de la fierté.

Le Soleil, 28 mai 1990

F *il conducteur*

M'ajuster au Québec, qui est fidèle à lui-même et à ses racines et qui veut s'épanouir comme société et comme peuple, ça a été mon fil conducteur à moi. J'ai évolué dans le sens de l'épanouissement du Québec, pas du recul.

Radio-Canada, *Raison-Passion*, 10 septembre 1992

164

F inance *(haute)*

Cela va jouer contre le OUI cette conspiration de la haute finance pour enfoncer dans la gorge des Québécois une entente qui ne marche pas. [...] Moi, si j'étais un client d'une de ces deux institutions bancaires, vous pouvez être assurés que je parlerais à mon gérant de banque pour qu'il dise à son grand patron à Toronto ou Vancouver de se mêler de ses maudites affaires. (RÉACTION À L'INTERVENTION DES PRÉSIDENTS DE DEUX GRANDES BANQUES CANADIENNES PRÉDISANT UNE CATASTROPHE EN CAS DE VICTOIRE DU NON À L'ENTENTE DE CHARLOTTETOWN.)

Presse Canadienne, 28 septembre 1992

F inancement *populaire*

Je n'accepterai comme mode de financement que les contributions individuelles de 3 000 dollars et moins. [...] C'est une première au Canada. Cela permettra d'améliorer la vie démocratique et de donner aux gens du comté de Lac Saint-Jean une garantie de l'indépendance de leur député. (À PROPOS DE SA CAMPAGNE COMME CANDIDAT CONSERVATEUR À L'ÉLECTION PARTIELLE FÉDÉRALE DU 20 JUIN DANS LAC-SAINT-JEAN.)

Le Devoir, 14 mai 1988

Je tire une grande fierté d'avoir été [...] le premier député fédéral à avoir financé sa campagne électorale grâce au financement populaire. Nous avons opéré selon les modalités de la loi québécoise du financement des partis politiques, qui fixe à 3 000 dollars le montant maximal des dons et interdit tout financement de la part de compagnies, corporations ou syndicats. [...] Non seulement le financement populaire fonctionne bien, mais c'est un outil de mobilisation extraordinaire.

Edmunston, 25 juin 1988

F inances *publiques*

Le redressement des finances publiques n'est plus seulement affaire de simple gestion courante, mais une impérieuse obligation envers l'intégrité de l'État. Il en va de la capacité du gouvernement québécois de jouer son rôle de catalyseur et d'assumer ses responsabilités sociales et économiques.

Candidature à la présidence du PQ,
21 novembre 1995

Assainir les finances publiques est un passage obligé, une condition incontournable du rétablissement à opérer. Le Québec consacre l'équivalent de 16 % de ses revenus au seul paiement des intérêts sur la dette. Nous devons, à tout prix, éviter de perdre le contrôle des finances publiques comme l'a fait le fédéral. [...] Ce boulet ne peut continuer d'entraver le développement du Québec.

Chambre de commerce de Laval,
6 décembre 1995

Les finances publiques du Québec – et d'ailleurs du Canada – sont dans une situation difficile parce que, pendant près de 10 ans, on n'a pas osé faire le ménage qui s'imposait. On n'a pas osé faire les choix nécessaires. On n'a pas osé mécontenter tel ou tel groupe, on n'a pas osé prendre ses responsabilités et mettre les Québécois devant leurs responsabilités.

(DISCOURS D'ASSERMENTATION COMME PREMIER MINISTRE.)

Québec, 29 janvier 1996

F *iscalité*

Il faut revoir notre fiscalité pour que, dans la réalité comme dans la perception, chacun sache qu'il paie sa part et que l'autre la paie aussi. Certains veulent qu'on fasse payer les riches. Ils ont raison. Certains veulent qu'on fasse payer les *baby-boomers*. Absolument ! Et les parents et les jeunes adultes. Et les entreprises. Et les banques. Et les salariés. Et les retraités. [...] Je ne dis pas qu'il faut forcément que tout le monde paie plus. Je dis que chacun doit payer sa juste part.

Sommet socio-économique, Québec,
18 mars 1996

F *lamme (souverainiste)*

La braise souverainiste ne s'éteindra jamais. Nous savons maintenant qu'elle renaîtra toujours de ses cendres, même si elle doit couver pendant une décennie. Il suffira, pour faire jaillir la flamme, d'une étincelle produite par les inévitables frictions entre intérêts canadiens et québécois.

À visage découvert, Boréal, 1992

F *lou artistique*

Quand on aura rétabli les finances du Québec sur des bases solides, on pourra faire tout ce qu'on voudra collectivement, on pourra faire ce que nous avons décidé démocratiquement. Si on décide que c'est la souveraineté, ce sera la souveraineté et on va la réussir. Si on décide que ce sera autre chose, ce sera autre chose. Et on va réussir.

La Presse, 26 janvier 1996

F *oi (bonne)*

Je crois que je suis un homme de bonne foi.

The Gazette, 8 juillet 1985

F *oi (de pacotille)*

Il n'est que de voir la fadeur de nos arts religieux pour nous rendre compte du peu de profondeur de notre foi. Nos églises, pour la plupart, ne sont que les pâles répliques des grands temples européens. La statuaire croupit dans le plâtre moulé, tandis que les fresques multiplient la sainte Vierge roman-savon et le saint Joseph bonasse. Où est donc ce sens du sacré et cette foi vibrante que nos ancêtres ont inscrits dans les cathédrales de pierre, à Chartres, à Reims, à Notre-Dame de Paris et ailleurs ?

Le Carabin, 1er février 1962

F *oi (en nous-mêmes)*

On pourra réclamer les garanties que l'on veut, rien ne sera possible si nous ne fondons pas la construction du Québec [souverain] sur la foi en nous-mêmes. Car la souveraineté est d'abord et avant tout affaire de confiance.

Beauport, 22 mars 1995

F *ondamental*

La viabilité d'un Québec souverain dépend d'un Québec économiquement fort.

Le Soleil, 15 septembre 1990

F *ondateurs (peuples)*

La conception initiale [du fédéralisme] était de réunir dans une même structure politique deux peuples fondateurs et de les considérer comme égaux. Mais cela n'a pas été respecté et, très vite, un glissement s'est fait du côté du Canada anglais pour substituer à la notion des deux peuples une notion de 10 provinces égales avec un gouvernement central fort.

Le Journal de Montréal, 10 juin 1991

Nous, du Québec, avons cru signer, en 1867, un pacte entre deux peuples fondateurs, égaux dans leurs droits, dépositaires de compétences autonomes. On nous a très tôt nié ce statut, nous refusant à la fois la qualité de peuple et celle de fondateur. Le Canada ne voit dans le Québec qu'une province comme une autre. [...] En vérité, il y a deux peuples, deux loyautés, deux visions de pays. (ASSEMBLÉE DE LANCEMENT DU BLOC QUÉBÉCOIS.)

Sorel, 15 juin 1991

On a toujours pensé être un des deux peuples fondateurs et on pense que c'est encore le cas. Mais on n'est pas traité comme tel, ce qui explique en partie la montée de l'option souverainiste.

La Presse, 29 octobre 1991

F *orce (rapport de)*

Il est possible qu'on parvienne à s'imposer au sein de la Confédération, ou même en dehors. Mais, dans un cas comme dans l'autre, ce ne sera sûrement pas par nos beaux yeux. Même les amitiés sincères qui nous lient avec certains Canadiens anglais ne nous donneront pas ce que nous réclamons. [...] Tout ce que le plus puissant respecte dans le droit d'autrui, c'est la force qui l'étaye et le sanctionne.

Le Carabin, 5 octobre 1961

René Lévesque avait raison. Il avait compris ça : il faut se donner un rapport de force. Donnons-nous un mandat ! (PREMIÈRE INTERVENTION AU LENDEMAIN DE SA DÉMISSION DU GOUVERNEMENT FÉDÉRAL.)

Le Soleil, 24 mai 1990

Le Québec n'en a jamais eu de véritable avec Ottawa. Jamais il n'a fait le plein de sa force politique. Il ne faut plus jamais qu'un premier ministre du Québec ait à subir le sort de René Lévesque, privé du rapport de force qu'il avait demandé, affaibli, au moment critique, par la division des siens [ ] Lorsqu'il s'agit de défendre ses intérêts fondamentaux, un peuple ne peut compter uniquement sur des discussions courtoises. C'est au moins une chose que Meech nous aura rappelée.

Commission Bélanger-Campeau, novembre 1990

Il est urgent, il est impératif de rétablir le rapport de force du Québec. La seule façon d'y arriver est de mettre le Canada anglais en face, non pas d'un discours, non pas d'une menace sans lendemain, mais de la volonté souverainiste du peuple québécois, exprimée dans un référendum.

Beauport, 22 mars 1995

F *ossoyeur*

Chrétien a été le fossoyeur du Québec, celui qui l'a mis dans le trou. C'est lui qui est contre l'Accord du lac Meech et qui a peur de dire ce qu'il pense.

Le Réveil de Chicoutimi, 26 juin 1990

F *rançais*

Il ne faut pas oublier que cette langue est parlée par près de 100 millions de personnes dans le monde. Valoriser la langue française, c'est valoriser l'ouverture sur le monde et le grand projet de la francophonie qui est au cœur de la solution pour le Québec.

Avis d'artistes, hiver 1996

La survie de la langue française en Amérique du Nord sera toujours un défi ; elle exigera toujours beaucoup de vigilance. La survie du français dans la région de Montréal sera toujours un défi encore plus grand. [...] Il est essentiel que le français soit la langue officielle et commune du Québec et de sa métropole.

La Presse, 13 mars 1996

F *rançais (fait)*

Assurer la pérennité et l'épanouissement du fait français au Canada, c'est une obligation que nous avons tous, que nous soyons de l'Acadie, du Québec, de l'Ontario ou de l'Ouest. L'existence d'une communauté francophone – concentrée au Québec mais présente d'un océan à l'autre – est l'une des caractéristiques fondamentales du Canada. C'est aussi celle qui, plus que toute autre, marque l'originalité du Canada en Amérique.

Toronto, 18 novembre 1989

F *rance*

La France ne peut pas s'attendre [aujourd'hui] à ce que le Québec devienne un pays indépendant parce que les Québécois ont dit non à ce projet. Un des devoirs que nous avons envers la France, envers la vérité et la réalité qui conditionnent tous les rapports, c'est d'y faire passer le message de notre évolution politique. Voici des gens qui, dans le cours de leur évolution collective, ont traversé toutes sortes de difficultés, mais qui aujourd'hui regardent ensemble vers l'avenir. Ils veulent être ensemble pour vivre ce qui s'en vient. Il faut que les Français le sachent. (LUCIEN BOUCHARD S'APPRÊTE À PRENDRE SES FONCTIONS D'AMBASSADEUR À PARIS.)

Le Devoir, 21 septembre 1985

Je crois que les mutations politiques en France la tourneront vers nous. Inévitablement elle sera tournée vers nous, vers la technologie, vers l'exportation, vers l'investissement, vers l'ouverture sur le monde. Le Canada est sur le chemin de l'évolution française. Quel que soit le régime en France, il va devoir composer avec la réalité, et la réalité conduit à un point de rencontre de nos deux pays dans l'avenir. (*IDEM.*)

Le Devoir, 21 septembre 1985

Le Québec a, depuis 30 ans, des liens directs et privilégiés avec la France. Ils sont dans la nature des choses, dirait le général de Gaulle. C'est largement grâce à la France que le Québec a pu acquérir la personnalité internationale dont il jouit déjà en tant qu'État fédéré.

La Presse, 18 avril 1991

J'ai la conviction que n'importe quel gouvernement français et que n'importe quel homme ou femme d'État en France devra reconnaître un Québec souverain, comme tous les autres pays du monde d'ailleurs. C'est la France qui nous a plantés là-bas il y a 350 ans. [...] Il y a des responsabilités historiques que l'on doit assumer et la France doit en assumer une vis-à-vis de nous.

Assemblée nationale, Paris, 18 mai 1994

La France, sans être nécessairement la première à nous emboîter le pas [en cas de proclamation de la souveraineté], pourrait parler à d'autres pays, parler aux États-Unis. [...] Il y aura une responsabilité historique qui lui incombera. Une responsabilité vis-à-vis du Québec qui, par la force des poignets plus qu'avec l'aide de la France – infiniment plus –, a réussi à devenir une société moderne, à s'éclore comme peuple et à cheminer démocratiquement vers la souveraineté. La France ne pourra pas ne pas faire un effort pour pousser à cette reconnaissance internationale [du Québec].

La Presse, 20 mai 1994

Les Français nous disent essentiellement : « Votre débat est très compliqué, décidez-vous et nous vous appuierons par la suite. »

La Presse, 29 mai 1992

F *ranchise*

On ne pourra pas dire au lendemain de l'élection [du 25 octobre] que les Québécois ont voté pour la souveraineté quand ils ont élu le Bloc à Ottawa, mais on saura aussi que le Bloc n'a jamais caché ses couleurs souverainistes.

Le Soleil, 14 octobre 1993

F *rancophones hors Québec*

L'immense majorité des francophones québécois se préoccupent du sort des francophones du reste du Canada. Le sort des francophones hors Québec ne devrait pas être dissocié de l'affirmation de l'identité québécoise. [...] Cette solidarité entre francophones du Canada, elle doit émerger avec de plus en plus de force.

Halifax, 28 mai 1988

C'est un million d'hommes et de femmes qui ont refusé l'apitoiement, le repliement sur soi, pour choisir l'ouverture, l'échange, et réaliser qu'on peut être aussi francophone à Moncton, Yarmouth et Charlottetown qu'on l'est à Paris, Montréal ou Dakar.

Halifax, 28 mai 1988

Je suis de ceux qui croient qu'un Québec fort renforce toute la francophonie canadienne. [...] De la

même façon, des communautés francophones dyna-
miques et sûres d'elles renforcent la francophonie et,
partant, la position du Québec. Pour le meilleur et
pour le pire, nous sommes liés les uns aux autres.

Toronto, 18 novembre 1989

Hors Québec, le fait français s'apparentera
toujours, sauf en Acadie et peut-être dans l'Est
ontarien, à la difficile lutte pour la survivance. Pire
encore, la plupart des communautés francophones ne
constituent plus qu'une communauté ethnique parmi
d'autres. Et cette situation a été accentuée par
l'appui du gouvernement fédéral au multicultura-
lisme. On sait que cette thèse a servi, au départ, à
contrer la thèse des deux nations, l'une constituant la
négation de l'autre.

Un nouveau parti..., Bloc québécois, mai 1993

Les communautés francophones sont en train de
disparaître. Elles n'ont pas d'écoles. Dans les villes
comme Kingston, les gens qui vont à l'école n'ont
pas de toilettes dans leurs écoles. Qu'on ne me parle
pas du bilinguisme canadien. Cela ne me fait pas
rire, ce n'est pas drôle. [...] Nous allons nous battre
pour qu'il y ait une francophonie respectée dans
l'ensemble nord-américain, une communauté internationale regroupant les foyers francophones.

La Presse, 25 mars 1994

Je le dis sans blâmer personne, mais c'est un
constat que j'ai fait et que je continue de faire : les
différents gouvernements du Québec, qu'ils soient
fédéralistes et même souverainistes, n'ont pas
vraiment fait tout ce qu'il fallait faire envers les francophones hors Québec.

Le Devoir, 28 mars 1994

Pierre Trudeau et Jean Chrétien ont toujours
essayé d'utiliser les francophones hors Québec pour
entraver la lutte des souverainistes du Québec.

Le Devoir, 28 mars 1994

Un gouvernement du Québec souverain aura des moyens financiers, des institutions, sera capable d'appuyer fortement la survie et la promotion de la cause des francophones hors Québec.

La Presse, 26 mai 1994

Le Québec doit se sentir assez mûr pour ne pas prendre ombrage d'une francophonie canadienne qui voit l'avenir de façon différente. De son côté, cette francophonie doit se sentir assez sûre d'elle pour accepter que le peuple québécois choisisse une autre avenue.

Shediac, 27 mai 1994

La situation précaire de plusieurs communautés francophones du Canada démontre bien que ce n'est pas par l'exaltation rhétorique des vertus du fédéralisme qu'on assurera leur avenir. [...] Leur déclin ne résulte pas du projet souverainiste du Québec. C'est dans le cadre du régime fédéral, et malgré les professions de foi d'Ottawa, que l'itinéraire collectif des communautés francophones a rencontré ses déboires.

La Presse, 4 juin 1994

Il est important qu'on conjure une certaine image négative, très négative même, que ces gens-là avaient de la souveraineté et que, souvent, nous leur avions inculquée. Il s'est dit des choses assez graves, terribles, dont je regrette qu'elles aient été dites, et on a du chemin à faire. [...] Je crois qu'un État souverain français au Québec est pas mal plus important pour eux que les béquilles du gouvernement fédéral. [...] On peut être un État ami, ouvert et plus que sympathique à leur cause, et montrer qu'on est prêts à faire des choses pour eux.

Le Devoir, 2 mai 1995

F*rancophonie*

Le Québec seul n'a pas un très grand levier sur le développement économique mondial, le désarmement, la nécessité de préserver la paix, les événements de l'Amérique latine. Il est très important que nous nous placions dans une entité plus large, dans cette communauté d'intérêts que pourrait être la communauté francophone. Il y a là pour nous une façon d'accéder à la scène internationale.

Le Devoir, 21 septembre 1985

La francophonie, ce n'est pas seulement l'ensemble des peuples francophones, ce n'est pas seulement la culture francophone ni la langue française, ce ne sont pas les institutions françaises, c'est d'abord et avant tout une solidarité politique qui repose sur une même langue, sur une même culture et qui doit s'élargir au-delà de ce cadre.

La Presse, 16 avril 1987

Pour nous, Canadiens, la francophonie n'est pas seulement une façon de vivre : c'est une façon de survivre, une nécessité, un élément fort d'identité, de démarcation à l'égard des États-Unis. [...] Pour les Québécois, qui ne sont que 5 à 6 millions sur un continent de 250 millions de personnes, il était vital d'accéder à une communauté francophone internationale. Autant pour eux que pour notre gouvernement fédéral.

L'Express,
11 septembre 1987

Le rôle de pointe que joue le Canada dans la francophonie internationale apparaît vital au gouvernement dont je fais partie. Parce qu'il est lié au développement d'une francophonie nationale forte et dynamique, c'est un objectif auquel nous ne pourrions pas renoncer sans nier l'identité canadienne elle-même et ce qui confère à ce pays son caractère unique. Cette conception du Canada, que nous souhaitons ouverte et généreuse, nous la maintiendrons malgré les écueils qui pourraient surgir sur notre route.

Halifax, 28 mai 1988

F *riche*

Je sens que toute la force des Québécois, toute leur solidarité ne sont pas mises à contribution. C'est en friche et je n'aime pas ça !

Le Soleil, 20 février 1995

F *rugal*

J'y ai été deux ans [au gouvernement fédéral], mais j'en suis sorti. Je ne suis pas resté, moi... Je n'ai pas été un ministre somptuaire, j'ai été un ministre frugal.

Le Soleil, 21 juin 1993

ABCD**G**FGHI
JKL N PQ
RSTUVWXYZ

Garantie (sans)

Il y a des limites aux certitudes que l'on peut raisonnablement exiger du projet souverainiste. [...] Personne ne peut émettre de police d'assurance pour garantir contre toute intempérie la course future du Québec. On ne pourra jamais mettre en cases l'esprit d'une société libre, ou prévoir d'avance le jaillissement de ses talents. Ni le bonheur ni la prospérité ne se décrètent. Aucune des générations qui nous ont précédés n'a obtenu de garantie avant de franchir les pas qui ont fait avancer le Québec. (DÉNONCIATION DU «SYNDROME DES BRETELLES ET DE LA CEINTURE», DONT SERAIENT ATTEINTS BEAUCOUP DE QUÉBÉCOIS.)

Beauport, 22 mars 1995

Gare!

Si M. Johnson persiste à me considérer comme une moitié de premier ministre, il m'obligera à aller chercher la légitimité que je n'ai pas dans son esprit par une élection générale. [...] Aussitôt qu'il contestera mon autorité, il y aura une élection. S'il veut une élection, il l'aura. S'il n'en veut pas, OK avec moi. Mais il devra respecter ma légitimité, il aura à m'appeler «premier ministre».

La Presse, 16 mars 1996

Gaspillage

Il faut mettre fin au gaspillage d'énergie et de ressources que nous valent ces interminables tâtonnements dans les labyrinthes constitutionnels. Nous payons un lourd tribut économique et social pour le climat d'incertitude qu'entretiennent les tergiversations et les louvoiements par lesquels certains tentent d'émousser la ferveur souverainiste. (ASSEMBLÉE DE LANCEMENT DU BLOC QUÉBÉCOIS.)

Sorel, 15 juin 1991

G auchistes

Nous ne sommes pas des gauchistes. Le Québec ne sera pas un Cuba du Nord.

Le Devoir, 18 octobre 1993

G êne (sans)

Quand le Canada anglais a décidé en 1982 de rédiger une Constitution et de nous l'imposer sans notre signature, est-ce qu'il s'est demandé si ça va déplaire au Québec ? Non, ils l'ont fait.

Le Devoir, 27 octobre 1995

G énérations futures

Je ne voudrais pas que mon enfant ait les tripes déchirées comme nous autres. Je veux lui offrir une vie collective plus facile, plus dégagée afin que lui et tous les autres enfants s'épanouissent librement, sans entraves.

Le Journal de Montréal,
24 mai 1990

Jusqu'à maintenant, au Québec, de génération en génération, on a toujours monté une marche. [...] Les générations se sont beaucoup transmis de l'une à l'autre. Mais si on regarde ce qui se passe pour nous, notre génération, les gens de mon âge par exemple, il n'y a pas de quoi être fier. [...] On va transmettre un pays hypothéqué, écrasé sous les dettes. Un pays qui est à peu près le plus hypothéqué des pays du G-7, le club des pays industriels.

Richelieu, 2 mai 1993

G *énérosité*

Avec la souveraineté, les francophones seront sécurisés et nous pourrons alors être généreux envers notre minorité.

Le Droit, 18 mai 1993

G *énie (mauvais)*

Chrétien, c'est l'homme de 1982. Cet homme s'est trouvé sur le chemin du Québec chaque fois qu'il a voulu avancer vers son avenir. Il n'est jamais plus malheureux que lorsqu'il voit le Québec debout. Il a bloqué Meech, s'est battu comme un lion contre l'Accord de libre-échange, il a fait Charlottetown.

Le Soleil, 8 octobre 1995

G *éographie*

Les Québécois d'aujourd'hui, même ceux qui sont souverainistes, ne sont pas anticanadiens. En fait, beaucoup d'entre eux conservent un attachement indéniable pour le Canada. Nous pouvons changer les institutions, mais pas notre géographie.

Harvard Business School,
Boston, 10 mars 1993

G *lobe-trotter*

C'est très difficile pour moi de quitter la région du Saguenay pour de bon. Mes racines, ma famille sont là-bas, mais j'éprouve un très fort désir de voir ce qui se passe ailleurs dans le monde. (ALLUSION À SON DÉPART POUR PARIS COMME AMBASSADEUR.)

The Gazette, 8 juillet 1985

G *odin, Gérald*

Gérald Godin était un poète au langage vrai et aux images fortes, un homme libre et un esprit ouvert à tout ce qui est humain. Proche de l'âme québécoise, il a su, par l'intensité de son engagement et l'expression de ce qu'il percevait de la réalité

179

universelle et québécoise, créer un lien avec ce peuple qu'il a aimé sans complaisance. (TÉLÉGRAMME DE CONDOLÉANCES ENVOYÉ À LA VEUVE DU POÈTE ET DÉPUTÉ PÉQUISTE, PAULINE JULIEN.)

Le Soleil, 13 octobre 1994

G orbatchev, Mikhaïl

Quand on sait ce que les Soviétiques ont fait aux individus, aux familles, [qu'ils] ont transporté des peuples complets, [qu'ils] les ont supprimés par la solution finale, je trouve cela horrible et particulièrement éhonté de se permettre de se mêler des affaires d'un pays pacifique comme le Canada, pacifique comme le Québec, démocratique et tolérant comme le nôtre. [...] Que cet homme-là vienne nous faire des leçons [...], je trouve cela inacceptable et je pense que les Québécois ne l'accepteront pas. (À PROPOS D'UNE DÉCLARATION DE MIKHAÏL GORBATCHEV, AU COURS D'UNE RÉUNION D'ANCIENS CHEFS D'ÉTAT À COLORADO SPRINGS, S'INQUIÉTANT D'UNE ÉVENTUELLE PARTITION DU CANADA.)

La Presse, 11 octobre 1995

G oût *(douteux)*

Il est évident qu'on chercherait longtemps dans des programmes comme *Variétés Western* [sur les ondes de CKRS] une œuvre musicale propre à éveiller chez l'auditeur le moindre sentiment artistique. De telles productions diffusent l'américanisme et la grivoiserie à doses massives. Sous prétexte de satisfaire aux bas instincts d'une infime minorité, on fausse le goût artistique de nos gens, quitte ensuite à déplorer le manque de talents.

Le Cran, 19 mars 1958

G ouvernement

Les meilleurs gouvernements sont les gouvernements minoritaires parce qu'ils doivent à tout moment tenir compte de la volonté de la population.

Le Soleil, 22 octobre 1992

Gouverner (à plein temps)

L'an dernier, il y a eu un référendum. L'année d'avant, une élection générale. L'année d'avant, une course au leadership au sein du parti au pouvoir. L'année d'avant, un référendum sur des offres fédérales. Cette année, nous allons gouverner à plein temps.

Assemblée nationale,
25 mars 1996

Graine (de discorde)

Les séparatistes planteront l'arbre [de l'autonomie], mais il pourrait se faire que d'autres cueillent le fruit, lorsqu'il sera mûr.

Le Carabin,
5 octobre 1961

Grand soir (le)

Certains, à Ottawa, pourraient essayer de faire traîner les choses, d'utiliser le temps [advenant un OUI au référendum sur la souveraineté]. Mais Ottawa ne dispose pas d'une grande marge de manœuvre. Si Ottawa ne nous reconnaît pas, nous proclamerons nous-mêmes notre souveraineté, tout simplement parce que le monde entier nous reconnaîtra.

La Presse, 20 mai 1994

Gratitude

Je me souviens d'un certain dimanche de mai 1990 où je suis revenu à Alma sans les attributs du ministre conservateur qu'ils [les habitants de la circonscription de Lac-Saint-Jean] avaient élu. J'avais l'impression de trahir le mandat qu'ils m'avaient confié mais ils m'ont supporté et ont continué de le faire dans les mois suivants, quand j'étais occupé à fonder le Bloc québécois et que je n'étais pas plus souvent dans mon comté qu'à Ottawa.

Le Quotidien du Saguenay–Lac-Saint-Jean,
26 janvier 1996

Gravité *(de la situation)*

Je ne suis pas certain que tout le monde a appréhendé à sa pleine mesure la gravité de la situation où nous nous trouvons. Moi-même, j'en apprends tous les jours.

La Presse, 17 janvier 1996

Grève *(droit de)*

Le droit de grève introduit un élément de tension presque insupportable dans le secteur public et parapublic.

L'actualité, février 1981

Quand j'ai participé à la Commission Martin-Bouchard, j'étais de ceux qui pensaient que le droit de grève devait être protégé et maintenu. C'était en 1976. Nous proposions – nous avons recommandé – qu'on s'en remette à la responsabilité syndicale en matière de services essentiels. [...] Je pense maintenant que c'était une longue naïveté qui, peut-être, est arrivée à son terme. Elle remonte à ce grand printemps québécois des années soixante, où on a voulu donner le droit de grève aux syndicats en se disant : « Jamais ils ne l'exerceront, ce ne serait pas raisonnable, ce sont des gens responsables. »

L'actualité, février 1981

Au Canada, on a le droit de faire la grève. C'est un droit fondamental. Et si nous l'avons, il faut le respecter quand on choisit de l'exercer.

Le Devoir, 21 mars 1995

Guerre *(froide)*

Il n'y a cependant pas lieu de désespérer [après le lancement de *Spoutnik-1* dans l'espace] : l'avenir est là qui nous attend. Si les Russes ont gagné la première manche, rien n'indique qu'il en sera toujours ainsi : nos scientists n'ont pas dit leur dernier mot. Pour sévère qu'ait été la leçon, elle n'en a pas moins porté chez les Américains. Dès le départ de cette course vers la suprématie scientifique, nous bénéficions d'un atout majeur dans notre jeu : la liberté.

Le Cran, 4 décembre 1957

H andicap

Je n'aime pas qu'on m'en parle. Perdre son intégrité physique, c'est quelque chose qu'on ne peut comprendre à moins de l'avoir vécu. Ça fait basculer une vie. [...] J'ai peine à en parler.

Radio-Canada,
Le Point, 19 février 1995

Je cherche à l'oublier [ma condition de handicapé] et j'en fais abstraction dans mon comportement politique. [...] Ça ne me limite pas. J'ai parfois des sautes d'humeur quand on a oublié d'apporter la petite rampe d'escalier qu'on a fait faire pour moi, ou qu'elle branle trop. Mais je sais bien que, quand on a un handicap, on est un peu marginalisé.

L'actualité, février 1996

H andicapés

Il faut combattre la marginalisation. Il y a encore de la place pour nous, il faut la prendre. Ça n'est pas donné.

Le Devoir, 2 juin 1995

J'évite de me trouver trop souvent dans des lieux où on me demande de me solidariser avec les handicapés. Personnellement, je serai toujours profondément préoccupé par leur situation, mais je ne veux pas aborder le sujet en politique.

L'actualité, février 1996

Harmonie

Il ne faut pas diviser les souverainistes. [...] La pire chose qui pourrait arriver, c'est qu'il y ait un rayon de soleil qui passe entre moi et M. Parizeau. Je m'emploie à colmater toute brèche. Nos rapports n'ont jamais été meilleurs. (À PROPOS DE SA POSSIBLE SUCCESSION À JACQUES PARIZEAU À LA TÊTE DU PQ, ENVISAGÉE NOTAMMENT PAR LES JOURNALISTES.)

La Presse, 6 avril 1992

Harris, Mike

Le genre de pays que M. Harris nous promet, c'est celui qu'il est en train de construire en Ontario, alors qu'il vient de couper 21 % de l'aide sociale. C'est ça qu'on nous promet pour le Québec ? Non merci, monsieur Harris ! (RÉPONSE AU PREMIER MINISTRE DE L'ONTARIO QUI PROPOSAIT UNE « ALLIANCE » AU QUÉBEC POUR RENOUVELER LE FÉDÉRALISME.)

Le Devoir, 14 octobre 1995

Haut-parleur

L'année qui vient de s'écouler nous a montré à quel point la tribune médiatique qui est ici [aux Communes] est extraordinaire. La boîte de résonance est d'une efficacité inégalée. Une campagne référendaire qui est amorcée par nous, avec les moyens de projection qui sont ici, va être extrêmement efficace.

La Presse, 29 octobre 1994

Héritage

Nous avons reçu un héritage. Au prix de réels sacrifices, nos pères et mères nous ont légué une langue universelle, belle et raffinée ; une culture vivante et touffue ; du courage et une âme de peuple. Ils n'ont pas oublié de nous donner aussi un territoire, l'un des plus beaux qui soient. Mais c'est un patrimoine inachevé. Il nous échoit de le compléter en en faisant un pays, celui du Québec. (ASSEMBLÉE DE LANCEMENT DU BLOC QUÉBÉCOIS.)

Sorel, 15 juin 1991

H*éros (québécois)*

Il y a presque toujours quelque chose de fragile chez les héros québécois. Leur courage et leur talent doivent compenser une vulnérabilité qui les rend plus humains et plus proches. D'où l'intensité et la vérité de personnages hors du commun comme Jean Duceppe, René Lévesque et Félix Leclerc. Les Québécois ont adoré les trois hommes, au point d'en faire, respectivement, les symboles du comédien, du dirigeant politique et du poète.

Le Journal de Montréal, 22 décembre 1990

Ça a été un héros, M. Lévesque. C'en est un encore. Il inspire tout le monde. On l'a adulé. On l'adule encore plus aujourd'hui qu'avant. [...] Pourtant, quand il nous a demandé de le suivre dans le combat final, on lui a dit non. [...] Évidemment, il a été vaincu. Et parce qu'il a été vaincu, maintenant on l'aime peut-être encore plus qu'avant. Il y a une pathologie là-dedans...

Radio-Canada, *Raison-Passion*,
10 septembre 1992

Les héros vaincus, moi j'en ai assez de ça! Je voudrais qu'on ait moins de héros mais des gens qui gagnent.

Radio-Canada, *Raison-Passion*,
10 septembre 1992

H*istoire (vieille)*

Se demander qui l'emporte quand une minorité se trouve opposée à une majorité, c'est comme s'interroger sur le sort du pot de terre quand il heurte le pot de fer.

Congrès du Bloc québécois,
7 avril 1995

H*onneur*

En définitive, mieux vaut l'honneur dans le désaccord que l'accord dans le déshonneur. Et de toute façon, rien ne serait pire que le déshonneur dans le désaccord, sort réservé à ceux qui tenteraient [...] de convaincre le Québec de se présenter à une conférence piégée, en vue de lui arracher d'ultimes concessions qui ne sauraient être qu'humiliantes. (À PROPOS DE L'ACCORD DU LAC MEECH.)

> Lettre de démission à Brian Mulroney,
> 22 mai 1990

Le Québec est complètement nu. Il ne nous reste plus que l'honneur.

> *La Presse*, 26 mai 1990

H*onteux!*

On va se servir de notre argent pour transporter à moins cher des gens qui vont venir nous dire qu'ils nous aiment. Ça fait des soupirants un peu cramoisis, ça fait des cupidons un peu intéressés ! (À PROPOS DES RÉDUCTIONS DE TARIFS PRATIQUÉES PAR CANADIAN ET VIA RAIL SUR MONTRÉAL LE JOUR DE LA « CROISADE POUR LE CANADA ».)

> *Le Journal de Montréal*,
> 27 octobre 1995

H*ôpitaux*

Les gens qui parlent de coupures dans les hôpitaux ne vont pas trouver une oreille favorable chez moi. [...] Je sais bien qu'il faut parler de rationalisation, qu'il ne faut pas que les gens restent aussi longtemps dans les hôpitaux. Mais on doit essayer de couper là où ça fait le moins mal : dans la bureaucratie et l'appareil administratif.

> *Le Soleil*, 20 février 1995

Il faut des consultations plus larges et des discussions plus élaborées sur les raisons [des fermetures] et sur l'affectation des fonds. Il y a une inquiétude collective et il faut se rendre compte qu'elle n'est pas illégitime. [...] Je n'ai pas conclu que c'était inévitable que l'on ferme tant d'hôpitaux. Je pense qu'il va falloir qu'on s'assure que ça va permettre de

meilleurs soins. Il y a une démonstration à faire. (AU
SUJET DE LA FERMETURE DE NEUF HÔPITAUX DE LA RÉGION DE
MONTRÉAL D'ICI 1997.)

Le Devoir, 2 juin 1995

H ostilité

Je n'ai provoqué personne. Je ne pense pas qu'il y
ait d'hostilité à mon endroit. Il y a des réactions aux
propos que je tiens, qui sont des propos calqués sur
la réalité québécoise, alors c'est la réalité qui choque
un peu, qui frappe un peu, et il faut que les gens s'y
habituent. (À PROPOS DE MENACES DE MORT PROFÉRÉES À SON
ENCONTRE.)

Le Devoir, 16 juin 1994

H ot dog (civilisation du)

Comment ne pas admettre [...] que notre civilisation en est une marginale ? Les grands mouvements
de la pensée contemporaine ne nous effleurent qu'à
peine. L'Univers se fait, se défait et se pense sans
nous. Pendant que les autres nations donnent au
monde des témoins inquiets qui cherchent Dieu et
s'interrogent sur l'homme, les Canadiens français
mangent des hot dogs et ouvrent des boîtes de
conserve. [...] Au terme de notre recherche méta-
physique, nous avons trouvé une automobile, un
appareil de télévision et deux pots-au-feu quotidiens
qui incarnent à jamais la satisfaction de nos idéaux
religieux et humains.

Le Carabin, 1er février 1962

H ôtel (chambre d')

Le rapport Charest a été dicté par Jean Chrétien à
partir d'une chambre d'hôtel. Il aime bien travailler à
partir des chambres d'hôtel, Jean Chrétien...

Trois-Rivières, 26 mars 1993

H umanisme

Il faut tirer une ligne quelque part : si tous les droits
individuels priment les droits collectifs, il n'y a plus

d'État. [...] Il faut faire un arbitrage qui, dans la mesure du possible, respecte une conception de l'homme et de la femme qui reflète un certain humanisme.

Possibles, hiver 1991

Humanités

Je n'ai jamais accepté que le rapport Parent, ou ce qu'on en a fait, ait tourné le dos aux humanités. C'était d'une courte vue qui confine à l'irresponsabilité. Pour la plupart des cultures occidentales, les humanités, c'est la remontée aux sources de notre civilisation et de ses valeurs, donc le seul moyen de les nourrir et de les vivifier. [...] Je ne m'explique pas l'acharnement que nous mettons à arracher nos racines.

À visage découvert, Boréal, 1992

Humiliation

C'est un ressort qui joue souvent chez moi. Le sentiment d'humiliation détermine souvent des décisions importantes. Ce sentiment, je l'ai éprouvé fortement dans les années soixante-dix. (À PROPOS DES ANNÉES TRUDEAU.)

Le Devoir, 21 septembre 1985

Dans les journaux anglophones, on dit que j'ai toujours l'humiliation à la bouche ; je ne pense pas que ça soit vrai. Au lendemain de ma démission, peut-être, mais plus maintenant. J'insiste sur la fierté, la confiance en soi...

Voir, 4 juin 1992

C'est la mythologie fédéraliste à Ottawa qui dit que je ne peux pas prononcer deux phrases sans parler d'humiliation. Je n'ai jamais dit ça de ma vie !

Le Soleil, 28 mai 1993

Humiliation originelle

À la fin de la section traitant du régime français, il y avait dans le manuel [d'histoire] cette gravure symbolique où l'on voyait Lévis en train de brûler ses drapeaux : on ne saurait dire quelle humiliation s'est alors glissée dans nos cœurs d'enfants et, avec elle, quel ressentiment à l'endoit des « méchants ».

Le Carabin, 16 novembre 1961

H umilité

Jacques Parizeau est le premier premier ministre du Québec qui recevra le mandat de faire la souveraineté. Il occupera un chapitre complet des annales historiques. Moi, je n'aurai qu'une note en bas de page.

Le Devoir, 19 octobre 1995

H ydro-Québec

Ce serait peut-être une bonne idée de laisser à nos enfants une rivière qui ne serait pas transformée en électricité à envoyer aux Américains !

L'actualité, 15 mai 1990

Il est très profitable d'exporter de l'électricité. C'est quatre fois plus profitable que de vendre l'électricité au Québec. Si on empêche le Québec d'utiliser ses ressources hydroélectriques, les gens ne l'accepteront pas.

La Presse, 19 septembre 1991

La gestion d'Hydro-Québec ne nous paraît pas tout à fait rigoureuse, pour employer un euphémisme. Nous croyons qu'il y a place à amélioration, place à resserrement, à rigueur. Il est évident qu'il y aura un ménage à Hydro-Québec.

Le Devoir, 13 mars 1996

Il y a des gens qui se demandent si on ne devrait pas privatiser partiellement. On verra ça. [...] Est-ce que, par exemple, 10 % d'actionnaires privés dans le capital d'actions d'Hydro, ça n'injecterait pas une façon différente, plus rigoureuse, de gérer et qu'en même temps on pourrait réaliser un capital en faisant cela ? Peut-être. Je ne rejette pas ces hypothèses-là.

Radio-Canada, *Le Point*, 21 mars 1996

I

I *déalistes*

Le sens pratique a trop d'implications chez nous, et ne se reconnaît pas assez de limitations. Il y a, en fait, trop de gens pratiques au Québec. Nous avons un urgent besoin d'idéalistes. De ces idéalistes qui n'ont pas encore dressé de tables de correspondance où les principes sont commodément convertis en dollars et en capital politique.

Le Carabin, 9 novembre 1961

I *dée*

Ce n'est pas parce qu'une idée est dans l'air qu'elle va atterrir sur la table du premier ministre. (À PROPOS DE L'HYPOTHÈSE D'UNE PRIVATISATION PARTIELLE D'HYDRO-QUÉBEC.)

Radio-Canada, *Le Point*,
21 mars 1996

I *dentité (troubles d')*

La symétrie des refus est d'une rigueur implacable. De même les Québécois ont dit NON au Québec, en 1980, de même les Canadiens ont dit NON au Canada, en 1990.

Le Journal de Montréal, 29 décembre 1990

I *déologies*

Je ne suis pas un idéologue. Je me méfie des idéologues.

Possibles, hiver 1991

Je ne compte pas beaucoup sur les idéologies. Je m'appuie beaucoup, au contraire, sur des faits.

Relations, septembre 1993

I llusions (perdues)

[Nous devons] nous éviter trois autres décennies de discussions stériles, de tâtonnements infinis et d'illusions perdues. Ce gaspillage de ressources, cette dilution de l'espoir collectif, ce détournement de nos énergies ont trop duré. De cette longue épreuve, imposée aux meilleures volontés du Québec et du Canada anglais, nous ne récoltons aujourd'hui qu'amertume, suspicion, incompréhension et une profonde désaffection collective. Nous en sommes au point de perdre tous les courages, y compris celui de regarder la réalité en face.

Réponse au discours du Trône,
19 janvier 1994

I mages

Qui de nous ne se souvient de ce portrait féroce qu'il se faisait, tout jeune encore, de l'envahisseur anglais ? Wolfe, Phipps, Durham et les autres tombaient tout de go dans la même catégorie que Goliath et Caïn. L'enfance ne s'embarrasse pas de distinctions : il y a les bons et les mauvais. Nous et les autres. Notre histoire, nous l'avons vécue page par page, avec une rage impuissante et une déconfiture toujours croissante. En dépit de nos victoires éparses, l'ennemi finit par l'emporter, faisant de nous une nation de vaincus.

Le Carabin,
16 novembre 1961

I mmigration

Le Québec doit être le dépositaire de la totalité des pouvoirs en matière d'immigration. Cela n'a aucun bon sens qu'il soit victime de politiques d'immigration décidées à Ottawa.

La Presse, 28 septembre 1990

L'immigration est un enrichissement. Le Québec a besoin des nouveaux Québécois que sont les immigrants.

La Presse, 15 octobre 1993

Je suis convaincu que cette présence étrangère a contribué à ouvrir les horizons. Je suis convaincu que l'arrivée de la diversité immigrante a beaucoup aidé le Québec à s'ouvrir dans les années cinquante, pour mener à la Révolution tranquille.

Le Devoir, 15 octobre 1993

I*mmobilisme*

En 1996, choisir de ne rien faire, de laisser aller, ce serait accepter que, demain, notre force collective soit ligotée à un point tel que nous risquions l'immobilisme, l'engourdissement, l'atrophie. (À PROPOS DE LA SITUATION ÉCONOMIQUE ET DU DÉFICIT BUDGÉTAIRE. DISCOURS D'ASSERMENTATION COMME PREMIER MINISTRE.)

Québec, 29 janvier 1996

I*mparable*

Si le Bloc québécois n'existait pas, il faudrait l'inventer.

Le Soleil, 19 janvier 1993

I*mpasse*

Nous devrons rapidement identifier la façon de se sortir du bourbier constitutionnel. Si nous demeurons ensemble [Québec et Canada anglais], les coûts croissants de ce système inefficace, dans lequel nos intérêts divergent, nous maintiendront dans une impasse.

Empire Club, Toronto, 20 septembre 1993

I*mpôts*

Les citoyens et les citoyennes ne sont pas tous égaux devant l'impôt. Certains profitent d'abris fiscaux qui n'ont aucune productivité économique. Certains vendent des cigarettes ou de l'alcool de contrebande à d'autres qui les achètent. Et plusieurs évitent tout impôt en se branchant sur l'économie souterraine. [...] La légitimité de l'État [canadien] ne cesse de perdre des points. L'idée qu'il est admis de frauder l'État fait tache d'huile.

> Réponse au discours du Trône,
> 19 janvier 1994

L'assainissement [des finances publiques] doit surtout, sinon totalement, passer par une réduction des dépenses, y compris les dépenses fiscales (abris fiscaux, déductions, etc.), plutôt que par une augmentation des impôts. Les gens en ont assez, et avec raison, de l'alourdissement du fardeau fiscal que les gouvernements successifs leur ont fait subir.

> Chambre de commerce de Laval,
> 6 décembre 1995

Pour l'instant, globalement, nous payons suffisamment de taxes et d'impôts. Toute augmentation nouvelle aurait un effet dépressif sur l'économie, donc sur l'emploi, donc sur le budget. Mais il faut faire en sorte que l'impôt perçu le soit équitablement et intelligemment, pour susciter des effets économiques positifs propices à l'emploi, à la croissance et au partage.

> Sommet socio-économique, Québec,
> 18 mars 1996

Impressions (premières)

Je préfère garder mes commentaires pour plus tard... (APRÈS SA PREMIÈRE JOURNÉE À LA CHAMBRE DES COMMUNES EN TANT QUE DÉPUTÉ.)

> *La Presse*, 29 juin 1988

Impuissance

Il n'y a plus [aujourd'hui] de discours fédéraliste. Il ne reste plus qu'une résistance d'arrière-garde. Tout ce qu'on nous dit présentement, c'est que l'on ne parlera plus pour les cinq prochaines années

du renouvellement du fédéralisme. Tout un
d'impuissance!

Le Soleil, 5 juin 1995

Incertitudes

Il faut continuer, se tenir éveillé et se préparer au
défi qui nous attend. Il n'est pas important de savoir
si nous opterons pour la souveraineté, la souveraineté-association, l'indépendance ou le fédéralisme renouvelé. Accouchons du bébé et, ensuite,
nous le baptiserons.

La Presse, 28 juin 1990

Inconfortable

Les médias ont dit que j'étais «inconfortable» et
ça se comprend. Je n'avais jamais fait campagne
auparavant et je n'avais jamais dû interrompre les
gens pendant leur repas pour me présenter! (À PROPOS
DE SA PREMIÈRE ÉLECTION COMME DÉPUTÉ CONSERVATEUR DE
LAC-SAINT-JEAN.)

La Presse, 29 juin 1988

Indécision (péché d')

On a péché gravement au Québec par notre indécision et notre louvoiement dans les grands
moments. Je pense qu'avec le Bloc québécois on
peut contribuer à prendre une décision [quant à la
souveraineté].

La Presse, 13 avril 1992

Indépendance

L'indépendance n'est pas véritablement une
option à l'heure actuelle. En ce qui me concerne, je
pense que c'est peut-être la bonne direction, mais ce
n'est pas ce que la majorité des Québécois veulent.
[...] L'indépendance n'est pas d'actualité. Elle peut
être un rêve. Mais la politique et les rêves ne font
pas toujours bon ménage. Pour moi, la réalité c'est
Ottawa.

Maclean's, 22 février 1988

197

De deux choses l'une : ou on est dans la Confédération, ou on n'y est pas. Si on n'y est pas, c'est l'indépendance.

La Presse, 2 avril 1988

Je pense que la solution de l'indépendance, comme telle, n'est plus une solution viable pour le Québec.

Toronto Star, 9 avril 1988

Indépendantiste

Presque sans m'en rendre compte, par une sorte de maturation, je devins indépendantiste. Je ne peux préciser ni le jour ni la semaine, puisqu'il n'y eut ni crise ni déchirement. [...] Il y avait déjà un certain temps que j'avais opté pour la souveraineté quand, Jacques Parizeau se trouvant à Chicoutimi, je signai devant lui ma carte de membre du Parti québécois. C'était en 1971 ou 1972.

À visage découvert, Boréal, 1992

Indésirables

Combien de vilenies nous faut-il essuyer pour comprendre qu'ils [les Canadiens anglais] ne veulent pas de nous ? Apparemment, il nous en fallait une de plus. Acceptant de nous faire demandeurs – et encore pour un minimum délayé en cours de route – après avoir subi le rejet de 1981, nous avons à nouveau tendu la main. Mais cette main fraternelle, un peu naïve et qui avait, à la fin, quelque chose d'un peu trop suppliant à mon goût, on vient de la repousser.

(APRÈS L'ÉCHEC DÉFINITIF DE L'ACCORD DU LAC MEECH.)

Le Devoir, 26 juin 1990

Inéluctable

Il faut créer les conditions dans lesquelles le référendum passera. Parce que peut-être qu'il ne passerait pas aujourd'hui... Mais « veut », « veut pas », il y a et il y aura toujours au Québec plus ou moins 50 % de gens qui veulent la souveraineté. Un de ces jours, on va y arriver, parce que c'est dans la nature des choses.

Le Devoir, 26 mars 1993

I*ngérences*

Les Québécois sont déterminés à prendre seuls les décisions qui concernent leur avenir. Ils vénèrent le pape mais n'admettraient pas qu'il s'ingère dans la crise actuelle. Le « Vive le Québec libre » du général de Gaulle a mis le premier ministre Daniel Johnson très mal à l'aise. [...] Après l'activisme déclenché au lendemain de [sa] visite ratée, les dirigeants français se sont astreints à la règle de la plus parfaite neutralité dans le « dossier québécois ». C'est ce qu'exigent, avec raison, les Québécois.

Le Journal de Montréal, 16 mars 1991

I*nimaginable*

On ne pourra pas empêcher la reconnaissance collective d'un pays qui est une démocratie occidentale, pacifique, tolérante, qui fournit toutes les garanties constitutionnelles, qui sera l'un des pays les plus riches de l'Occident. Que des historiens de Toronto puissent empêcher une telle démocratie d'être reconnue internationalement n'a pas de sens. C'est une vue de l'esprit. (à PROPOS DE LA RECONNAISSANCE DU QUÉBEC COMME PAYS ADVENANT UN OUI AU RÉFÉRENDUM SUR LA SOUVERAINETÉ.)

La Presse, 20 mai 1994

I*njustice*

Les femmes et les hommes du Québec qui sont nés dans les années soixante-dix et quatre-vingt se sont ouverts à la vie alors que se refermaient devant eux les portes du succès et de la prospérité. Ce serait une injustice terrible si nous devions, par notre insouciance ou notre passivité, leur laisser pour héritage une facture monstrueuse et un État en ruine.
(DISCOURS D'ASSERMENTATION COMME PREMIER MINISTRE.)

Québec, 29 janvier 1996

Inquiétant

Ça va nous coûter cher de se faire dire qu'on nous aime. C'est très inquiétant tout cela, ça veut dire que [pour le camp du NON] tous les moyens sont bons. On passe le *bulldozer* dans les lois du Québec. Ça veut dire qu'aux yeux de ces gens une loi du Québec n'est pas aussi respectable qu'une loi du Manitoba, de l'Ontario ou du fédéral. (ALLUSION AUX RÉDUCTIONS DE TARIFS PRATIQUÉES PAR CANADIAN ET VIA RAIL SUR MONTRÉAL LE JOUR DE LA «CROISADE POUR LE CANADA» ET CONTRAIRES À LA LOI ÉLECTORALE QUÉBÉCOISE.)

Le Journal de Montréal,
27 octobre 1995

Insoluble

Le cadre fédéral, dans la mesure où il tente de réconcilier l'incompatible, exacerbe les tensions plutôt qu'il ne les résout. Le régime fédéral canadien est incapable de se renouveler pour la bonne raison qu'il est débordé par une double réalité politique. Le Canada anglais veut un gouvernement central fort et des provinces égales [...]. Pour lui, les valeurs collectives, les symboles nationaux, la loyauté sont à Ottawa. Le Québec, lui, veut un gouvernement central faible et un gouvernement québécois fort, dépositaire des responsabilités essentielles dans les domaines économique aussi bien que culturel et social. Le sentiment national y est d'abord et avant tout québécois.

Université de Montréal,
9 novembre 1991

Instinct

Je peux me tromper, mais mon instinct politique me dit que les Québécois, quand le moment va venir, quand ils seront en face de la décision à prendre au terme d'un débat qui va rebrasser toutes les grandes questions, qui va ranimer la question souverainiste, vont voter pour la souveraineté.

La Presse, 11 juin 1994

Institutions

Il arrive fréquemment que les institutions prennent du retard sur le réel.

Réponse au discours du Trône,
19 janvier 1994

Insulte (à l'intelligence)

M. Chrétien et plusieurs ténors fédéralistes font preuve d'une grande arrogance envers l'intelligence des Québécois. Eux qui ont mis le mot « séparation » sur chaque poteau de téléphone du Québec, affirment maintenant que les électeurs du OUI n'ont pas compris la question et ne savaient pas qu'en disant OUI, le Québec deviendrait souverain. (À PROPOS DU RÉFÉRENDUM DU 30 OCTOBRE 1995.)

La Presse,
10 février 1996

Intérêts communs

À plusieurs égards, [nos] intérêts et ceux du Canada anglais se rejoignent du point de vue des finances publiques, de la relance de l'économie, de la création d'emplois.

L'actualité, juillet 1993

Il faudra tenir compte [advenant la souveraineté] des intérêts géopolitiques communs du Québec et du Canada, en ce qui a trait à la défense et à la sécurité du territoire.

La Presse,
13 octobre 1993

Intérêts du Canada anglais

Les Québécois ne pensent pas que le Canada anglais est irrationnel, qu'il va vouloir se venger au point de se pénaliser lui-même. Une fois que nous aurons affirmé notre intention et notre volonté politique de devenir souverains, cela va le placer en face de ses responsabilités. Il ne restera pas seulement les cris tonitruants des politiciens fédéraux [...], il y aura la réalité.

La Presse, 12 novembre 1991

J'ai la conviction profonde [...] qu'une très large majorité de Canadiens anglais souhaitent et veulent maintenir les relations économiques actuelles avec un Québec souverain. Au-delà du chantage et des épouvantails que brandissent frénétiquement les élites du clan fédéraliste, le bon sens et les intérêts mutuels vont prévaloir en faveur du maintien de l'union économique après un OUI référendaire à la souveraineté.

Beauport, 22 mars 1995

Intérêts du Québec

Ce gouvernement poursuit un programme qui est à mes yeux conforme aux intérêts fondamentaux du Québec et du Canada. (À PROPOS DU GOUVERNEMENT MULRONEY.)

La Presse, 2 avril 1988

Je dois prouver qu'il est possible d'être à la fois un vrai Canadien et un vrai Québécois, d'assumer les deux dans l'intérêt du Québec et du Canada. [...] Depuis que les Québécois ont décidé démocratiquement que leur futur serait à l'intérieur de la fédération, je pense que c'est notre devoir comme Canadiens et comme Québécois francophones de s'assurer que cela fonctionne. (APRÈS SA NOMINATION AU POSTE DE SECRÉTAIRE D'ÉTAT DANS LE CABINET MULRONEY.)

Le Devoir, 2 avril 1988

On est en train de québéciser la politique fédérale. La ligne de démarcation de tous les partis passe autour de la configuration des intérêts du Québec. C'est par rapport à cela que se déterminent les allégeances. Nous n'étions pas habitués à ça !

La Presse, 19 juin 1988

Certains radicaux auraient peut-être la tentation de travailler à l'échec de cette grande entreprise [remettre sur pied le Québec], pour ne pas donner à un gouvernement souverainiste la capacité de réussir là où des gouvernements fédéralistes ont échoué. Je leur dirai que l'intérêt qui nous unit cette année est l'intérêt du Québec. (DISCOURS D'ASSERMENTATION COMME PREMIER MINISTRE.)

Québec, 29 janvier 1996

Interrogations

Il s'agit de questions graves. Faut-il fonder l'avenir du Québec sur la fierté ou la résignation? Sur le changement ou l'immobilisme? Sur la solidarité ou la soumission? L'enthousiasme ou la torpeur? Et la question qui résume toutes les autres: faut-il se fier à nous ou faut-il se fier aux autres? (DISCOURS DE BEAUPORT, LE DERNIER DE LA CAMPAGNE RÉFÉRENDAIRE.)

Le Soleil, 30 octobre 1995

Intimidation

Renouveler [le fédéralisme], ça a avorté, avec un simulacre de droit de *veto* et de reconnaissance de la particularité du Québec. Là, maintenant, on donne dans l'intimidation. Le discours de peur. Les peurs économiques, ça n'a pas marché. Les peurs du passeport, ça n'a pas marché. Là, maintenant, c'est le territoire... (ALLUSION AUX MENACES DE PARTITION EN CAS D'ACCESSION DU QUÉBEC À LA SOUVERAINETÉ.)

La Presse, 31 janvier 1996

Intolérance

Nous sommes des catholiques en place, avec, souvent, un esprit de caste qui nous fait dédaigner sans distinction les hommes de l'«autre monde»: communistes, musulmans ou athées qui, tel Camus, séchant de désespoir dans un univers sans Dieu, recherchent quand même la sainteté. Tous ceux qui pensent et vivent différemment de nous, nous disons d'eux, à l'instar des Grecs, qu'ils sont des barbares. Mais c'est là notre seule analogie avec le peuple créateur de l'Athéna pensive, n'ayant reçu de lui que son intolérance.

Le Carabin, 1er février 1962

I*rremplaçable*

M. Parizeau est un personnage historique. Il est irremplaçable. C'est l'homme de la situation. Il a beaucoup d'expérience, d'imagination et d'autorité morale. Il a toutes les qualités.

Le Soleil, 22 octobre 1992

I*rresponsable*

Il n'y a pas de mots pour qualifier l'irresponsabilité de ces ministres [Ron Irwin et Stéphane Dion] qui tentent d'introduire dans le débat public des sujets aussi explosifs que celui de la violence et qui le font de façon purement gratuite puisque personne au Québec n'a dit qu'il voulait utiliser la violence. [...] Ça m'inquiète profondément que des boutefeux, que des provocateurs du gouvernement fédéral viennent jeter pareil pavé dans la mare. C'est totalement irresponsable et il n'y a pas de mots pour dénoncer cela! (AU SUJET DE LA POLÉMIQUE SUR L'INTÉGRITÉ DU TERRITOIRE DU QUÉBEC ADVENANT LA SOUVERAINETÉ.)

La Presse, 13 février 1996

I*rwin, Ron*

C'est un imbécile, un crétin, un parfait crétin. Il dit n'importe quoi cet Irwin-là! (À PROPOS DU MINISTRE FÉDÉRAL DES AFFAIRES INDIENNES, QUI AVAIT AFFIRMÉ QUE «LE TERRITOIRE AUTOCHTONE N'EST PAS TERRITOIRE QUÉBÉCOIS».)

La Presse, 15 février 1996

I*slam*

Nous savons ce qu'est l'islam, cette grande religion, cette grande culture, cette grande civilisation, ce que l'humanisme doit à l'islam de tous les temps. [...] Il faut être de l'islam pour comprendre ce qu'est la fidélité à ce qu'on est. [...] Vous n'êtes pas isolés, nous sommes ensemble. (DISCOURS DEVANT DES REPRÉSENTANTS DE LA COMMUNAUTÉ MUSULMANE DE MONTRÉAL.)

Le Soleil, 15 octobre 1995

I *sraël*

Peu de pays réussissent à promouvoir l'harmonisation d'ethnies aussi diversifiées. C'est un hommage à rendre à la démocratie israélienne que de voir un modèle dans sa capacité de tirer force et enrichissement de la rencontre des Falachas éthiopiens, des Tamils, ces Juifs noirs de l'Inde, des Khazares de Turquie, des Juifs sépharades d'origine espagnole et de ces milliers de Juifs soviétiques et polonais. (DISCOURS DEVANT LE COMITÉ CANADA-ISRAËL.)

Ottawa, 30 mars 1993

I *ssue (sans)*

Les Canadiens anglais espèrent un vrai pays et un gouvernement central fort et efficace. Mais, pour les mêmes raisons qu'eux, les Québécois n'accepteront jamais un tel gouvernement. Ils veulent un gouvernement fort, mais à Québec plutôt qu'à Ottawa.

La Presse, 23 septembre 1993

MICHEL BRUNET.

J *ardinage*

Dans notre jungle actuelle de bureaucraties et de programmes, nous allons émonder et aménager. Nous tenterons de tailler, ici, un potager, là, un jardin. (DISCOURS D'ASSERMENTATION COMME PREMIER MINISTRE.)

Québec, 29 janvier 1996

J e me souviens

Je le dis comme je le pense : le Québec profond, celui qui se souvient, ne comprendra jamais, n'acceptera jamais cette décision concertée du Canada anglais de fixer l'avenir du pays sans lui, donc contre lui. (À PROPOS DU RAPATRIEMENT UNILATÉRAL DE LA CONSTITUTION.)

Canadian Club, Montréal, 29 octobre 1990

J *eunes (les)*

Il n'est pas mauvais pour un élu de rencontrer des groupes de jeunes. C'est moins confortable qu'un *scrum* dans un corridor du Parlement, mais [il n'y a] rien de mieux pour ramener aux véritables préoccupations des gens.

Le Journal de Montréal, 22 septembre 1990

Je voudrais qu'on brise cette gangue [de la politique partisane] pour que le talent de tous les jeunes puisse éclater dans toutes les disciplines et que nous soyons parmi les meilleurs. Pourquoi nos meilleurs ne seraient-ils pas parmi les meilleurs ?

Possibles, hiver 1991

Ce qui les distingue d'abord [de ma génération], c'est leur rapport avec la politique. Il est plus vrai, moins carriériste, moins crispé qu'il ne l'était, par exemple, pour les étudiants en droit des années soixante.

Le Journal de Montréal, 21 janvier 1991

Je trouve cela affreux ce qui arrive aux jeunes et je ne veux pas l'accepter. Quand les jeunes sont en désaffection, qu'ils ne croient plus aux institutions ni aux dirigeants politiques, c'est inquiétant. Ils n'ont pas la flamme et ne croient plus qu'on travaille pour eux, à aménager des choses qu'ils devront poursuivre eux-mêmes. [...] Les politiciens de mon âge doivent essayer de les motiver. Pour ça, il faut qu'on renouvelle la pensée politique mais je pense qu'on tourne un peu en rond.

Le Soleil, 20 février 1995

Je ne vous souhaite pas de passer encore 25 ans à lire tous les matins dans les journaux le compte rendu de la dernière chicane constitutionnelle. Est-ce que les jeunes de 18-20 ans vont décider de recommencer encore la vieille *game* qu'on perd du seul fait de la jouer, parce qu'on sait que c'est voué à l'impossible ? (DEVANT LES ÉTUDIANTS DE L'UQAM.)

La Presse, 7 septembre 1995

Vous avez la chance extraordinaire d'avoir votre avenir devant vous, une chance que je vous envie. Un jour, vous pourrez dire à ceux qui vous entourent [...] : « Moi, quand j'avais 18 ans, j'ai voté pour que le Québec devienne souverain et apparaisse sur la scène du monde. Je me rappelle exactement le moment où j'ai fait ma croix dans l'isoloir. Ce fut un grand moment dans ma vie. » (CÉGEP DE LIMOILOU.)

La Presse, 24 octobre 1995

Depuis quelques années, nous pataugeons, nous *taponnons*, nous tournons en rond. Ne perdez pas de temps comme nous l'avons fait à des chicanes stériles, à des espoirs impossibles toujours déçus, dont celui de chercher les instruments de développement du Québec à l'intérieur du régime fédéral.

Le Journal de Montréal, 25 octobre 1995

Lorsque nous avions leur âge et que nous en avons eu besoin, la collectivité québécoise a été envers nous d'une grande générosité. Aujourd'hui, il nous revient de faire preuve de solidarité et de générosité envers les jeunes Québécois. J'allais dire que c'est notre devoir. Je dirais plus simplement que c'est un savoir-vivre élémentaire. (DISCOURS D'ASSERMENTATION COMME PREMIER MINISTRE.)

Québec, 29 janvier 1996

J *ob de bras*

En rapatriant la Constitution, Jean Chrétien a fait un *deal* contre nous autres, une job de bras contre le Québec.

La Presse, 27 novembre 1991

J *ohnson, Daniel*

Ce que nous avons vu d'Ottawa du comportement de M. Johnson dans des dossiers essentiels pour le Québec nous fait conclure plus que jamais à sa complaisance, à son laxisme, à sa mollesse quand il s'agit de défendre les intérêts du Québec.

La Presse, 3 août 1994

Élire Daniel Johnson, ce serait confier la destinée du Québec à Jean Chrétien. Jean Chrétien aurait carte blanche. [...] Voter Johnson, c'est le Québec qui baisse la garde, qui enlève son gardien de but. C'est comme si on acquiesçait au rapatriement de 1982. (CAMPAGNE ÉLECTORALE POUR LE PARTI QUÉBÉCOIS.)

Le Devoir, 8 août 1994

Pour ce qui est du faiseur de leçons, celui qui a été président du Conseil du Trésor a été incapable de contrôler les dépenses et a laissé un déficit de

5,7 milliards de dollars en partant. Il est incapable de faire des leçons d'arithmétique à qui que ce soit. Celui qui a levé une surtaxe rétroactive sur les salaires ne peut pas nous dire quoi que ce soit en matière de comptabilité économique. (RÉPONSE À DANIEL JOHNSON QUI L'ACCUSAIT DE NE RIEN CONNAÎTRE À L'ÉCONOMIE.)

Le Soleil, 16 octobre 1995

Le programme constitutionnel de Daniel Johnson, c'est ce qu'il attend de Ralph Klein, de Mike Harris, de Clyde Wells et de Jean Chrétien.

Le Soleil, 16 octobre 1995

C'est pas un avenir qu'il nous propose, c'est une pathologie !

Le Point, 21 octobre 1995

Il déclare que si le Québec devient souverain, il n'est pas sûr si on pourra garder le territoire. Chose certaine, il ne faudrait pas qu'il soit là au moment où cela va arriver, parce qu'il ne se battrait pas très fort pour nous autres... [...] Y a jamais un chef de parti, au Québec, qui a laissé entendre qu'il pourrait baisser sa garde à l'occasion d'une sécession.

La Presse, 31 janvier 1996

J*onquière*

C'est mon comté naturel, c'est là que je connais le nom des rues.

La Presse, 22 novembre 1995

J*oueur (mauvais)*

Pourquoi pas 80 % ? Pourquoi pas 90 % ? Ça va être bien mieux ! Je dirais que le gouvernement fédéral se comporte en mauvais joueur. Un mauvais joueur qui pipe les dés avant le jeu pour ne pas perdre la partie. Ce n'est pas Ottawa qui va fixer la barre de la démocratie. C'est ridicule et c'est honteux ! (RÉACTION À L'«HYPOTHÈSE DE TRAVAIL» D'EXPERTS FÉDÉRAUX SELON LAQUELLE LE POURCENTAGE DE OUI REQUIS

La Presse, 31 janvier 1996

Journalistes

Je constate qu'il y a plus d'éditorialistes fédéralistes que [d'éditorialistes] souverainistes. C'est la loi du genre. Mais on vit dans une société démocratique, avec la liberté de la presse. Je me console en disant qu'il y a plus de citoyens ordinaires que de gens qui font des éditoriaux.

Le Soleil, 25 mai 1995

Journalistes anglophones

Ils sont en croisade. On les compte sur les doigts de la main, les gens qui font encore du journalisme au Canada anglais quand il s'agit de la question nationale. Ils sont drapés dans le drapeau [canadien] et ils nous traitent comme des adversaires. C'est un peu inquiétant. À leur place, je me poserais des questions...

Le Devoir, 2 mai 1995

Journaux (anglophones)

Je me rappelle, lorsque j'ai été nommé à Paris, j'ai vu dans les journaux anglais* des articles qui affirmaient que Lucien Bouchard n'était pas qualifié pour le poste [d'ambassadeur]. On disait qu'il s'agissait d'une nomination purement partisane. On répétait que je n'étais pas connu à Ottawa. Pendant ce temps, au Québec, personne n'a mis en doute ma compétence. [...] Il n'y a personne qui m'a téléphoné pour vérifier quelle sorte d'imbécile j'étais, mais ils l'ont quand même écrit. Comme ils ont écrit que les députés québécois élus en 1984 n'étaient pas de première classe. (*ANGLOPHONES.)

Le Devoir, 4 octobre 1989

Jugement (définitif)

J'estime que les intérêts, légitimes, des deux peuples qui forment le Canada sont contradictoires et ne peuvent être réconciliés au sein du cadre fédéral, comme l'atteste amplement l'histoire récente du pays.

La Presse, 10 février 1996

J*uive (communauté)*

J'ai la certitude que le Québec de demain, qu'il demeure fédéraliste ou devienne souverain, ne pourra perdre de vue la place importante que tient chez lui, en son sein, la communauté juive québécoise.

La Presse, 31 mars 1993

J*ustice*

J'ai pratiqué le droit durant 20 ans et je peux témoigner que la justice au Canada est entre de bonnes mains, que nous avons des juges responsables et en permanence conscients de leurs obligations.

Chambre des communes,
1er septembre 1988

J*ustice sociale*

Quand les finances vont mal, on frappe sur les démunis. Quand le gouvernement gaspille trop, quand il y a eu une mauvaise gestion des fonds publics, on frappe les démunis. C'est assez ! [...] On peut aller chercher de l'argent dans les dépenses excessives, du côté militaire, dans le gras du gouvernement et dans les abris fiscaux improductifs. Il faut couper là où ce serait faire œuvre de bon sens et de justice sociale.

Le Devoir, 13 octobre 1993

K

Klein, *Ralph*

Ralph Klein est un homme très chaleureux, très ouvert. Il négocie ferme et peut tenir son bout. C'est aussi un homme de discussion, avec lequel il est possible de s'entendre. [...] C'est un politicien moderne, pragmatique, et son élection constitue une bonne nouvelle pour le Québec. (À PROPOS DU NOUVEAU PREMIER MINISTRE ALBERTAIN.)

La Presse, 8 décembre 1992

K.-*O.*

Sur le moment, on ne réalise pas. [...] J'étais sonné comme un boxeur. Pour la première fois de ma vie, je me suis trouvé dans une situation entre la vie et la mort. (À PROPOS DE SA LUTTE CONTRE LA BACTÉRIE «MANGEUSE DE CHAIR».)

Radio-Canada, *Le Point*,
19 février 1995

L

Lac-Saint-Jean

La plupart des habitants du Lac-Saint-Jean sont nés dans une ferme et leur père était cultivateur. Mon père est né là-bas, en 1905, puis il s'est marié et a habité la maison paternelle jusqu'à l'âge de 35 ans, chose courante à l'époque. Premier enfant de la famille, c'est là que j'ai vu le jour.

Continuité, printemps 1988

Les gens sont très accueillants, pas méfiants du tout, mais pas naïfs pour autant. C'est plutôt paradoxal : ces gens qui ont été élevés dans un milieu relativement fermé, assez retiré – la première route importante qui nous a reliés à Québec a été ouverte dans les années cinquante – n'ont pas d'attitude xénophobe. Au contraire, ils sont très ouverts et sortent facilement de la région. [...] Ils aiment le langage, ils aiment s'exprimer et possèdent leur franc-parler.

Continuité, printemps 1988

Quand je reviens, je me sens [ici] chez moi. C'est comme si je n'étais jamais parti. Et ce qui m'impressionne, c'est l'espace, la nature, la chaleur et la vérité des rapports humains.

Continuité, printemps 1988

Mon grand-père, mon père sont enterrés à Saint-Cœur-de-Marie, là où je suis né. J'ai toujours vécu ici, quand mes obligations ne me retenaient pas

215

ailleurs. Non seulement je suis originaire de la région, mais j'y ai aussi de profondes racines et je connais bien les problèmes et les besoins de la population.

Le Quotidien du Saguenay–Lac-Saint-Jean,
13 juin 1988

Lafleur, Guy

Les Québécois vont comprendre qu'il peut parler de hockey avec intelligence et crédibilité, mais s'il décide de parler de politique, c'est autre chose... (AU SUJET DE L'ENGAGEMENT DE L'EX-NUMÉRO 10 DU CANADIEN ET DES NORDIQUES DANS LE CAMP DU OUI À L'ENTENTE DE CHARLOTTETOWN.)

La Presse, 1er octobre 1992

Guy Lafleur votera OUI, *so what?*
Le Soleil, 1er octobre 1992

Larguez les amarres!

Le bateau, avec ce parti [libéral], est échoué sur la plage et, au lieu de le relancer, on s'apprête à le mettre en cale sèche. [...] La place du Québec est au large et non pas en rade. (EN CROISIÈRE SUR LE LAC SAINT-JEAN. CAMPAGNE ÉLECTORALE POUR LE PARTI QUÉBÉCOIS.)

La Presse, 9 août 1994

Leader (grand)

M. Parizeau est le premier ministre du Québec, c'est évident. C'est lui, le grand leader souverainiste. Je le sais. Je sais aussi qu'il peut tout décider tout seul. Mais pour gagner [le référendum], il faut être ensemble. (À PROPOS DES RÉTICENCES DE JACQUES PARIZEAU PAR RAPPORT AU «VIRAGE» QUE LUCIEN BOUCHARD TENTE D'IMPOSER À L'OPTION SOUVERAINISTE POUR ACCROÎTRE SES CHANCES DE SUCCÈS.)

Radio-Canada, *Midi Quinze*, 10 avril 1995

Leadership

Les Québécois ont souvent cherché des alibis, des substituts, des solutions de remplacement [à leurs problèmes] dans les individus. Ils ont souvent eu le culte du héros et ils ont beaucoup misé sur les individus. Je ne veux pas minimiser l'importance des leaderships [...] mais un leader ne remplace pas une population. La souveraineté, il va falloir qu'elle soit d'abord dans le cœur des Québécois. Qu'il y ait des leaders qui essaient de tracer la voie, oui ! Mais ils ne vont pas remplacer l'adhésion populaire.

Le Soleil, 20 février 1995

Leclerc, Félix

Retiré dans son île qu'il chérissait, Félix Leclerc a accroché ses souliers pour de bon. Il nous laisse tous orphelins, lui grâce à qui nous avons existé un peu plus.

La Presse, 9 août 1988

Lectures (premières)

Il n'y avait pas la télévision à Jonquière, à tout le moins jusqu'en 1955. La culture, c'était la lecture, pour ceux qui avaient la chance d'y accéder. Je me souviens, j'avais lu tous les livres de la bibliothèque paroissiale.

Continuité, printemps 1988

On ne peut imaginer aujourd'hui le délice qu'a été, pour des garçons de 10 à 12 ans privés de livres, la découverte de centaines de volumes inconnus. Je fis des ravages dans la collection « Signe de Piste », les aventures de Biggles et de Worrals, les œuvres de Jules Verne, de Carl May, plus tard de Dickens, Balzac et Hugo. Certains jours, j'ai dévoré jusqu'à deux livres. (À PROPOS DE LA BIBLIOTHÈQUE DES FRÈRES ENSEIGNANTS AU COLLÈGE DE JONQUIÈRE.)

À visage découvert, Boréal, 1992

Légitimité (double)

Le Bloc québécois est le seul moyen de nous débarrasser des méfaits de la double légitimité. Siégeant à deux paliers, et aussi légitimement les uns

que les autres, nos élus [...] prétendent tous parler au nom des Québécoises et des Québécois, sèment la confusion et divisent le Québec. La dynamique des partis fédéraux transforme immanquablement les ministres et les députés du Québec en champions du pouvoir de dépenser et en envahisseurs de juridictions provinciales. [...] La double légitimité est ce qui permet au Canada de nous faire les pires coups, avec la caution des députés fédéraux du Québec.
(ASSEMBLÉE DE LANCEMENT DU BLOC QUÉBÉCOIS.)

Sorel, 15 juin 1991

L eitmotiv

La souveraineté, c'est le changement fondamental dont dépendent tous les autres changements.

Le Devoir, 26 octobre 1995

L esage, Jean

On l'oublie peut-être mais Lesage fut un grand homme politique. J'ai beaucoup d'admiration pour tout ce qu'il a fait. Évidemment, il y a aussi René Lévesque. Le couple Lesage-Lévesque, c'est quelque chose de très important dans notre histoire contemporaine.

Possibles, hiver 1991

J'ai beaucoup d'admiration pour Jean Lesage. J'ai beaucoup été impressionné par lui. C'est lui qui m'a amené au Parti libéral. J'ai admiré cet homme qui était fier, qui était fort.

Radio-Canada, *Raison-Passion*,
10 septembre 1992

En 1964, il s'était donné comme objectif d'arracher du gouvernement fédéral qu'il se retire de 19 secteurs où le Québec voulait évoluer seul. Devant un refus, il s'est levé et a claqué la porte. Quand il est revenu à la table, les négociations finies, il avait obtenu ces 19 retraits et la création de la Caisse de dépôt. C'est la différence entre quelqu'un qui se tient debout et quelqu'un qui a le vertige en marchant debout. (ALLUSION À L'ATTITUDE DE ROBERT BOURASSA VIS-À-VIS DE L'ENTENTE DE CHARLOTTETOWN.)

La Presse, 22 octobre 1992

L*évesque, René*

René Lévesque, c'est un [Robert] Cliche qui a réussi, qui a été reconnu par les siens, un social-démocrate lui aussi qui voulait faire au Québec ce que Cliche voulait faire à Ottawa, qui s'est presque rendu jusqu'à la Terre promise pour se faire briser par une cassure dans l'élan québécois vers l'indépendance, brisé aussi par quelque chose de pas très honorable du côté du fédéralisme : les trucs, les petits complots nocturnes. Lévesque, c'est aussi une leçon en politique, de ne pas être trop naïf, de faire confiance mais jusqu'à un certain point seulement.

L'actualité, 15 mai 1990

M. Lévesque était un homme d'instinct. Son moteur, c'était les tripes, l'émotion au sens le plus noble du terme. Rien d'important ne se fait en politique sans l'émotion.

La Presse, 25 mars 1991

On sait quel drame il a vécu à la fin de sa vie. Cet homme-là a été détruit par la politique. Détruit par nous [Québécois]. C'est nous qui avons détruit Lévesque, quand on l'a envoyé au front sans fusil, quand on lui a coupé les jarrets pis dit : « Allez vous battre contre Trudeau pis les Anglais ! »

Le Mouton noir, Jacques Godbout, 1991

René Lévesque, c'est l'homme qui symbolise la fierté québécoise.

Le Soleil, 9 septembre 1992

L*eviers*

En dépit des entraves que leur impose le régime fédéral, les Québécoises et les Québécois ont réussi à se doter de leviers originaux pour promouvoir et contrôler leur développement économique : le Mouvement Desjardins, la Caisse de dépôt, le Fonds Solidarité, la SGF [Société générale de financement] et combien d'autres... (ASSEMBLÉE DE LANCEMENT DU BLOC QUÉBÉCOIS.)

Sorel, 15 juin 1991

Libéral (malheureux)

Étant attiré par l'affirmation des droits du Québec que je croyais voir assumer par le Parti libéral, je suis vite devenu un libéral malheureux. Après avoir réalisé ce que Trudeau avait fait à Ottawa, je me suis senti humilié, car il traitait les Québécois avec un tel mépris...

La Presse, 2 octobre 1982

Libéral convaincu, j'avais fait la campagne de M. Trudeau et celle de M. Bourassa en 1970. C'étaient des hommes nouveaux. Ils incarnaient pour moi tout ce que nous promettaient les années soixante. Mais j'ai très vite déchanté. C'est devenu vite évident que M. Trudeau n'allait pas renouveler les rapports entre le Québec et le Canada et qu'il n'allait pas incarner les idéaux qui me paraissaient avoir animé la fièvre des années soixante. J'ai été même un peu humilié.

Le Devoir, 21 septembre 1985

Libéral (Parti)

Le Parti libéral n'est plus le Parti libéral. Il devrait même changer de nom. Ce n'est plus le parti de la résurgence du Québec, le parti qui construisait le Québec moderne, au-delà du *statu quo*. (APRÈS LE CONGRÈS SPÉCIAL DU PLQ, QUI A VU « L'*ESTABLISHMENT* DU PARTI MANIPULER CE MÊME PARTI ».)

Le Devoir, 31 août 1992

C'était le parti qui croyait [dans les années soixante] qu'il y avait assez de flexibilité dans le régime fédéral pour donner au Québec une place comme peuple et [le laisser] se développer comme tel.

Le Devoir, 31 août 1992

C'est un vrai parti, qui a une existence réelle au Québec [...] Le Parti libéral a un noyau qu'on ne peut réduire à moins de 20 %.

L'actualité, juillet 1993

L *ibéraux*

Il y a une grande tradition [nationaliste] chez les libéraux. Il y a des gens parmi eux qui se rappellent la Révolution tranquille et Jean Lesage, la Révolution tranquille qui a mis le Québec moderne au monde.

Le Devoir, 25 août 1992

Les carottes sont cuites pour les libéraux au Québec !

Le Soleil, 13 octobre 1993

L *iberté (d'action)*

Moi, je ne me sens pas conscrit. J'ai quitté un gouvernement dirigé par un ami très proche pour reprendre ma liberté d'opinion et d'action. Alors, maintenant, je ne me sens conscrit par personne.

Le Soleil, 20 février 1995

L *ibre-échange*

Nous avons besoin du libre-échange pour donner un espoir aux gens d'ici, aux jeunes pour les garder dans ce comté. L'un des éléments de solution les plus importants, c'est le libre-échange. (LUCIEN BOUCHARD VIENT D'ÊTRE ÉLU DÉPUTÉ FÉDÉRAL CONSERVATEUR DE LAC-SAINT-JEAN.)

Le Quotidien du Saguenay–Lac-Saint-Jean,
21 juin 1988

L'Accord de libre-échange avec les États-Unis n'est pas autre chose qu'une entente commerciale qui vient consacrer une réalité incontournable :

l'interdépendance des économies canadienne et américaine. [...] C'est une étape importante dans l'épanouissement du dessein économique canadien. C'est aussi l'affirmation de la place que doit prendre notre pays dans le monde. Nos rapports avec nos voisins du sud doivent de plus en plus se développer de façon responsable et adulte. La peur et le refus de la réalité ne nous conduiront nulle part.

Chambre des communes, 29 août 1988

Les gens de chez nous n'ont pas peur du libre-échange. Ils l'appellent de leurs vœux depuis longtemps. [...] Autant la société politique que le monde des affaires, l'industrie et la petite entreprise reconnaissent d'une même voix la nécessité de l'accord avec les États-Unis. Et pour des raisons qui coulent de source. Le marché américain est vital pour l'économie du Québec, qui vend aux États-Unis plus des trois quarts de sa production.

Chambre des communes, 29 août 1988

Je pense qu'on se sent plus canadien étant québécois, quand on voit que le Canada a accepté de considérer que l'ensemble du pays et l'équité du pays nécessitaient que nous acceptions le libre-échange.

Le Soleil, 22 novembre 1988

Les Québécois savent que le libre-échange va accentuer le retour à l'axe naturel de leurs échanges avec le sud. Loin de s'en plaindre, comme un certain *establishment* de Toronto, ils s'en réjouissent.

Le Journal de Montréal, 16 mars 1991

Personne ne niera que le Québec a été le fer de lance de la lutte pour la conclusion de l'Accord de libre-échange entre le Canada et les États-Unis. Sans lui, ce traité n'aurait jamais vu le jour,

La Presse, 18 avril 1991

[Advenant la souveraineté], l'urgence sera d'assurer le maintien de la participation du Québec au

Traité de libre-échange existant entre le Canada et les États-Unis. On ne voit pas quelles difficultés pourraient surgir à cet égard. Les intérêts que le gouvernement américain avait à suggérer un Traité de libre-échange avec le Canada demeureront les mêmes à l'endroit du Québec souverain, qu'il s'agisse d'accès aux ressources hydroélectriques, de commerce, de services ou d'investissements.

La Presse, 18 avril 1991

Toute réouverture du Traité de libre-échange nord-américain serait dangereuse puisque les Américains s'empresseraient de se débarrasser des mécanismes en vigueur dans les relations commerciales américano-canadiennes.

Le Devoir, 18 octobre 1993

En continuant d'être membre de l'ALÉNA, le Québec aura [...] accès aux marchés américain et mexicain aux mêmes conditions que le Canada, après des négociations qui le confirmeront comme nouveau membre à part entière de l'Accord de libre-échange nord-américain. Au sujet de l'issue de ces négociations, comment peut-on imaginer un instant l'exclusion du Québec de la zone de libre-échange que le président américain veut étendre de la Terre de Baffin à la Terre de Feu ?

Congrès du Bloc québécois,
7 avril 1995

Les Américains ne demanderont rien au Québec qu'ils ne demanderont aussi au reste du Canada [en cas de renégociation du Traité]. Le reste du Canada sera forcé d'être un allié du Québec. [...] Dans les secteurs où les Américains pourraient vouloir rouvrir l'entente, on va se retrouver dans la même situation où on était durant les négociations. [Le Canada et le Québec] vont conserver la même force parce qu'on va être unis avec des intérêts mutuels. Ça va être kif-kif.

Le Devoir, 27 septembre 1995

Livres (à l'index)

Il n'est pas question pour nous de juger la loi de l'Index. Nous n'en contestons d'ailleurs pas le bien-fondé. Au contraire, nous y voyons une mesure de prudence que son rôle de Gardienne de la Morale et de la Vérité a dictée à l'Église. Il est évident que tous les fidèles n'ont pas la maturité intellectuelle suffisante pour lire sans danger tout se qui se publie. (À PROPOS DE LA LOI DE L'INDEX DES LIVRES.)

Le Carabin,
19 octobre 1961

Certaines interdictions paraissent pour le moins « anachroniques ». Citons des romanciers comme Stendhal et Flaubert, dont les œuvres ne présentent plus aujourd'hui les dangers qui leur ont valu d'être mis à l'Index, au siècle dernier. Les fausses théories exposées dans certaines œuvres encore proscrites n'exercent à peu près plus d'emprise sur les contemporains. Une révision des livres catalogués à l'Index ne serait peut-être pas malvenue. (*IDEM.*)

Le Carabin,
19 octobre 1961

Livres (bons)

Les autorités du collège, en collaboration avec un groupe de laïcs éclairés auxquels n'échappait pas l'infériorité numérique des bons livres vis-à-vis des mauvais dans notre ville [Jonquière], ont réalisé la mise en opération d'une bibliothèque où se trouvent réunis plus de 20 000 volumes. [...] Voilà à notre avis l'arme la plus efficace qui puisse être opposée à la mauvaise littérature : une bibliothèque bien garnie. Non seulement les bons livres défendent l'intégrité des mœurs, mais encore ils propagent et développent la rectitude du jugement, une pénétration de pensée qui sont les éléments les plus caractéristiques d'une saine mentalité.

Le Cran,
30 avril 1958

L *obbies*

Le Bloc québécois est libre des lobbies et des puissances de l'argent. (AU SUJET DU «FINANCEMENT POPU-
LAIRE» DE LA CAMPAGNE ÉLECTORALE DU BLOC QUÉBÉCOIS.)

La Presse, 12 septembre 1993

L *ogique*

Le Canada se révélera d'autant plus comme puis-
sance économique que les deux groupements ethniques qui le composent seront plus unis entre eux. En
matière d'économie comme ailleurs, la logique veut
que la densité de population soit intimement liée à la
prospérité d'un pays. Dans ces conditions, sommes-
nous donc si nombreux au Canada que nous puis-
sions, impunément, nous retrancher au Québec dans
une attitude nettement isolationniste et entraver ainsi
les efforts de près de cinq millions de Canadiens
français dans l'édification d'un Canada grand et
fort? Nous n'en avons pas le droit!

Le Réveil de Jonquière, 20 février 1957

L *oi C-72*

Les avantages qu'on va aller chercher [avec ce
projet de loi] pour les francophones en dehors du
Québec sont bien plus considérables que les petits
dangers qui sont là et les pressions politiques qui
pourraient s'exercer sur le Québec.

Le Soleil, 28 mai 1988

Ce projet de loi manifeste clairement l'engagement du gouvernement fédéral de favoriser l'épanouissement des minorités de langue officielle,
d'assurer leur développement et de promouvoir la
pleine reconnaissance des deux langues officielles.

La Presse, 29 mai 1988

Ce ne serait pas plus concevable de laisser entre
les mains du gouvernement du Québec la survie de
la minorité anglophone [que d'abandonner les francophones hors Québec entre les mains des pouvoirs

provinciaux]. Ce ne serait pas concevable que le fédéral fasse une chose comme celle-là.

Le Journal de Montréal, 8 juin 1988

Ce projet de loi est essentiel car il procède de la nécessité d'assurer, d'affirmer et de nourrir le caractère profondément dualiste de ce pays. [...] Son adoption constituera bien sûr une garantie pour nos minorités linguistiques. Mais elle prendra aussi la forme d'un engagement solennel à l'égard d'une vision ouverte, tolérante et généreuse du Canada, la seule qui soit viable et digne des Canadiens et des Canadiennes.

Sénat du Canada, 20 juillet 1988

Il n'y a rien dans les politiques fédérales qui puisse justifier la moindre inquiétude de la part de M. Parizeau. (RÉPONSE AU CHEF PÉQUISTE QUI VOYAIT DANS LE PROJET DE LOI C-72 UNE «MACHINE À BILINGUISER» LE QUÉBEC.)

La Presse, 27 juillet 1988

C'est épouvantable de dire qu'on veut bilinguiser le Québec, puisque la presque-totalité des sommes prévues aux programmes est versée au gouvernement québécois lui-même, qui décide ce qu'il en fait. (*IDEM.*)

La Presse, 30 juillet 1988

Il n'est jamais venu à l'idée de M. Parizeau de dénoncer la progression du bilinguisme au Québec alors qu'il était ministre des Finances et que le gouvernement fédéral consentait, de 1976 à 1985, un total de 800 millions de dollars au titre de l'enseignement du français et de l'anglais langue seconde. (*IDEM.*)

La Presse, 30 juillet 1988

Le rôle de promotion des langues officielles peut être assumé de plein droit à la fois par le Parlement et par les législatures provinciales, chaque palier prenant en charge ses responsabilités spécifiques. [...] Il nous paraît éminemment possible de poursuivre au Québec, sans contradiction, les objectifs de promotion de la langue française et le respect des droits de la minorité d'expression anglaise.

Le Soleil, 19 août 1988

Loi 86

Cette décision [le retour au bilinguisme] va rouvrir des plaies très mal cicatrisées au moment où on a besoin de concertation et de solidarité. Ça va se faire sur le dos de l'harmonie sociale et politique au Québec. (À PROPOS DU PROJET DE LOI PRÉVOYANT LE RETOUR AU BILINGUISME DANS L'AFFICHAGE COMMERCIAL.)

Le Devoir, 26 avril 1993

Tout ce que fait le projet de loi 86, c'est de jeter du lest. M. Bourassa ouvre des brèches sans rien colmater. Je crois que c'est une attitude irresponsable qui va diviser le Québec.

Le Devoir, 13 mai 1993

C'est une mauvaise loi, dangereuse, qui altère l'équilibre de la loi 101 et fait voler en éclats la paix linguistique et compromet la sécurité du français pour l'avenir. [...] On plonge le Québec dans la confusion, dans la division, dans la chicane linguistique. C'est [...] irresponsable.

Le Devoir, 18 mai 1993

Loi 101

Être ainsi la cible de l'ONU, il faut le faire ! On ne peut pas y rester indifférent. [...] Ça coûte cher au Québec en termes de réputation internationale. (ALLUSION À LA CRITIQUE PAR L'ONU DE L'INTERDICTION DE L'ANGLAIS DANS L'AFFICHAGE COMMERCIAL.)

La Presse, 17 mai 1993

Loi 178

Je reconnais que la loi 178 est une affaire épouvantable. Les anglophones ont été trompés par le premier ministre. Je reconnais que ce fut

227

traumatisant pour eux. Je ne me sens pas à l'aise avec la loi 178. Moi, interdire une langue, empêcher que l'anglais soit utilisé, je ne suis pas fort là-dessus.

(À PROPOS DE LA LOI SUR L'AFFICHAGE COMMERCIAL EN ANGLAIS.)

La Presse, 13 juin 1991

J'ai toujours trouvé quétaine le fait d'établir une distinction entre affichage intérieur et affichage extérieur.

Voir, 4 juin 1992

Ce qui me fatigue, avec la loi 178, c'est le fait de proscrire l'affichage d'une langue. Je trouve ça difficile à faire passer. C'est bien sûr qu'il y a un aspect symbolique dans le fait de préserver le visage français du Québec, mais ça nous coûte tellement cher au point de vue de la crédibilité internationale que ça devient un antisymbole. Il va falloir faire une évaluation coût/qualité de cette loi car, pour l'instant, on paie un très gros prix pour pas grand-chose.

Voir, 4 juin 1992

La loi sur l'affichage est mauvaise pour notre réputation. La meilleure solution serait qu'il n'y ait plus de telles lois au Québec. [...] Avec la souveraineté, il serait plus facile de se débarrasser d'une telle législation. [...] J'entrevois un Québec dans lequel les deux langues pourront s'exprimer complètement librement.

La Presse, 31 mars 1993

Love

Les Québécois sont ceux dans le monde qui aiment le plus les États-Unis.

Le Devoir, 18 octobre 1993

Lucidité

Une promesse de politicien ne vaut pas une garantie juridique.

La Presse, 2 octobre 1990

Lumière

Il faut persuader les citoyens que l'effort [d'austérité] qui leur est demandé est un passage vers la lumière. [...] Il faut les convaincre que ce qu'on leur demande aujourd'hui, c'est pour demain et après-demain.

Le Devoir, 26 février 1996

Lutte des classes

Le référendum [sur Charlottetown] sera un test pour savoir qui va gagner entre l'argent et le peuple, c'est-à-dire entre d'une part les *establishments* et les présidents de banque et d'autre part les Québécois.

Le Devoir, 29 septembre 1992

Lyrisme

Il faut envoyer à Ottawa des hommes et des femmes libres, qui ne travailleront que pour le Québec et qui ne seront pas prisonniers du système fédéral. Affranchissons-les ! Ouvrons les portes des prisons et envoyons un homme libre comme Gilles Duceppe à Ottawa ! (CAMPAGNE POUR L'ÉLECTION PARTIELLE D'AOÛT 1990 À LAURIER–SAINTE-MARIE.)

La Presse, 12 juillet 1990

ABCDEFGHI
JKLMNOPQ
RSTUVWXYZ

M. le Maudit

Si quelqu'un s'avisait de tourner un film sur la saga du lac Meech, il risquerait de le voir interdire par la censure. La morale exige en effet que les dernières images montrent les bons récompensés, les méchants punis et les victimes triomphantes. Mais le metteur en scène, s'il est soucieux de vérité historique, devra faire un film maudit.

> *Le Journal de Montréal*, 27 octobre 1990

M *aastricht (Traité de)*

Le Traité de Maastricht a élargi le processus d'intégration économique au domaine de la politique monétaire en fixant l'objectif d'une monnaie commune avant la fin du siècle. Il a mis en place un processus de collaboration politique et convenu d'une ligne de conduite commune en matière de défense et de politique étrangère. [...] Si, comme le clament souvent les médias canadiens, l'Union européenne représente la voie de l'avenir, pourquoi ne pas proposer ce modèle comme solution à notre problème national ? [...] Les dispositions prévues dans le Traité de Maastricht seraient beaucoup plus faciles à négocier entre le Québec et le Canada qu'entre 12 États très différents les uns des autres.

> Réponse au discours du Trône, 19 janvier 1994

M *achine (à broyer)*

Chaque fois qu'on a envoyé des Québécois à Ottawa, ceux qui se sont battus pour les intérêts du

Québec ont été brisés par la machine. Ceux qui sont restés, même avec les meilleures intentions, dès lors qu'ils restent dans le moule des vieux partis, sont muselés.

La Presse, 17 septembre 1993

McKenna, Frank

M. McKenna me fait penser au loup qui lance des appels empressés à la protection de la bergerie qu'il vient de saccager. (À PROPOS DE LA RESPONSABILITÉ DU PREMIER MINISTRE DU NOUVEAU-BRUNSWICK DANS L'ÉCHEC DE L'ACCORD DU LAC MEECH.)

Chambre des communes, 22 mai 1990

Le nom de M. McKenna est chargé, pour moi, car c'est lui qui a attaché le grelot de l'assassinat de [l'Accord du lac] Meech. Il ne faudra jamais oublier dans l'histoire du Canada et du Québec que celui qui, le premier, a tiré sur Meech et a déclenché le mouvement qui devait tuer Meech, c'est M. McKenna.

Le Soleil, 13 mai 1994

Il n'y a rien qu'il aime plus que de dire non au Québec.

La Presse, 13 octobre 1995

Macramé

Les Canadiens anglais se trompent s'ils pensent que les Québécois veulent s'occuper de macramé, de salles paroissiales et de processions de village. (ALLUSION AU REGAIN D'INDÉPENDANTISME QUE PROVOQUERAIT UN ÉCHEC DE L'ACCORD DU LAC MEECH.)

La Presse, 8 juin 1988

Magique

Un OUI, ça a quelque chose de magique. D'un coup de baguette, ça transforme toute la situation. Ça provoquera chez nous la solidarité et le ralliement.

La Presse, 17 octobre 1995

Maginot (ligne)

Nous ne défendrons pas la langue dans une forteresse, en nous isolant derrière une ligne Maginot. Il faut que le français s'affirme lui-même !

Le Soleil, 18 avril 1987

Mai 1980, 20

Je crois que les Québécois ont voulu régler le problème, même si ça leur faisait mal. Je connais des gens qui ont voté NON, qui auraient peut-être voté OUI mais qui voulaient mettre fin à cette lancée un peu irréaliste qu'ils sentaient autour d'eux et qui occultait le paysage politique. Il y en a beaucoup qui ont voté OUI, mais pas pour la séparation.

Le Devoir, 21 septembre 1985

J'ai voté OUI au référendum, comme la population du Saguenay–Lac-Saint-Jean, parce que, essentiellement, le gouvernement réclamait un mandat pour négocier avec Ottawa. Il n'était pas question de se séparer du Canada.

L'actualité, novembre 1985

La majorité des Québécois se sont alors accrochés à la promesse solennelle qu'une réforme du fédéralisme canadien suivrait un NON à la question référendaire. Ils ont alors misé sur cet engagement fédéral pour satisfaire à leur besoin d'autonomie, révélé, en même temps qu'accru, par l'effervescence des années soixante. Ils se voyaient déjà conférer les pouvoirs que, d'une conférence constitutionnelle à l'autre, on leur avait refusés.

Traces, novembre-décembre 1991

En 1980, je n'ai jamais pensé, moi, que les Québécois avaient dit NON au Québec souverain. Ils ont voulu donner une autre chance au Canada, acheter du temps, espérant peut-être que ça allait se régler. On sait ce qui est arrivé.

Richelieu, 2 mai 1993

En 1980, les souverainistes ont fait une erreur. René Lévesque, voulant composer avec la timidité de l'appui à la souveraineté, avait imaginé poser une question molle pour le Canada. La question était longue, mais on peut la résumer en deux mots. C'était : « Est-ce que vous autorisez le gouvernement actuel à négocier la souveraineté-association ? »

La Presse, 11 juin 1994

Depuis ce NON, le Québec n'est plus le même. Le Québec que nous avons connu dans les années soixante, le Québec debout, le Québec en marche, le Québec fier de lui et éveillé aux choses du monde, le Québec qui dominait sa peur et entrait enfin dans le grand jour de son destin, s'est brisé sur le mur de son NON en 1980.

La Presse, 22 octobre 1995

Main-d'œuvre (formation de la)

Les chicanes de compétence empêchent l'adoption de politiques cohérentes. Sur le seul plan de la formation de la main-d'œuvre, le gouvernement fédéral administre 27 programmes, alors que, pour sa part, le Québec en gère 25. Bien sûr, tous ces programmes ont des standards, des critères, des exigences et des formulaires différents. Comment un citoyen normalement constitué peut-il s'y retrouver ?

Empire Club, Toronto,
20 septembre 1993

En matière de formation de la main-d'œuvre, la présence du gouvernement fédéral constitue [...] une nuisance. Au Québec, il y a unanimité pour réclamer son retrait total. Le ministre québécois de la Main-d'œuvre a même évalué à 250 millions de dollars par année le gaspillage de ressources attribuable à la présence de 2 gouvernements dans ce champ de compétence, sans compter les coûts d'inefficacité et de confusion qui résultent de cette situation.

Québec, 7 octobre 1993

Maison

Il faut amener les Canadiens à comprendre la volonté clairement exprimée des Québécoises et des Québécois d'habiter leur propre maison, tout en maintenant des relations harmonieuses avec leurs voisins. (ASSEMBLÉE DE LANCEMENT DU BLOC QUÉBÉCOIS.)

Sorel, 15 juin 1991

«**M**aîtres chez nous»

C'est du «Maîtres chez nous» de Jean Lesage que procède à peu près tout ce qui s'est passé au Québec sur le plan politique depuis 30 ans. Les souverainistes mêmes prennent leurs racines dans ça. On sait bien que quand il l'a dit, lui, ce n'était pas pour la souveraineté. C'était pour la possibilité d'être maîtres chez nous dans le cœur de la fédération. (ALLUSION AU SLOGAN MIS À L'HONNEUR PAR LE PREMIER MINISTRE JEAN LESAGE AU DÉBUT DES ANNÉES SOIXANTE.)

La Presse, 10 octobre 1992

Ce n'est pas gênant d'être «Maîtres chez nous» après avoir tout essayé. Tous les vocables du dictionnaire y ont passé. [...] Ou bien on fait ce que Daniel Johnson père, Jean Lesage et René Lévesque ont fait ou bien on déchire notre histoire et on accepte d'être une province comme l'Île-du-Prince-Édouard. (IDEM.)

Le Soleil, 24 août 1995

Majorité

Nous devons nous incliner devant l'opinion de la majorité. Notre premier devoir est de nous comporter en démocrates. (APRÈS QUE LE OUI AIT PERDU, DE 26 000 VOIX, LE RÉFÉRENDUM SUR LA SOUVERAINETÉ.)

La Presse, 31 octobre 1995

Pour le peuple québécois et l'ensemble de ses partis représentés à l'Assemblée nationale, la règle cardinale exige que la majorité du peuple tranche, ne serait-ce que par une seule voix, ou par 26 000. Le

30 octobre, les souverainistes étaient minoritaires et ils ont respecté le verdict.

La Presse, 10 février 1996

Maladie (honteuse)

Ce n'est pas une maladie d'être souverain. Les Américains sont souverains. Les Britanniques sont souverains. Les Français sont souverains. Les Allemands sont souverains. Ils sont tous souverains à part nous autres. Il s'agit rien que d'être comme les autres.

Richelieu, 2 mai 1993

Malaise canadien

Chaque fois que ce pays a voulu ou a dû prendre des décisions lourdes, du genre de celles qui mettent au jour sa nature profonde, il est entré en crise. Au lieu de se retrouver conforté dans l'épreuve, électrisé par un défi, uni par la confiance, soudé par l'espoir comme un pays normal, il s'est au contraire douloureusement divisé. De l'affaire Riel aux écoles du Manitoba, de la Conscription de la Première Guerre mondiale à celle de la Deuxième, du rapatriement de 1982 à l'adoption du libre-échange, ce furent, chaque fois, les mêmes plaies qui se sont ouvertes, les mêmes tensions qui ont déchiré la même fragile solidarité selon les mêmes lignes de fracture.

Canadian Club, Montréal,
29 octobre 1990

Malentendu

Les Canadiens et les Québécois ont beaucoup en commun : leur respect de la démocratie, leur grande ouverture aux gens d'autres cultures et leur fascination pour leurs voisins du sud. Les uns comme les autres aiment leur pays. Le problème, et il ne date pas d'hier, c'est qu'il ne s'agit pas du même pays.

Réponse au discours du Trône,
19 janvier 1994

236

Manichéisme

On ne peut plus lire la politique canadienne en termes manichéens. Il n'y a pas le Québec d'un côté et les Anglais de l'autre. Ce n'est pas si simple que ça.

Le Devoir, 21 septembre 1985

Manifestations

Les manifestations sont un ingrédient de la vie quotidienne. Il s'agit d'une activité très démocratique. (AU SUJET DES RÉACTIONS NÉGATIVES QUE POURRAIT SUSCITER SA POLITIQUE D'AUSTÉRITÉ.)

Le Devoir, 26 février 1996

Manning, Preston

Les Canadiens anglais ne veulent pas du Québec si le Québec n'accepte pas leur Canada à eux. Le porteur de cette vérité, c'est M. Manning. Il fallait que le mouvement de franchise parte des plaines de l'Ouest. On ne joue pas avec les mots, là-bas.

Le Journal de Montréal,
27 avril 1991

M. Manning est de la même trempe que M. Wells. Sa façon à lui de respecter les Québécois est de leur parler franchement. Et de leur faire comprendre qu'il n'y a pas de place pour un Québec distinct dans son Canada à lui.

Le Journal de Montréal,
27 avril 1991

Il est très civilisé, très correct. [...] C'est un homme respectable. [...] L'homme se situe à un niveau qui va nous permettre d'échapper à des chicanes.

La Presse, 13 octobre 1993

Ses positions sont folkloriques, irresponsables et tout à fait étrangères à la notion même de ce que sont le Canada et le Québec. M. Manning ne comprend pas le Québec, manifestement, et il ne comprend même pas le Canada. (À PROPOS DE LA QUESTION LINGUISTIQUE.)

Le Devoir, 21 avril 1994

Manœuvre (marge de)

De conférences fédérales-provinciales en conférences constitutionnelles, pour ne rien dire des commissions royales d'enquête, bien mince a été l'accroissement de la marge de manœuvre du pouvoir politique québécois.

Université du Québec à Hull,
7 octobre 1990

Si l'on parvenait à réduire de 16 % à 6 % la part des dépenses consacrée au remboursement des intérêts sur la dette, c'est une marge de manœuvre de 10 % que se donnerait l'État québécois pour réduire son déficit, pour réinjecter une partie des économies dans les programmes sociaux ou encore pour diminuer les impôts. C'est ça, la capacité retrouvée de l'État québécois de pouvoir faire des choix.

Chambre de commerce de Laval,
6 décembre 1995

Nous, du gouvernement et de l'Assemblée nationale, sommes les dépositaires de l'outil collectif des Québécois, nous sommes les gardiens de sa santé, nous sommes responsables de son dynamisme. Nous prenons donc l'engagement, ici, aujourd'hui, de nous appuyer sur la volonté des Québécois pour rendre à leur État sa liberté de mouvement, pour lui redonner sa marge de manœuvre, sa capacité d'inventer et de voir grand. (DISCOURS D'ASSERMENTATION COMME PREMIER MINISTRE.)

Québec, 29 janvier 1996

Marchés (fluctuation des)

Il est de l'essence des marchés financiers de fluctuer constamment, un peu en haut, un peu en bas. C'est la résultante d'un ensemble de choses extrêmement touffues qui ne sont pas du tout localisées, qui sont de plus en plus globales. Un événement qui survient en Asie peut, le lendemain, se répercuter sur nos cours de change.

La Presse, 15 septembre 1995

Marchés financiers

Ce dont les marchés ont besoin, c'est d'une continuité. Ils n'aiment pas être surpris. Ce sont les surprises que les marchés n'aiment pas. Dans la mesure où ils ne seront pas surpris par la souveraineté, je ne crois pas qu'il y ait de problèmes de ce point de vuelà, ils vont s'ajuster.

La Presse, 15 septembre 1995

Marche (longue)

La longue marche du Québec vers la souveraineté n'est pas terminée. Au contraire, ce projet est plus vivant que jamais. (AU SOIR DE LA DÉFAITE DU OUI AU RÉFÉRENDUM.)

La Presse, 31 octobre 1995

Marginal

Je vis depuis trois ans dans les autobus, dans un petit appartement et dans des hôtels minables. Je ne cherche pas à prendre le pouvoir. [...] Il y a des gens qui ne peuvent pas comprendre cela.

Le Journal de Montréal, 19 octobre 1993

Martin, Paul

M. Martin dit des choses énormes, entre autres avec son chiffre d'un million de pertes d'emplois [dans l'hypothèse d'un Québec souverain]. Mais le lendemain du OUI, il va adjurer les Québécois de garder leurs dollars canadiens et les rassurera à propos des politiques monétaires. (À PROPOS DU MINISTRE DES FINANCES DU CANADA.)

La Presse, 19 octobre 1995

Il est un homme sophistiqué, qui connaît l'impact de chaque mot qu'il prononce.

La Presse, 22 octobre 1995

Marxisme

Si l'on essaie de trouver des points de réconciliation entre marxistes et capitalistes, on risque d'errer longtemps.

L'Express, 11 septembre 1987

Masochisme

Parce que nous avons perdu le référendum [de 1980], nous devrions laisser les autres diriger le pays, façonner notre avenir et nous représenter dans le monde ? Ce serait du masochisme !

L'actualité, novembre 1985

Ce n'est pas vrai que les Québécois vont accepter que Robert Bourassa aille se mettre à genoux une autre fois devant les Canadiens anglais et puis le fédéral, après la claque dans la face qu'il nous a donnée au mois de juin 1990. C'est-ti possible qu'il continue ? Est-il à ce point masochiste ? En tout cas, nous, les Québécois, on ne l'est pas ! (APRÈS LA DÉCISION DE ROBERT BOURASSA DE REPRENDRE LES DISCUSSIONS CONSTITUTIONNELLES AVEC LE FÉDÉRAL, INTERROMPUES DEPUIS L'ÉCHEC DE MEECH.)

CHLC, Baie-Comeau, 30 avril 1992

Massacre à la tronçonneuse

Nous voulons que notre État ne soit pas appauvri ; ce serait un comble si, pour y arriver, nous appauvrissions les Québécois. Nous voulons que notre État ait une plus grande capacité à établir la justice et à assurer l'égalité des chances ; ce serait un comble si, pour y arriver, nous devions accroître l'injustice sociale et l'inégalité des chances. [...] Il n'y aura donc pas, au Québec, de *Massacre à la tronçonneuse*. Nous ne tournerons pas le dos à la solidarité et à la compassion. Le voudrait-on que nous ne le pourrions pas. Ce serait, pour nous Québécois, contre nature. (DISCOURS D'INVESTITURE COMME PREMIER MINISTRE.)

Québec, 29 janvier 1996

Match nul

Nous sortons d'un débat intense [consacré à la souveraineté] qui, en aboutissant sur une sorte de match nul, a simplement reporté à un autre rendez-vous référendaire la décision concernant notre avenir politique. [...] Le résultat du scrutin du 30 octobre a montré que, sur cette question de fond, le Québec est scindé en deux.

Candidature à la présidence du PQ,
21 novembre 1995

Matraqueur

Nous savons tous que Jean Chrétien a déjà été *de facto* choisi comme le prochain matraqueur des aspirations du Québec.

Le Soleil, 28 mai 1990

Maturité

Les Canadiens et Canadiennes ont fait preuve, à mon sens, d'un grand courage politique et leur vote est un geste de maturité. Ils ont tourné le dos aux appels de la peur. Cette victoire [du Parti conservateur] est la victoire de la raison et le Québec, qui est une société distincte à part entière, fera aussi partie d'un pays à part entière. (AU SOIR DES ÉLECTIONS FÉDÉRALES DE NOVEMBRE 1988.)

Le Lac-Saint-Jean, 22 novembre 1988

Maux (grands)

Jusqu'à la décision référendaire des Québécois et des Québécoises, les députés du Bloc veilleront à protéger l'avenir en conjurant, dans toute la mesure du possible, les maux du présent. Ces maux s'appellent chômage, pauvreté, laxisme budgétaire, chevauchements indus, menaces pesant sur les programmes sociaux, injustices fiscales, perte de confiance dans les institutions et les dirigeants politiques.

Réponse au discours du Trône,
19 janvier 1994

Meech (Accord du lac)

Renégocier l'Accord du lac Meech, ce serait rouvrir la boîte de Pandore. Ce serait faire éclater un consensus obtenu de [...] haute lutte. Ce serait compromettre ce nouveau pas fait en faveur des francophones de l'extérieur du Québec. [Ce serait], en somme, jeter le bébé avec l'eau du bain.

Halifax, 28 mai 1988

On ne peut imaginer qu'il y ait dans l'avenir un gouvernement du Québec qui puisse revenir à une table de négociations en demandant moins que ce qu'il y a dans l'Accord. Qu'on le veuille ou pas, [l'entente] va devenir un acquis politique.

La Presse, 8 décembre 1988

L'Accord du lac Meech, c'est essentiellement deux principes fondamentaux qu'on introduit dans la Constitution canadienne. Le premier, c'est que ce pays présente une dualité linguistique qui le caractérise. Le deuxième, c'est que le Québec est une société distincte par la langue, les traditions et l'identité culturelle de la majorité de ses habitants. Ces principes, qui sont le reflet de la réalité, il est très important que la Constitution canadienne les reconnaisse.

Trois-Rivières, 22 avril 1989

Moi, quand je prends l'avion, je présume que je vais me rendre à destination. Présentement, je suis dans l'avion, nous du Québec y sommes tous et nous savons que nous volons dans la bonne direction. Malheureusement, on nous dit qu'il semble y avoir un bouchon à l'aéroport, mais je pense que nous allons finir par nous poser.

La Presse, 4 octobre 1989

Cet accord n'a pas été signé par les Martiens. Ce sont eux [les chefs de gouvernement] qui l'ont signé. Il est impensable de croire qu'après tous ces tâtonnements et cette histoire longue et difficile qui nous ont amenés à cette entente tout cela avorte. S'ils croient qu'on fait tout simplement du chantage lorsqu'on dit que ça irait mal après un échec du lac Meech, ils ont juste à ne pas le ratifier, ils verront bien !

La Presse, 4 octobre 1989

J'ignore si l'échec de l'Accord du lac Meech aboutirait à une cassure politique. Je ne sais pas si le Canada parviendrait à s'en remettre. Mais je suis persuadé qu'il entraînerait une rupture psychologique et je demande à ses adversaires de bien réfléchir. Le Québec pourrait cultiver sa différence par son indifférence envers le reste du Canada.

Toronto, 18 novembre 1989

Si Meech est un arrangement minimal, les conséquences de sa répudiation, elles, risquent fort de ne pas l'être. Bien peu de gens comprendraient que soit repoussée la main tendue par le Québec à l'ensemble du pays. Encore moins de Québécois prendront à la légère qu'on les renvoie à la solitude où les a confinés, une première fois, l'ostracisme de 1982.

Le Devoir, 3 février 1990

Qu'on le veuille ou non, il restera dans l'histoire un document qui s'appelle l'Accord du lac Meech, qui va porter la signature de 11 premiers ministres, où il va être écrit que le Québec est une société distincte. Le «beau risque» aura donné ça.

L'actualité, 15 mai 1990

C'est avec hésitation que je me suis finalement rallié à l'Accord. [...] J'ai trouvé, en [le] lisant la première fois, que le Québec avait fait bon marché de son humiliation [de 1982] et de sa juste indignation. Mais, convaincu qu'on ne pouvait faire mieux, j'en arrivai à la conclusion qu'il fallait sortir du ghetto et de la prostration où nous avait confinés l'arrogante imposture de Pierre Trudeau.

Chambre des communes, 22 mai 1990

Lors d'une négociation, les parties débutent avec beaucoup de bagages, pour en venir au bout au règlement final, à l'accord des volontés. En cours de route, elles délestent des demandes pour en venir à l'essentiel. Or, en ce qui a trait au lac Meech, cette négociation a déjà eu lieu, on ne peut la refaire. Le Québec a déjà tout donné, il reste le minimum.

Le Lac-Saint-Jean, 29 mai 1990

C'est Meech tel quel, et bonjour !

Le Soleil, 7 juin 1990

Méfiance

On se méfie d'un politicien qui philosophe.

L'actualité, février 1996

Mélange (néfaste)

Ce n'est pas une façon de conduire une économie que de parler·de politique tout le temps. Et de soumettre ses décisions d'achat, ses choix d'affaires, à la politique.

La Presse, 22 mars 1996

Ménage (scènes de)

Dans un ménage qui ne marche pas, les finances deviennent quelque chose de très ardu. (À PROPOS DU COUPLE QUÉBEC-CANADA.)

Le Soleil, 27 janvier 1992

Mens sana...

Une culture bien comprise ne saurait être complète et, aussi paradoxal que cela puisse paraître, rationnelle, si elle n'envisage pas tout l'homme, c'est-à-dire et l'esprit et le corps. Certes, nous ne songeons pas le moins du monde à minimiser le rôle extrêmement important que la pensée joue chez l'homme car, en définitive, c'est elle qui le distingue essentiellement de la brute ; mais l'esprit humain en ce monde n'est qu'en fonction du corps. Ainsi donc, comme le disaient si bien les Anciens : « *Mens sana in corpore sano.* »

Le Cran, 19 février 1958

Messie

Je sais que je ne suis pas un héros. Je suis un homme comme un autre. Je ne tomberai pas dans la tentation du messianisme. [...] Un individu, comme une société, doit être prêt à se donner des objectifs qui lui font peur, qui le dépassent. (ALLUSION AUX MARQUES DE SYMPATHIE ET DE CONFIANCE PRODIGUÉES PAR LES QUÉBÉCOIS DURANT SA MALADIE.)

Radio-Canada, *Le Point*,
19 février 1995

Méticuleux

Je vérifie tout moi-même. (À PROPOS DE SON STYLE DE GESTION.)

La Presse, 27 janvier 1996

Ministre *(vie de)*

Ottawa traite bien ses ministres : personnel illimité, comptes de dépenses illimités, jet... Ce sont les ministres de rien qui voyagent le plus : sur 39 ministres, il doit bien y en avoir une dizaine qui ne font strictement rien ! Un salaire pas loin de 130 000 dollars... À part de ça tu vas jamais à la banque, c'est ton chauffeur qui fait tes commissions.

La Presse, 19 mai 1991

Ministres

Mon bureau sera toujours ouvert aux ministres, mais ils sont mieux d'arriver assez préparés pour que l'affaire se règle en 15 minutes !

L'actualité, février 1996

Minorités

Le gouvernement fédéral est investi de la responsabilité nationale et générale de protéger et de promouvoir les minorités de chacune des langues officielles.

Sénat du Canada, 20 juillet 1988

Mise au point

Je suis un Canadien. Qui peut en douter ? Je suis né canadien et nous avons été canadiens depuis 1636 au Québec. Je suis très fier d'être canadien !

La Presse, 2 avril 1988

Mitterrand, François

C'était un authentique humaniste qui a su, avec constance et hauteur de vue, engager son pays dans la modernité européenne. Il a été un leader pour l'Europe, mais également pour la communauté internationale. Il a cru à la francophonie, dans laquelle il a investi énergie et espoir.

Presse Canadienne, 8 janvier 1996

Au bout de cinq minutes consacrées au dossier que nous discutions, nous sommes restés ensemble, trois quarts d'heure. Il m'a parlé de sa famille, de sa mère, et il m'a dit : « Vous savez, monsieur Bouchard, nous n'avons jamais que le pays de notre enfance. » (SOUVENIR DE SES ANNÉES COMME AMBASSADEUR DU CANADA À PARIS.)

Assemblée d'investiture du PQ,
Jonquière, 25 janvier 1996

Modèle québécois

Le Québec dispose d'un modèle unique de développement, fondé sur la concertation, l'ouverture sur le monde, le labeur de ses travailleurs, l'entrepreneurship de sa classe d'affaires et l'innovation de ses syndicats. Sa culture traverse les frontières, ses réalisations artistiques ne cessent de prendre d'assaut la scène internationale.

Traces, novembre-décembre 1991

Au fil des ans, un modèle québécois a pris forme. Une cohésion sociale plutôt inédite sur ce continent s'est manifestée ici. Elle facilite la concertation et permet une coopération étroite entre les citoyens, entre l'État et le secteur privé, entre les institutions financières privées et publiques, entre les syndiqués et les administrations publiques. [...] Il se développe une culture de la croissance dans la concertation plutôt que dans l'affrontement. Le modèle québécois se rapproche ainsi davantage du modèle allemand ou scandinave que du modèle nord-américain ou britannique.

Un nouveau parti..., Bloc québécois, mai 1993

Le modèle québécois, c'est notre volonté, au fond, de mettre l'intérêt collectif au-dessus de nos intérêts sectoriels. C'est le refus du chacun pour soi comme valeur absolue. C'est la conjonction des idées et des bonnes volontés.

Sommet socio-économique,
Québec, 18 mars 1996

Le modèle québécois, aujourd'hui, vit son épreuve la plus difficile. Nous allons savoir vraiment [...] si notre don de la concertation est à la hauteur de nos difficultés. Nous allons savoir vraiment [...] si notre réflexe de solidarité est aussi fort que les besoins qu'il faut satisfaire. Nous allons savoir vraiment [...] si notre créativité est assez grande pour résoudre nos principaux dilemmes. Nous allons savoir si nous avons l'intelligence, les principes, le cœur et le cran qu'il faut.

Sommet socio-économique,
Québec, 18 mars 1996

Modération

Dans le fond, je suis un rationnel. J'ai un tempérament, je l'exprime. Mais vous ne trouverez pas beaucoup, dans mes discours, de phrases que je regretterais. J'ai des propos mesurés, je contrôle mes mots. Mais le ton, parfois...

La Presse, 13 octobre 1993

Moderne

Nous autres, on est prêts à regarder quelque chose comme Maastricht. Ça n'a rien de révolutionnaire que de vouloir faire ce que de bons bourgeois allemands, français et italiens ont mis sur pied : une monnaie commune, des frontières ouvertes... C'est éminemment moderne.

Le Soleil, 29 août 1993

Modeste

Je me sens modeste vis-à-vis de ce qui m'attend.

La Presse, 23 décembre 1995

Montréal

Décentraliser pour responsabiliser les régions, cela veut aussi dire appuyer et revitaliser la grande région de Montréal, qui doit demeurer le moteur du développement économique du Québec.

Chambre de commerce de Laval,
6 décembre 1995

La démographie montréalaise, la complexité de son tissu de villes et de banlieues, son rôle économique et culturel, l'ampleur des problèmes qui l'assaillent démontrent amplement que le Montréal métropolitain doit être doté d'un levier politique à sa mesure. (À PROPOS DE LA CRÉATION D'UN MINISTÈRE CHARGÉ DE LA RÉGION DE MONTRÉAL. DISCOURS D'ASSERMENTATION COMME PREMIER MINISTRE.)

Québec, 29 janvier 1996

Cette ville est et sera une métropole nord-américaine francophone, avec une composante anglophone essentielle qui façonne son histoire, son identité, sa culture et son avenir. Une métropole francophone qui est le cœur du Québec moderne et qui bat au rythme d'un mélange de cultures et de styles. [...] Nous pouvons nous enorgueillir ici d'être l'un des carrefours les plus originaux de la planète.

La Presse, 13 mars 1996

Mort (la)

C'est un grand mot de dire que j'ai vu la mort de près mais il reste que j'arrive de loin. J'ai senti passer le souffle. Et quand on est passé par là, on ressent profondément la fragilité de la vie humaine, à quel point le temps nous est compté. Par contre, quand on revient après, qu'on s'en tire, on se dit : « Le temps qui m'est donné [...], je vais l'utiliser au maximum, pour les vraies affaires. » (APRÈS LA TERRIBLE MALADIE QUI A FAILLI L'EMPORTER.)

Le Soleil, 20 février 1995

Mort (peine de)

La peine de mort, c'est une affaire sauvage qui n'a pas sa place dans un État humain, humaniste.

Le Soleil, 19 avril 1993

Mots (valeur des)

Je suis issu d'une famille, d'un milieu et d'une région où les mots parlent du cœur.

Chambre des communes, 22 mai 1990

Mou

J'entends dire parfois que, contrairement à ce qui s'est passé durant la campagne référendaire de 1980, beaucoup de jeunes font maintenant partie des mous. Rien ne m'horripile davantage que cette étiquette. Il n'y a pas de « mous ». Il y a simplement ceux qui n'ont pas encore pris leur décision, parce qu'ils n'ont pas reçu de réponse adéquate à leurs préoccupations.

Congrès du Bloc québécois, 7 avril 1995

Mouvement

Je vends à la société québécoise l'idée du mouvement. Il fallait que je fasse de même dans mon gouvernement. J'ai voulu signifier aux jeunes députés qu'ils ne sont pas condamnés à l'être jusqu'à la fin des temps et aux plus anciens qu'ils ne sont pas là

pour toujours. (À PROPOS DE LA FORMATION DE SON CABINET
ET DU DÉPART DE PLUSIEURS MINISTRES NOMMÉS PAR JACQUES
PARIZEAU.)

Le Quotidien du Saguenay–Lac-Saint-Jean,
31 janvier 1996

Mulroney, Brian

M. Mulroney a une sensibilité extraordinaire pour comprendre ce qui se passe au Québec. On a actuellement à Ottawa un premier ministre qui comprend le Québec comme peu d'hommes politiques l'ont compris au fédéral dans le passé. Il n'y en a pas beaucoup qui le comprennent et qui le sentent comme lui.

Le Devoir, 21 septembre 1985

Nous avons étudié ensemble, nous avons fait partie de la Commission Cliche, il a assisté à mon mariage, aux funérailles de mon père ; c'est un ami, quoi. Nous discutions souvent de la situation politique et Mulroney croyait qu'il incombait à son parti de tenir les promesses faites au Québec [par les libéraux].

Continuité, printemps 1988

C'est un des hommes les plus honnêtes que je connaisse au monde. Je ne serais pas en politique et je ne serais pas ici si je ne croyais pas que le premier ministre est un homme de grande honnêteté.

La Presse, 2 septembre 1988

Brian Mulroney, c'est l'idée que je me fais des progrès que doit faire le Québec sur la voie de son identité. On ne peut pas vivre comme ça tout le temps, dans un paysage politique dont on se sent exclu, toujours en porte-à-faux, pas compris par les autres. Mulroney c'est ça, quelqu'un qui est allé à Ottawa à la tête d'une délégation de nationalistes.

L'actualité, 15 mai 1990

Brian Mulroney est un fédéraliste pur, orthodoxe, à la Trudeau. Il a rompu avec le Québec.

Le Devoir, 23 février 1991

Je ne l'ai pas trahi et je n'ai pas de peine. J'ai changé parce qu'il a changé.

Le Devoir, 18 mai 1991

Tout ce qu'il a fait n'a jamais marché. Il a perdu tous les atouts qu'il avait. Il a fait un mauvais calcul stratégique* qui entraîne avec lui tous les Québécois, qui se retrouvent, pour plusieurs, déchirés, traumatisés. (*EN INSPIRANT LE RAPPORT CHAREST ET EN S'APPUYANT SUR LE CANADA ANGLAIS À PARTIR DU PRINTEMPS 1990.)

La Presse, 28 novembre 1991

La tentative de Meech est le mérite de cet homme et ce sera, j'imagine, son honneur dans l'histoire.

La Presse, 18 octobre 1992

Il a essayé très fort de régler le problème constitutionnel. Il a quasiment réussi. S'il n'avait été que de lui, il l'aurait réglé, mais c'est la résistance du Canada anglais qui a fait en sorte que cela a avorté. Dans le fond, M. Mulroney a fait la démonstration [...] que le problème n'était pas réglable. L'histoire montrera peut-être, un jour, que c'est lui qui aura démontré l'impuissance du fédéralisme canadien à se réformer.

Le Soleil, 5 juin 1993

Musée (des horreurs)

Plus Ottawa travaille dans le dossier, plus il diminue les offres qu'il fait. [...] C'est bon à mettre au musée des horreurs constitutionnelles qu'on fera visiter un jour à nos enfants ! (À PROPOS D'UNE MOTION RECONNAISSANT LE CARACTÈRE DISTINCT DU QUÉBEC, PRÉSENTÉE PAR JEAN CHRÉTIEN AUX COMMUNES.)

La Presse, 29 novembre 1995

Mystère

Comment se fait-il qu'on ne soit pas capables [entre Québécois francophones et Canadiens anglophones] de trouver des solutions à nos problèmes communs d'institutions, de gouvernement, de société, alors que dans la vie courante on se ressemble étrangement ? J'avoue que c'est un mystère que je n'ai pas réussi à percer...

Le Soleil, 20 février 1995

Mythomanie

Depuis deux siècles, nous tâchons d'oublier nos déboires dans la mythomanie, comme d'autres cherchent l'apaisement dans l'opium, les spiritueux et les femmes. D'un commun accord, nous avons caricaturé, plus ou moins consciemment, les épisodes et les personnages de notre histoire. [...] Ces réactions infantilistes ne sont pas toutes du passé. Les traces qu'elles ont laissées en nous s'appellent aujourd'hui frustrations nationales. Mythomanie et refoulement, voilà ce qui nous caractérise tous plus ou moins.

Le Carabin, 16 novembre 1961

N

ABCDEFGHI
JKLMNOPQR
STUVWXYZ

Nation

Je ne suis pas « négociable » sur l'essentiel. Et l'essentiel, c'est que le Québec se fasse traiter comme une nation, qu'il se traite lui-même comme une nation. Ça veut dire qu'il faut tenir un autre référendum !

L'actualité, février 1996

Nationalisme

Il y a une page à tourner sur une certaine forme de nationalisme au Québec. Le virage s'opère et on a maintenant un Québec qui désire s'affirmer au sein de la fédération canadienne.

Le Devoir, 11 juillet 1985

Le nationalisme existera toujours au Québec. C'est une manière de vivre et un moyen de survie. Le Canada anglais ne doit jamais sous-estimer ce phénomène. À l'heure actuelle, il y a de la bonne volonté au Québec. Les gens sont réellement en train de travailler à l'intérieur de la fédération. Nous sommes très fiers d'être canadiens. Mais vous savez, mon père était camionneur. Je pense qu'il a dû venir une seule fois dans sa vie à Montréal. Pour lui, nous étions « les Canadiens ». Les autres, c'étaient « les Anglais ».

Maclean's, 22 février 1988

Il y a du nationalisme étriqué comme il y a du fédéralisme dominateur. Notre nationalisme à nous

inclut tout le monde dans son projet. Ce nationalisme ouvert, nous n'avons pas à l'inventer : c'est
celui qui se nourrit de valeurs et d'exigences
démocratiques.

Laval, 20 juin 1992

Le nationalisme québécois a tourné le dos à ses
tentations ethnocentriques. Sont québécois tous ceux
qui vivent au Québec. Il ne faut jamais oublier que
c'est ce nationalisme, et non celui de l'abbé Lionel
Groulx, qui a nourri la démarche souverainiste de
René Lévesque.

Ottawa, 30 mars 1993

Le discours nationaliste a besoin de plus d'ouverture, de flexibilité et d'oxygène.

Le Devoir, 14 mai 1993

C'est une volonté de disposer d'un instrument
étatique pour traiter les problèmes de notre société
de manière plus efficace. Nous sommes donc nationalistes comme le sont les Français, les Anglais, les
Américains, les Allemands. Notre nationalisme est
moderne. Et positif. Il n'est, en aucune façon,
ethnique.

L'Express, 13 janvier 1994

Notre nationalisme n'est pas celui des années
trente, il n'est pas basé sur l'ethnie. Il est basé sur le
territoire et il stipule que tous les gens qui vivent au
Québec sont égaux, que la démocratie sera réelle en
toute circonstance.

Le Devoir, 25 mars 1994

Un peu partout en Occident, la force du sentiment
d'appartenance à une collectivité territoriale spécifique se manifeste de nouveau. Devant la crise,
devant la nouvelle concurrence internationale, les
peuples cherchent d'abord à l'intérieur d'eux-mêmes
les ressources qui leur permettront de faire face.

Beauport, 22 mars 1995

Le nationalisme du Bloc québécois, comme celui du Parti québécois, n'est plus celui des années trente. C'est une idéologie, une formule moderne, avec un contenu économique et social, des projets de développement. C'est une formule ouverte et accueillante qui est respectueuse de la différence, qui veut mettre à profit la diversité culturelle pour s'en enrichir au lieu de la craindre et de la combattre.

Congrès du Bloc québécois, 7 avril 1995

Le nationalisme que nous bâtissons actuellement ne se définit plus comme celui des Canadiens français, mais comme celui de toutes les Québécoises et de tous les Québécois. Ce mouvement ne cherche plus l'homogénéité, il embrasse la diversité et le pluralisme.

Le Devoir, 12 mars 1996

Nationalisme canadien

Le nationalisme canadien a puissamment progressé au cours des 30 dernières années. Non pas qu'il n'existait pas auparavant, mais, à mon avis, cette dernière période l'a vu profondément s'enraciner au Canada anglais. [...] Plus que jamais, les Canadiens anglais veulent un vrai pays.

Empire Club, Toronto, 20 septembre 1993

Nationaliste

Je suis nationaliste comme les autonomistes sous le régime Duplessis, les révolutionnaires de 1837 et tous les Québécois désireux de conserver leur identité. Dans Le Carabin de l'Université Laval, que j'ai dirigé en 1960 en collaboration avec l'ancien ministre Denis de Belleval, j'écrivais des pamphlets très nationalistes, mais jamais jusqu'à conclure, comme mon collègue, qu'il fallait se séparer du Canada.

L'actualité, novembre 1985

Nécessité (impérieuse)

La souveraineté, non pas comme solution miracle, non pas comme rêve nostalgique, non pas comme

résultat de calculs comptables [...]. Non ! La souveraineté, il nous la faut parce qu'elle s'impose
comme une nécessité. Elle est nécessaire au Québec
comme le mûrissement d'un fruit, comme l'atteinte
de l'âge adulte, comme la conclusion d'un raisonnement logique, comme la découverte au bout de
l'exploration, comme l'aboutissement d'un fleuve à
la mer.

> Congrès du Bloc québécois, 7 avril 1995

Négociateur en chef

Je suis très honoré de cette confiance. Je mesure
toute l'importance de ce mandat et je vous assure de
mon total dévouement. Je sais bien que l'exécution
du mandat passe par un OUI québécois. Je dis à mon
chef, à notre chef [Jacques Parizeau] : « Je consa-
crerai à cette cause toute mon ardeur, tout mon mili-
tantisme, jusqu'au 30 octobre prochain. » (LUCIEN
BOUCHARD VIENT D'ÊTRE NOMMÉ NÉGOCIATEUR EN CHEF DU
QUÉBEC EN VUE DES FUTURES TRACTATIONS AVEC LE CANADA
ANGLAIS ADVENANT LA SOUVERAINETÉ.)

> *Le Soleil*, 8 octobre 1995

J'aurai autour de moi tous les hommes, toutes les
femmes et tous les enfants du Québec.

> *La Presse*, 16 octobre 1995

Dorénavant [si le OUI l'emporte], c'est tout le
peuple du Québec qui ira à Ottawa. Avec la confiance de M. Parizeau et de son gouvernement, je
m'assoirai pour négocier rempli de fierté, avec la
pleine conscience de mes faibles moyens, mais tellement compensés par la force d'un peuple !

> *La Presse*, 23 octobre 1995

Le mandat que nous allons exécuter, c'est le
mandat de la souveraineté. [...] On ne s'en va pas là
pour négocier un nouveau régime fédéral. Si on
cherche à défaire le résultat du référendum, jamais !
Je n'aurai pas le droit. M. Parizeau n'aura pas le droit
lui-même. Même l'Assemblée nationale ne pourra

pas le faire, parce que le peuple aura parlé. On discutera d'égal à égal à partir d'une position que nous confère l'émission d'un mandat de souveraineté. On ne va jamais sortir de ça. On ne va jamais aller en deçà de ça.

Le Devoir, 26 octobre 1995

N *égociation (la)*

C'est le sport national au Canada et une façon de bâtir des ponts.

La Presse, 16 novembre 1989

N *égociations*

Postérieures à la déclaration de souveraineté, les discussions avec Ottawa ont infiniment plus de chances d'échapper aux atermoiements et aux vicissitudes dont le Québec a traditionnellement fait les frais.

Canadian Club, Montréal, 29 octobre 1990

Les négociations [advenant la souveraineté] seront à la fois rigoureuses et vigoureuses. Les Canadiens anglais n'ont jamais vraiment négocié avec nous. Ils n'ont jamais fait une concession au Québec, parce qu'on n'a jamais eu des rapports de force avec eux.

Le Monde, 22 mai 1994

Durant 30 ans, la raison profonde pour laquelle [...] on n'a jamais réussi à convaincre le Canada anglais [de concéder] la moindre revendication historique du Québec, ce n'est pas parce qu'on a envoyé des gens qui n'étaient pas des bons négociateurs. On avait les meilleurs. On avait René Lévesque !

Saint-Léonard, 18 octobre 1995

N *égocier*

Comme le font voir les tribulations de l'Accord du lac Meech, le Canada anglais n'a pas pris le Québec au sérieux avec ses exigences minimales.

Qui commence à négocier à genoux risque fort de terminer à plat ventre.

Lettre de démission à Brian Mulroney,
22 mai 1990

N *iaiseries*

Il faut qu'on arrête de perdre notre temps à parler de la Constitution, de parler des chicanes de politiciens à Ottawa qui nous disent : « Ne déchirez pas le passeport » et autres niaiseries.

Le Journal de Montréal, 10 juin 1991

N *oël*

Noël n'est pas la fête des enfants. Si ce n'est de ceux qui souffrent. Elle n'est pas non plus la chose des bourgeois dodus. Ceux-là peuvent bien tenter de la prostituer en foire publique. L'Esprit est coriace et, par surcroît, ne se débite pas au marché aux puces. Comme la pauvreté, il ne s'achète pas, mais s'accepte, tout simplement. Noël, c'est une nuit de répit où tous les humains, avec le Christ, se font hommes. Une nuit où la condition humaine se résorbe dans l'espoir.

Le Carabin, 14 décembre 1961

Cette immense cour des miracles que forme l'humanité s'anime tout à coup d'un sursaut de splendeur. Mais un tel réveil s'accompagne aussi d'une souffrance. [...] Le drame intérieur de l'homme apparaît ici dans toute sa crudité. Au moment même où ils communient à la grande paix de Noël, tous se rendent compte que, de même ils se sont déchirés, hier, de même ils s'entretueront encore, demain. Comment dire : « Russe, mon frère », alors qu'on sera peut-être celui qui l'abattra comme un chien, un de ces jours ?

Le Carabin, 14 décembre 1961

N *œud gordien*

Longtemps, nous avons essayé de dénouer le nœud gordien [du fédéralisme]. Toutes ces tentatives étaient condamnées, mais nous ne le savions pas tous encore. Chaque échec a grossi le rang de ceux qui finissent par se rendre à l'évidence : le nœud gordien, il faut le trancher.

Commission Bélanger-Campeau,
novembre 1990

Noirceur

Après 1982, on a tous pensé que c'était fini ! Moi, en tout cas, comme un Québécois moyen, c'est ce que j'ai pensé, pis j'en ai vu d'autres, pis tout le monde le pensait. En 82, on rentrait sous la tente. C'était fini ! Bon, on allait pratiquer le droit, on allait faire de l'argent, on allait faire des choses individuelles, mais on n'était plus des citoyens politiques ; on est devenus des handicapés, on nous avait coupé la possibilité de réaliser un projet collectif au Québec. [...] Et là, c'est la période de la noirceur, la période de la désaffection. Même une sorte, je dirais, de désespérance.

Le Mouton noir, Jacques Godbout, 1991

Nombrillisme

Le Québec a eu, dans le passé, des états d'âme ambigus envers les francophones hors Québec. [...] Les événements que nous avons vécus nous ont peut-être amenés à un peu trop de nombrilisme.

La Presse, 21 novembre 1989

Non

Si jamais on disait NON, je crois qu'on paierait ça extrêmement cher. On se trouverait à dire : « On pense que Jean Chrétien a eu raison. » À lui dire : « Vous nous avez donné beaucoup de coups durs. Continuez, on aime ça ! »

Radio-Canada, *Le Point*, 19 février 1995

Je suis à Ottawa et je vois ce qui s'y passe. Ce que je sens du Canada anglais, c'est que si on dit NON à la souveraineté, on va en manger une maudite dont on pourrait ne pas se relever. Parce

259

que cela signifierait que les élites québécoises seraient désavouées par la population québécoise elle-même.

Le Soleil, 20 février 1995

Avec un NON, on se met dans les mains de Jean Chrétien. Cela veut dire qu'au terme de 32 ans de vie politique, sans jamais miser sur le Québec, Chrétien aura eu raison, qu'il lui sera tout permis, qu'il pourra dire au Canada anglais : «On leur a dit qu'on ne voulait pas changer un iota à la Constitution, puis ils sont venus manger dans notre main quand même.» On ne peut pas mettre le Québec dans une pareille situation.

Le Soleil, 20 février 1995

Un second NON référendaire des Québécois au projet de souveraineté serait lourd de conséquences pour le Québec car non seulement il constituerait dans les faits une acceptation implicite de la Constitution de 1982, mais il représenterait une caution à la poursuite d'un fédéralisme impérialiste.

Beauport, 22 mars 1995

S'il disait NON, ce que je ne crois pas, le Québec pourrait se trouver à renoncer une fois pour toutes aux revendications historiques de tous ceux – ça comprend les fédéralistes et les gouvernements – qui ont depuis une trentaine d'années essayé de doter le Québec des instruments de développement d'un peuple. [...] Ce serait une chose absolument terrible, les conséquences d'un NON au Québec. Ce serait une sorte de torpeur, une sorte d'impression d'impuissance, de stagnation, tout cela accepté pour très longtemps.

La Presse, 24 août 1995

Dire NON, c'est rejeter aux oubliettes les gens qui ont construit le Québec depuis 30 ans, les Jean Lesage, Daniel Johnson père, René Lévesque et même Robert Bourassa. Dire NON, c'est arracher les pages d'histoire du Québec depuis 30 ans, c'est dire à Jean Chrétien qu'il avait raison de diminuer les pouvoirs du Québec.

Le Devoir, 24 août 1995

Voter NON, c'est s'interdire les choix futurs, c'est signer un chèque en blanc au Canada anglais. Cela implique que dorénavant le Canada décidera de tout pour nous, même si nous ne sommes pas d'accord.

Le Devoir, 12 octobre 1995

Les masques sont tombés. Le NON [de Jean Chrétien] est une lumière crue projetée sur la stérilité du camp du NON. C'est un NON à tout changement, un NON à la notion de peuple du Québec, un NON au fédéralisme renouvelé. C'est un NON pas seulement aux souverainistes, mais aussi à ses alliés fédéralistes au Québec. (RÉACTION AU REFUS DE JEAN CHRÉTIEN, DEUX JOURS AUPARAVANT, À NEW YORK, DE PROMETTRE LE MOINDRE CHANGEMENT CONSTITUTIONNEL.)

Le Devoir, 23 octobre 1995

«Nonobstant» (clause)

Cette clause est un des pouvoirs que le Québec a conservés et c'est un instrument essentiel pour sa survie.

La Presse, 19 octobre 1988

Le recours à la clause «nonobstant» est un acte légal et légitime dans l'exercice d'un mécanisme inclus dans la Constitution du pays. [...] La clause «nonobstant» est là pour assurer la survie de certaines valeurs fondamentales au Québec. (APRÈS LE RECOURS DE ROBERT BOURASSA À LA CLAUSE «NONOBSTANT» POUR ASSURER LA SURVIE DU FRANÇAIS AU QUÉBEC, DÉCISION DÉNONCÉE PAR LE PREMIER MINISTRE MULRONEY.)

La Presse, 20 décembre 1988

J'ai fait cette déclaration [en faveur du geste de Robert Bourassa]. Je dois vivre avec maintenant. Et je l'ai fait parce que je crois en ce que j'ai dit. [...] Je demande simplement d'avoir la chance de continuer à représenter le Québec avec mes collègues, le Québec dans ce qu'il est, le Québec qui parle, qui s'affirme avec sincérité, qui le fait publiquement et qui le fait là où c'est important.

Le Soleil, 12 janvier 1989

N *ordiques*

Les Nordiques quitteraient Québec [...] mais les Jets resteraient à Winnipeg parce que le gouvernement fédéral les aiderait ? Ça ne passera pas. Je n'accepterai jamais, jamais, une situation aussi biaisée. Jamais, jamais ! (ALLUSION À L'AIDE FINANCIÈRE D'OTTAWA À L'ÉQUIPE DE HOCKEY DES JETS, ALORS QUE CELLE DES NORDIQUES, ÉGALEMENT EN DIFFICULTÉ, NE REÇOIT RIEN.)

Le Devoir, 18 mai 1995

N *ormands*

Au Québec, il y a 45 % de souverainistes, 25 % de fédéralistes durs... et le reste de Normands qui se disent peut-être que oui, peut-être que non...

Assemblée nationale,
Paris, 18 mai 1994

N *ostalgie*

J'espère pouvoir provoquer une convergence des énergies et des bonnes volontés québécoises. Je rêve du climat qui prévalait au Québec au début des années soixante quand on sentait une effervescence. On sentait le désir de sortir d'une longue période de noirceur, de remettre le Québec à flot. Je rêve de cela et je pense qu'on va y arriver.

Le Soleil, 22 novembre 1995

N *oyau dur*

On sait qu'il existe un noyau dur indépendantiste qui regroupe quelque 40 % de l'électorat québécois.

Le Monde, 16 octobre 1992

«**N** uit des longs couteaux»

J'ai trouvé cela odieux. Ça prend rien que les Anglais du Canada pour faire une chose comme cela, c'est absolument dégueulasse. (À PROPOS DES TRAC-TATIONS SECRÈTES ET NOCTURNES POUR RAPATRIER UNILATÉRALE-MENT LA CONSTITUTION DE 1982.)

Le Devoir, 18 mai 1991

M. Trudeau en porte épais sur les épaules. C'est lui qui a présidé une opération qui s'est soldée par l'imposition au Québec, par l'ensemble du Canada, d'une Constitution qui a réduit les pouvoirs du Québec sans l'accord du Québec. L'histoire jugera. (RÉPONSE À UNE LETTRE PUBLIQUE DE PIERRE TRUDEAU L'ACCU-SANT D'AVOIR «TRAHI» LES INTÉRÊTS DU QUÉBEC.)

La Presse, 4 février 1996

O

O ctobre (crise d')

Mes accomodements avec le fédéralisme, déjà bien fragiles et très conditionnels, en sortirent ébranlés. Je découvris avec effroi combien il est facile, pour un groupuscule prêt à tout, de faire basculer un gouvernement dans la répression et une société dans la psychose.

À visage découvert,
Boréal, 1992

Œ il au beurre noir

Qu'on ne compte pas sur moi pour aller chercher des gifles à Ottawa. Je n'y vais pas pour pouvoir en revenir avec un œil au beurre noir afin de dire aux Québécois : «Regardez comme ils ne sont pas gentils.»

La Presse,
13 octobre 1993

O iseau (de malheur)

Jean Chrétien jubilant à la télévision le soir du 20 mai [1980], je n'oublierai pas cela ! Et les Québécois, quand ils vont le revoir à nouveau, jubilant le 24 juin à Calgary, pour célébrer la défaite de l'Accord du lac Meech, ils ne vont pas oublier non plus. [...] Jean Chrétien, on le voit dans l'actualité uniquement pour danser sur les malheurs du Québec.

Le Soleil, 28 mai 1990

O*ka*

On a mal géré la crise. On a été mal à l'aise et, sur la scène internationale, on paie le prix fort pour ça.

Le Soleil,
15 septembre 1990

O*ntario*

L'Ontario est le plus important client du Québec, ce dernier est le deuxième client de l'Ontario. En fait, l'Ontario bénéficie, dans ses échanges de biens et services avec le Québec, d'un surplus annuel de quelque 1 300 millions de dollars. Cela devrait, le jour venu, tempérer quelque peu les ardeurs récalcitrantes des milieux canadiens qui souhaiteraient tourner le dos au Québec.

Un nouveau parti..., Bloc
québécois, mai 1993

On se fait servir que le Canada anglais va se montrer irrationnel [advenant la souveraineté], qu'il va jouer contre nous, sabrer le pacte de l'automobile et mettre 100 000 personnes au chômage en Ontario. [...] Voilà contre quoi je m'insurge ! Si on prépare le Canada, il va réfléchir. On sait bien que l'*establishment* de l'Ontario veut négocier. Il n'est pas fou !

L'actualité, juillet 1993

Est-ce que l'Ontario va continuer, avec un déficit comme celui qu'on lui connaît actuellement, d'alimenter par la péréquation les provinces qui l'entourent alors que lui-même est en difficulté ? Non ! Il va le faire un an ou deux, mais quand les cotes d'évaluation de Moody's et autres vont changer, il va remettre en cause le régime, lui aussi.

L'actualité, juillet 1993

Toutes ces histoires qu'on nous raconte sur les gens d'affaires en Ontario qui ne voudront pas transiger avec un Québec souverain, on sait bien que ce n'est pas vrai, on sait bien que ça n'a pas de bon sens. [...] C'est la réalité qui va parler.

La Presse, 27 août 1995

S'il y a des gens qui ont besoin de faire circuler librement leurs marchandises, c'est bien l'Ontario, qui nous vend bien plus qu'on leur vend. Comment M. Harris veut-il écouler pour 25 milliards de dollars de biens et services si on installe des frontières ? Il y a 250 000 emplois à préserver en Ontario [grâce aux échanges commerciaux avec le Québec]. (APRÈS LA MENACE DE MIKE HARRIS D'ÉTABLIR DES FRONTIÈRES, ADVENANT LA SOUVERAINETÉ, POUR EMPÊCHER LA CIRCULATION DES BIENS ET SERVICES ENTRE LE QUÉBEC ET L'ONTARIO.)

Le Devoir, 14 octobre 1995

O*pinions (divergentes)*

Peu importe nos différences d'opinion quant au régime politique qu'on devrait avoir. Nous devons conserver les meilleurs rapports entre nous et tendre la main à ceux qui ont voté différemment de nous et vice versa, parce que je pense qu'on ne peut pas tenter de culpabiliser des gens qui ont adopté une position qui n'est pas la nôtre. Chaque position est légitime.

Le Soleil, 1er novembre 1995

O*pportuniste*

Si je suis un opportuniste, [alors] je suis un drôle d'opportuniste... (ALLUSION AUX AVANTAGES MATÉRIELS ET AU PRESTIGE DE LA CARRIÈRE MINISTÉRIELLE QU'IL A ABANDONNÉS POUR FONDER LE BLOC QUÉBÉCOIS.)

La Presse, 19 mai 1991

O*pposition officielle*

Si l'opposition officielle est attribuée au Bloc québécois par le fait de la volonté démocratique des Québécois, je ne refuserai pas la responsabilité, mais ce n'est pas le but que poursuit le Bloc.

Radio-Canada, *Aujourd'hui dimanche*,
10 octobre 1993

Le Parlement va refléter la diversité du paysage politique canadien et il est indispensable que nous acceptions d'assumer ce rôle. [...] Nous ne demanderons rien de plus et rien de moins que ce à quoi nous avons droit. (APRÈS LA VICTOIRE ÉLECTORALE DU BLOC QUÉBÉCOIS.)

La Presse, 10 novembre 1993

J'entends déjà des adversaires objecter que c'est uniquement à la faveur d'une répartition erratique des sièges du Canada anglais entre libéraux et réformistes [aux élections du 25 octobre 1993] que le Bloc s'est mérité le deuxième plus grand nombre de députés. Mais la fragmentation des votes et sa transposition sur la carte électorale sont aussi une manifestation de la volonté de l'électorat. C'est la combinaison de l'ensemble des votes, qu'ils viennent du Québec ou du reste du Canada, qui nous a assuré l'opposition officielle. De sorte que critiquer la prise en charge de cette responsabilité par le Bloc québécois, c'est manquer de respect envers l'ensemble du processus démocratique.

Réponse au discours du Trône,
19 janvier 1994

Je ne crois pas qu'on perde ce titre mais, si on le perd, ça ne me dérange pas. Je changerai de bureau. On a à peu près le même argent que le *Reform*. On aurait notre équipe de 53 députés à la Chambre et on leur vargerait dedans encore bien plus qu'actuellement parce que personne ne pourrait nous dire : «Aye, c'est l'opposition officielle, on manque un peu de décorum.»

La Presse, 29 octobre 1994

O*ptimisme*

Les tendances actuellement observées autorisent l'espoir que les Québécois se donneront enfin un pays dans un proche avenir. [...] Le scénario est bien défini et les véhicules de la souveraineté bien identifiés.

La Presse, 15 décembre 1992

O rdinaire

Jean Chrétien, c'est quelqu'un qui n'est pas spécial. C'est quelqu'un qui est ordinaire, très classique et très traditionnel dans la politique québécoise.

Shawinigan, 26 mars 1993

O rgueil

Je suis assez orgueilleux. En général, j'aime mieux parler de fierté, mais il y a un envers à cette fierté : je suis orgueilleux.

MusiquePlus, 18 octobre 1993

« O ser »

En ce moment, un mot semble occuper nos pensées, nos discussions et nos projets. Il s'agit du mot « difficile ». [...] Mais aujourd'hui, je voudrais vous proposer de changer de mot. Et pour y arriver je suggère de puiser, en cette fin de millénaire, dans la sagesse d'un homme politique, avocat et philosophe du début du millénaire, Lucius Sénèque. Je le cite : « Ce n'est pas parce que les choses sont difficiles que nous n'osons pas ; c'est parce que nous n'osons pas que les choses sont difficiles. » Vous le voyez, le mot clé est le mot « oser ». (DISCOURS D'ASSER-MENTATION COMME PREMIER MINISTRE.)

Québec, 29 janvier 1996

Cette année, nous allons oser. Nous allons oser mettre les chiffres sur la table et [nous] parler franchement. Nous allons oser briser les tabous, bousculer les habitudes, ouvrir les esprits. (*IDEM.*)

Québec, 29 janvier 1996

O stracisme

Le Bloc à Ottawa, depuis trois ans, ça a été épouvantable. Le climat en était un d'hostilité muette et d'indifférence systématique. On nous ignorait. On avait même de la difficulté à dire un mot quand des budgets étaient présentés. Tout ce qu'on pouvait faire, c'était de partir à la course dans le corridor en espérant accrocher une caméra.

La Presse, 13 octobre 1993

O *ttawa*

La faute la plus grave que nous, Québécois, pourrions maintenant commettre serait de nous désintéresser de ce qui se passe à Ottawa. Il s'y prend chaque jour des décisions qui engagent notre avenir. C'est pour nous un devoir fondamental d'exprimer, de faire valoir et de défendre, au cœur même de nos instances fédérales, nos points de vue, nos intérêts et nos aspirations.

Le Lac-Saint-Jean, 3 mai 1988

Au référendum de 1980, le Québec a décidé de demeurer dans la Confédération canadienne et, à partir de là, il est de notre devoir d'aller défendre ses intérêts à Ottawa.

La Presse, 7 juin 1988

Si on est indépendantiste, on peut bien ne pas y aller à Ottawa, mais on peut reconnaître que ce n'est pas une mauvaise chose que d'autres y aillent pour s'occuper des intérêts du Québec.

La Presse, 19 juin 1988

À Ottawa, il y a une très grosse partie qui se joue et dans 20 ans il y en a qui vont se réveiller et tout sera fait. On pourra écrire des poèmes sur l'indépendance mais tout va être réglé. La réalité va être passée, le train va être passé. Il y aura eu mille décisions prises qui auront engagé l'avenir du Québec dans une direction qui sera inéluctable.

La Presse, 19 juin 1988

Je pense qu'on peut travailler à Ottawa aussi longtemps qu'on a la conviction d'être en train de faire la synthèse des intérêts du Québec et du Canada.

La Presse, 16 octobre 1989

Ottawa a été, c'est vrai, la porte [sur l'extérieur].
Mais ce fut aussi le verrou, parce que c'était la porte
obligée. [...] Souvent, on a été bloqués lorsqu'on a
voulu emprunter d'autres passages. Oui, on a eu
grâce à Ottawa un certain accès au monde international. Mais c'est aussi à cause d'Ottawa qu'on n'a
pas eu le véritable accès.

Possibles, hiver 1991

La façon de ne pas avoir de pouvoir à Ottawa,
c'est d'être ministre québécois dans un cabinet à
majorité du Canada anglais. Là, on peut être sûr
qu'on ne mène rien !

Richelieu, 2 mai 1993

Mes amis et moi faisons de la politique pour
réaliser l'indépendance du Québec. Nous sommes
à Ottawa pour occuper le terrain, pour répercuter le
message souverainiste. Le Canada anglais n'a
jamais entendu parler de nous que comme de
méchants séparatistes. On va expliquer ce que nous
sommes.

L'Express,
13 janvier 1994

On n'a plus rien à demander ici. On ne demandera jamais rien. On prendra ce que la population
[québécoise] décidera de prendre.

Le Devoir,
1er novembre 1995

O *ubli (faculté d')*

Les Québécois sont en train d'oublier [le rapatriement de] 1981. Ils oublient peut-être même déjà
le lac Meech...

Le Soleil, 3 juin 1992

O *ui*

Dire OUI, c'est uniquement une question de confiance en nous-mêmes. Ça ne dépend que de nous.

[...] C'est simplement un appel à nous comporter comme le peuple qu'on est. On dit qu'on est un peuple ; ce n'est pas assez de le dire. Il faut se comporter comme tel, ce qui veut dire voter OUI.

La Presse, 4 octobre 1995

Je suis obsédé par le OUI. Je suis obsédé par l'idée que nous devons, face à l'histoire, nous prendre en main. La valeur de la souveraineté, c'est de rassembler, de déclencher un nouvel enthousiasme au Québec.

Le Devoir, 10 octobre 1995

Le OUI va provoquer une explosion d'énergie, va libérer des espoirs. Les Québécois, je les sens tapis dans une sorte de prostration. Nous allons revivre ce qui s'est produit dans les années soixante. Nous allons cibler trois ou quatre grands projets et travailler pour l'emploi, le redressement des finances publiques. Je sens que nous allons vivre une belle époque et cesser nos débats ombilicaux.

Le Soleil, 13 octobre 1995

Voter OUI, c'est faire en sorte que le Québec soit inexorablement souverain. Peu importe qu'il y ait ou non partenariat.

La Presse, 19 octobre 1995

Si nous voulons entendre ce beau mot de OUI, c'est nous qui devons le dire à nous-mêmes. Et ce OUI doit être fort !

Le Devoir, 26 octobre 1995

Un OUI conservera intacte la flamme de générosité animant les Québécois. Ce sera aussi une digue qui va nous protéger contre la tentation de la droite.

La Presse, 28 octobre 1995

Le OUI de lundi soir sera le OUI de tous ceux et celles qui sont fiers d'avoir répondu OUI à René Lévesque en 1980 et ce sera aussi le OUI de tellement de gens qui ont, depuis 1980, regretté de ne pas avoir dit OUI à René Lévesque. [...] Nous sommes renvoyés à nous-mêmes. Quand nous serons seuls dans l'isoloir, mille images défileront devant nous ; on va penser sans doute à ce long parcours du Québec dont nous serons chacun le prolongement, on va penser à tout ce qui nous a été laissé, à ce que ceux qui ont construit le Québec attendent de nous, à ce petit pas qui reste à faire.

Le Devoir, 30 octobre 1995

Demain, il y aura une seule question : « Est-ce que j'ai assez confiance dans le peuple du Québec ? Est-ce que le Québec est assez grand pour moi ? Est-ce que je suis assez grand pour le Québec ? » Si la réponse est OUI dans ma tête, la main va répondre OUI sur le bulletin de vote !

Le Soleil,
30 octobre 1995

Oui mais...

Il est indubitable qu'une proportion de gens, sachant qu'ils votaient pour la souveraineté, espéraient que le processus déclenché par un OUI provoquerait un ultime sursaut du Canada, modifiant l'issue du parcours. Les chefs souverainistes ne partagent pas leur analyse, mais des électeurs ont le droit de la faire.

La Presse, 10 février 1996

Oups!

[Il faut] un contexte qui permet la référence à des indicateurs qui aboutissent à un jugement légitimement optimiste sur l'issue d'un référendum. (À PROPOS DES CIRCONSTANCES QUI PERMETTRAIENT L'ORGANISATION D'UN RÉFÉRENDUM «AVEC DES CHANCES RAISONNABLES DE SUCCÈS».)

La Presse, 29 octobre 1994

O *util*

Tout comme René Lévesque, je veux donner au peuple du Québec un outil pour [qu'il puisse] se développer. Le seul, pour moi, c'est la souveraineté.

Le Journal de Montréal,
19 octobre 1993

O *uverture (sur le monde)*

L'ouverture des Québécois sur le monde extérieur relève d'une tradition déjà longue, instaurée notamment par la présence, dès la dernière moitié du siècle dernier, de centaines de missionnaires aux quatre coins du globe.

La Presse, 18 avril 1991

L'ouverture sur le monde et la souveraineté sont les deux faces d'une même médaille.

Empire Club, Toronto,
20 septembre 1993

ABCDEFGHI
JKLM**P**NOPQ
RSTUVWXYZ

Pacte (social)

Au Québec, nous allons, cette année, forger un nouveau pacte social, une nouvelle base solide pour notre société et les défis qui l'attendent.

Sommet socio-économique, Québec,
18 mars 1996

Page (tourner la)

Il est vrai que j'ai milité au sein du Parti québécois, et ça je ne le renie pas. Nous sommes maintenant entrés dans une ère de collaboration et les événements politiques des dernières années sont choses du passé. Il nous faut tourner la page, sans pour autant mettre de côté le sentiment nationaliste. Le gouvernement du Québec l'a fait et le Parti québécois aussi.

Le Réveil de Chicoutimi, 16 juillet 1985

Panem et circenses

Rarement nous aura-t-on autant conviés à manger en plein air des steaks cuits sur charbon de bois ou à regarder des Américains jouer au baseball. Faire « retomber la poussière », c'est-à-dire endormir les Québécois, voilà la nouvelle politique nationale. (APRÈS L'ÉCHEC DE L'ACCORD DU LAC MEECH.)

Le Devoir, 26 juin 1990

Parachutage

Le premier ministre prendra une décision et nous

saurons dans quelques semaines où je serai candidat au Québec.

La Presse, 2 avril 1988

Cette accusation ne me touche pas. Je me sens chez nous ici et je suis né à Saint-Cœur-de-Marie, quelques kilomètres au nord du principal centre du comté, Alma. (RÉPONSE AUX ACCUSATIONS DE « PARACHUTAGE » DE SES ADVERSAIRES DANS L'ÉLECTION PARTIELLE FÉDÉRALE DE LAC-SAINT-JEAN.)

Le Soleil, 9 mai 1988

Où faut-il naître, ici, pour être un gars d'ici, de la région ? Je suis un gars d'ici, contrairement aux allusions de [mes] adversaires qui m'accusent d'être un parachuté.

Le Quotidien du Saguenay–Lac-Saint-Jean,
13 juin 1988

Paradis

Je ne tenterai jamais de prouver, par *a* + *b*, que la souveraineté nous fera entrer au paradis terrestre. Le Québec sera ce que nous en ferons.

À visage découvert, Boréal, 1992

Paradoxe

En 1980, on convainquait les Québécois de rester dans le Canada en faisant appel à leur raison. Dix ans plus tard, on tente de les retenir encore, mais, cette fois-ci, en invoquant le caractère émotif des Canadiens anglais.

Le Journal de Montréal,
1ᵉʳ décembre 1990

Paralysie

Paralysie et incertitude ont été les fruits empoisonnés de cette incapacité [du Québec et du Canada anglais] de vivre ensemble.

Canadian Club, Montréal,
29 octobre 1990

Parcs nationaux

Nous pouvons être fiers de la beauté de nos paysages et de la richesse de notre histoire. Des paysages uniques et exceptionnels sont déjà représentés dans le réseau des parcs nationaux, des parcs marins et des lieux historiques. Nous poursuivrons néanmoins nos efforts pour [le] compléter, afin que les Canadiens puissent apprécier et mieux comprendre notre patrimoine. (LUCIEN BOUCHARD EST ALORS MINISTRE FÉDÉRAL DE L'ENVIRONNEMENT.)

Le Devoir, 21 février 1989

Le gouvernement fédéral a dépensé des sommes considérables pour créer des parcs en dehors du Québec. Le Québec n'a pas participé à cette manne. C'est un peu tragique. Un des problèmes, c'est que le gouvernement provincial refuse de céder des terrains. [...] Notre ministère est prêt à accepter de nouveaux modes de gestion. On ne demande pas à Québec un seul pouce de terrain, mais Québec refuse toujours nos propositions. (*IDEM.*)

La Presse, 8 avril 1989

Pour être un adepte des randonnées forestières et alpines, j'ai vu la différence entre le comportement fédéral et celui du Québec dans leurs parcs respectifs. Québec ouvre des parcs mais ne s'en occupe pas assez. [...] Je confesse avoir eu parfois la faiblesse de me demander pourquoi on n'a pas laissé le fédéral dépenser notre argent chez nous au lieu de le laisser l'investir ailleurs. Après tout, le fédéral ne pourrait pas se sauver avec les quelques montagnes, lacs et forêts qu'il aurait embellis pour nous.

À visage découvert, Boréal, 1992

Paris

Paris est un endroit extraordinaire pour un Québécois qui veut s'inscrire dans le sens de l'histoire.

La Presse, 11 juillet 1985

Ça fait bien sûr un peu mal de quitter Paris et, ce qui m'ennuie, c'est que je n'ai pas eu le temps d'en profiter. Mais enfin, j'étais surtout là pour travailler et j'ai beaucoup aimé la fonction. Je regrette de partir aussi rapidement mais, professionnellement, je suis très content de mon séjour. Cela a été exaltant et je pars très confiant pour l'avenir des relations entre la France et le Canada parce qu'en trois ans nous avons construit les fondements de quelque chose de solide.

La Presse, 25 avril 1988

Parizeau, Jacques

Je suis un admirateur fervent de M. Parizeau. C'est l'un des hommes politiques les plus brillants de sa génération. Un homme extraordinaire.

La Presse, 18 juin 1988

Il est le seul péquiste qui ne m'appuie pas. Je ne comprends pas la position de M. Jacques Parizeau à mon endroit. (ALLUSION AU SILENCE DU CHEF PÉQUISTE DURANT LA CAMPAGNE POUR L'ÉLECTION FÉDÉRALE PARTIELLE DANS LE COMTÉ DE LAC-SAINT-JEAN.)

La Presse, 18 juin 1988

Je ne comprends pas. Jacques Parizeau veut faire élire Pierre Gimaïel, membre de l'équipe Trudeau quand le Québec s'est fait enfoncer une charte dans la gorge? Il veut faire élire Jean Paradis et le NPD, un parti centralisateur? (IDEM.)

Le Quotidien du Saguenay–Lac-Saint-Jean,
18 juin 1988

Je ne serai jamais un rival pour Jacques Parizeau. Son intégrité et sa grande compétence sont universellement respectées. Nous avons été jusqu'ici de très heureux alliés.

L'Express,
13 janvier 1994

Notre chef souverainiste, [...] ce chef intègre, intelligent, déterminé, expérimenté et clair dont a besoin le Québec.

Le Devoir, 8 août 1994

Parizeau, c'est l'homme d'une ligne. Il faut lui reconnaître cela : il y a peu d'hommes politiques qui agissent à partir d'un système de pensée. Lui a un schème de référence et on ne peut pas l'en faire déroger. [...] C'est aussi quelqu'un qui se fait une très haute idée de la population québécoise et il tente d'amener les Québécois à la Terre promise.

Le Soleil, 20 février 1995

Il est un des grands bâtisseurs de notre pays. [...] Homme intègre et de conviction profonde, il n'a jamais douté de la nécessité, pour le peuple québécois, de devenir souverain. [...] L'histoire lui réservera une place de choix dans la marche des Québécois vers leur souveraineté. Pilier du mouvement souverainiste, c'est en grande partie grâce à lui que les Québécois et Québécoises se donneront bientôt un pays. (HOMMAGE, À LA CHAMBRE DES COMMUNES, AU LENDEMAIN DE LA DÉMISSION DE JACQUES PARIZEAU DE SON POSTE DE PREMIER MINISTRE.)

Le Soleil,
2 novembre 1995

Parlable

Je n'en reviens pas de l'image qu'on présente de moi dans les journaux anglais *, surtout dans la *Gazette*. Moi, pourtant, je pourrais être un des plus parlables... (*ANGLOPHONES.)

La Presse, 19 mai 1991

Partenariat

On dira, j'imagine, que l'esquisse de [notre] projet de nouveau partenariat s'inspire de l'exemple de l'Union européenne et de l'esprit du récent Traité de Maastricht. Il n'y a pas de honte à s'inspirer de ce qui se fait ailleurs et qui pourrait être bénéfique à la fois au Québec et au Canada.

Congrès du Bloc québécois,
7 avril 1995

C'est seulement si on est souverain qu'on pourra, avec des chances raisonnables de succès, entreprendre avec le reste du Canada des discussions qui pourraient se conclure par un changement fondamental, lequel se traduirait par un partenariat nouveau. S'il n'y a pas de souveraineté, il n'y a rien de possible.

La Presse, 23 août 1995

Avant [de proclamer la souveraineté], je serai certainement partisan [...] d'épuiser tous les efforts. Il ne faudra pas précipiter les choses au-delà du nécessaire, parce qu'il ne faudra pas se laisser décourager par un premier refus la première journée. Il faudra continuer de travailler pour imaginer des façons différentes d'aborder les choses. [...] Fort d'un OUI qui émet un mandat de souveraineté, il y a l'obligation pour le gouvernement – juridique, morale, tout ce que vous voulez – de faire tout ce qu'il peut faire pour négocier un partenariat de la substance de celui qui est identifié dans l'entente du 12 juin [entre le Bloc québécois, le PQ et l'ADQ].

Le Devoir, 26 octobre 1995

Le partenariat est une idée qui fait maintenant partie du paysage politique de la souveraineté.

La Presse, 15 mars 1996

C'est [advenant la souveraineté] la seule solution possible, qui sera imposée par les impératifs de la géographie, de l'économie et de la politique. Il faut voir maintenant quel genre de partenariat et je pense qu'il va falloir pousser plus loin ce qui apparaissait comme proposition dans l'entente du 12 juin [1995].

Le Devoir, 15 mars 1996

Parti québécois

Ce n'est peut-être pas le Parti québécois qui fera la souveraineté. Il est clair que M. Bourassa peut la faire. Mais s'il ne veut pas ou s'il pense qu'il ne peut pas ou ne doit pas la faire, le véhicule traditionnel, c'est le Parti québécois.

Possibles, hiver 1991

J'ai l'honneur d'annoncer aujourd'hui que je me porterai candidat à la présidence du Parti québécois. Je le fais avec fierté, mais aussi avec une bonne dose de modestie, sachant qu'il s'agit de la formation politique fondée et illustrée par René Lévesque. C'est aussi le parti que Jacques Parizeau a piloté avec constance, à travers mille écueils, et qu'il a mené, l'an dernier, à la reconquête du pouvoir.

Candidature à la présidence du PQ,
21 novembre 1995

Le PQ est une usine à apprentissage : pour chaque joueur vedette sur la glace, il y en a deux ou trois qui attendent en arrière.

L'actualité, février 1996

Partis (vieux)

Quand avez-vous déjà entendu parler un député conservateur ou libéral des injustices contre le Québec à la Chambre des communes ? Si vous en parlez, vous n'êtes plus membre de la *gang*, du parti. Ces partis ont fait leur temps. C'est le temps pour le Québec d'envoyer son vrai parti pour dénoncer les vieux partis qui ont les mains liées par les lobbies de l'argent.

Le Droit,
14 septembre 1993

Les vieux partis ont fait leur temps. Regardez dans quelle conjoncture ils nous ont mis...

La Presse,
17 septembre 1993

Partition *(du Québec)*

Si le fédéral et les fédéralistes continuent à s'en prendre au caractère indivisible du territoire du Québec, ils vont provoquer au sein des Québécois de toute allégeance un ralliement et une solidarité extraordinaires qui vont faire monter le taux d'appui à la souveraineté même au-delà des barres qu'ils voudront fixer pour l'empêcher. (ALLUSION AUX DÉCLARATIONS DU MINISTRE FÉDÉRAL STÉPHANE DION, SELON QUI ON PEUT IMAGINER QUE DES PORTIONS DU TERRITOIRE QUÉBÉCOIS DEMEURERAIENT CANADIENNES ADVENANT LA SOUVERAINETÉ.)

La Presse, 31 janvier 1996

Si on fait une conférence fédérale-provinciale pour nous convaincre qu'il faut déchiqueter le Québec, on n'ira pas. Et c'est un peu le genre de question qui agite présentement le Canada anglais. [...] Ils se sont donné un nouveau champion à Ottawa pour rénover la politique fédérale dans le domaine, et depuis qu'il [Stéphane Dion, ministre des Affaires intergouvernementales canadiennes] a été nommé, il ne parle que de déchirer le Québec en mille pièces. Cela m'étonnerait, s'il nous convoque à une conférence fédérale-provinciale, qu'il renonce à son obsession.

Le Devoir, 3 février 1996

S'inspirant des propos de M. Trudeau de 1980 sur la divisibilité du Québec, MM. Chrétien et Dion jouent un jeu dangereux avec la démocratie canadienne, sa réputation internationale et, plus encore, sa santé au Canada même.

Le Devoir, 10 février 1996

En 1980, les souverainistes ont tenu leur premier référendum. Alors, le Saguenay–Lac-Saint-Jean a voté OUI, comme 40 % de l'ensemble des Québécois. Il n'est venu à l'idée de personne de décréter que ces territoires pouvaient se proclamer indépendants. Avec raison. C'est le peuple en son entier qui décide, pas les MRC [municipalités régionales de comté], les régions, les quartiers ou les groupes linguistiques.

La Presse, 10 février 1996

Le Canada [...] a reconnu ces dernières années dans leurs frontières d'origine un grand nombre de nouveaux pays. Tous ces peuples comportaient en leur sein des minorités linguistiques ou régionales démocratiquement et légitimement opposées à la souveraineté de leurs nouveaux États. Le Canada n'a proposé dans leur cas ni de changer les règles démocratiques ni de bousculer les frontières. Pourquoi les Québécois, qui se sont rendus aux urnes en octobre [1995] dans une extraordinaire proportion de 94 %, n'auraient-ils pas droit au même respect démocratique ?

La Presse, 10 février 1996

Il y en a qui invoquent la logique et je vois comment s'oriente le débat mais, en soi, ce n'est pas un débat qui est sain pour notre société et l'avenir des choses puisque ce qu'il met en cause, ce sont des composantes extrêmement explosives. Je ne pense pas qu'on ait intérêt à s'engager dans un tel débat.

La Presse, 19 février 1996

Cette idée de la partition déplace nos différends, du terrain démocratique où ils se trouvent, sur un autre théâtre qui est beaucoup plus redoutable.

Le Devoir, 12 mars 1996

P *asseport*

On ne fait pas la souveraineté pour conserver le passeport canadien, mais pour avoir un passeport québécois. [...] On est en train de dire des choses extravagantes. Comme si le fait d'avoir un passeport canadien bleu ou rouge nous distinguait des autres aux frontières. Ce n'est pas comme ça que ça marche. Dans les files dans les aéroports, on sort tous notre passeport, il y en a de toutes les couleurs, et on passe tous pareil. Il y en aura un de plus, c'est tout. (À PROPOS DE L'ENGOUEMENT SUPPOSÉ DES QUÉBÉCOIS POUR LE PASSEPORT CANADIEN.)

La Presse, 19 octobre 1995

P *atriote*

Quand vous voyagez à l'étranger, quand vous parlez à des étrangers, vous ne devez jamais faire quelque chose qui nuise à votre pays. Jamais!

La Presse, 17 octobre 1993

P *auvreté*

Le Québec piétine depuis quelque temps. Il recule même en ce qui concerne le sort qui est fait aux moins favorisés. Je le dis avec tristesse, mais il faut bien reconnaître qu'un nombre grandissant de nos concitoyennes et de nos concitoyens sont laissés pour compte. Ce qui se passe sur l'île de Montréal et dans plusieurs de nos régions est inacceptable. (ASSEMBLÉE DE LANCEMENT DU BLOC QUÉBÉCOIS.)

Sorel, 15 juin 1991

À Montréal, il y a 700 000 personnes qui vivent en bas du seuil de la pauvreté. [...] Dans les écoles de Montréal, ils ont des programmes pour nourrir les enfants quand ils arrivent le matin, les petits enfants démunis. Souvent, les enfants se font voler leur déjeuner par leurs parents. Ce sont des choses qui se vivent. Il n'y a pas de discours publics qui se font, il n'y a pas de téléjournal là-dessus. Mais on sait que dans le quotidien des gens au Québec il y a de la souffrance, il y a des gens démunis qui désespèrent. [Il est] temps que le Québec se réveille. On ne peut pas continuer comme ça.

Alma, 18 avril 1993

Quand on voit qu'il y a une classe de gens [les démunis] qui sont menacés par des idéologues de droite, dont certains sont au pouvoir à Québec, et dont certains s'apprêtent à entrer en Chambre avec le

Reform Party, c'est le temps de serrer les rangs : il y a des valeurs de civilisation et de justice sociale à défendre.

Le Devoir, 13 octobre 1993

L'une des raisons pour lesquelles on a de plus en plus d'assistés sociaux, c'est que les restrictions au régime d'assurance-chômage apportées par le gouvernement de M. Chrétien chassent les gens vers l'aide sociale. On se targue d'améliorations du taux de chômage, mais en réalité les gens ont été refoulés vers le dernier refuge, et c'est le Québec qui les ramasse.

Le Devoir, 2 mai 1995

Le Québec se trouve dans une situation particulièrement difficile. Plus de 800 000 Québécois vivent de l'aide sociale. Près de 1,5 million de nos concitoyens vivent sous le seuil de la pauvreté, ce qui fait du Québec la province dont le taux de pauvreté est le plus élevé au Canada. Un enfant québécois sur 5 vit dans le besoin.

Chambre de commerce de Laval,
6 décembre 1995

Pays

Un pays ne se définit pas uniquement par des avocats et des négociateurs. Un pays se construit sur les rêves du peuple. Nous avons tout ce qu'il faut pour faire des choix.

Le Devoir, 22 juin 1990

Le Québec doit et peut accéder à la souveraineté pleine et entière, devenir un vrai pays. [...] C'est en tant que pays souverain que le Québec pourra le plus efficacement s'engager dans la démarche qu'impose la définition de ses relations d'interdépendance, avec le Canada d'abord, avec les États-Unis, avec d'autres pays peut-être et avec la communauté internationale.

Université du Québec à Hull,
7 octobre 1990

Qui niera aux Canadiens anglais le droit de vivre dans le pays de leur cœur, dans le pays dont ils ont une vision propre ? Mais on devra admettre la réciproque : ce droit, il appartient aussi aux Québécois. Dès lors que les deux visions sont irréconciliables, il faut, à chacun des deux, son pays.

Traces, novembre-décembre 1991

Pensée politique

Pensez-vous une seconde qu'on peut renouveler la pensée politique québécoise avec les *back-benchers* conservateurs assis en rangs d'oignons en arrière de Mulroney, qui disent toujours oui et applaudissent aux insanités qu'il prononce sur le Québec ? Pensez-vous que c'est de là que va venir le ressourcement intellectuel de la classe politique québécoise ? Jamais !

Le Devoir, 18 mai 1991

Je trouve cela désolant. On tourne en rond, on piétine au Québec. Il n'y a pas de pensée politique. On se comporte comme s'il n'y avait pas d'avenir. On est obnubilés par le dossier constitutionnel. [...] Il faut crever cela, sortir de nos partis, aller vers les gens, susciter un retour à la réflexion politique, comme au début des années soixante.

Le Devoir, 20 juin 1992

Pension

Je n'ai pas de honte à toucher une pension que j'ai gagnée après avoir passé sept ou huit ans de mes meilleures années à Ottawa à des salaires qui n'ont rien de comparable à ce que j'aurais gagné dans le secteur privé.

Le Devoir, 19 septembre 1995

Pourquoi un politicien qui a travaillé fort pendant des années aurait-il à s'excuser de toucher une pension ? Cette pension est la mienne, je l'ai gagnée et je vais la garder, quel qu'en soit le coût politique.

J'ai pensé que, compte tenu de ce qui se disait et de la nécessité dans laquelle je me trouvais d'échapper à la controverse sur mon intention de participer à l'effort d'assainissement des finances publiques, je devais prendre cette décision [d'y renoncer]. (APRÈS QU'IL AIT DÉCIDÉ DE CÉDER SA PENSION À L'ÉTAT QUÉBÉCOIS POUR LA DURÉE DE SON MANDAT DE PREMIER MINISTRE.)
Le Devoir, 20 janvier 1996

Je pose le geste d'aujourd'hui dans la perspective des efforts qui seront bientôt demandés, au nom de l'équité et de la rigueur, à l'ensemble de la population québécoise. [...] Ce sera une modeste contribution. (IDEM.)
Le Devoir, 20 janvier 1996

P *équiste*

Un jour, M. Parizeau est venu à Chicoutimi et j'ai signé ma carte devant M. Parizeau, grand-prêtre de la souveraineté. C'était une signature revêtue d'une onction spéciale. (À PROPOS DE SON ADHÉSION AU PQ, EN 1971.)
Le Devoir, 21 septembre 1985

P *ère (mon)*

Il avait un jugement formidable. Je me demande toujours si mon père serait d'accord avec moi... Je crois qu'il le serait aujourd'hui, mais, à Ottawa, je me suis souvent demandé ce qu'il penserait de cela. (AU LENDEMAIN DE SA DÉMISSION DU GOUVERNEMENT FÉDÉRAL.)
Le Journal de Montréal, 24 mai 1990

Mon père, qui est mort depuis 18 ans, [...] n'a jamais eu de problème d'alcool. C'est l'homme que j'ai toujours admiré et aimé, qui a fait honneur à tous ceux qui l'ont connu. Tout le monde connaissait Philippe Bouchard, qui a passé sa vie à livrer des

marchandises à Jonquière. (RÉACTION À UN ARTICLE DU
QUOTIDIEN *THE GAZETTE* AFFIRMANT QUE SON PÈRE AVAIT UN
«PROBLÈME D'ALCOOLISME».)

Le Devoir, 18 octobre 1993

Mon père fut un homme irréprochable qui, toute sa vie, a travaillé 16 heures par jour, sans jamais prendre de vacances, et a tout donné pour sa famille. Quoique camionneur et sachant à peine écrire [...], c'est l'homme le plus intelligent, le plus généreux et le plus sensible que j'aie connu. Ce fut aussi un doux et un obscur, comme la plupart de ceux et celles qui ont construit le Québec d'aujourd'hui. (EXTRAIT DE LA LETTRE DE PROTESTATION ENVOYÉE PAR LUCIEN BOUCHARD À LA DIRECTION DE LA *GAZETTE*.)

Le Soleil, 18 octobre 1993

P *éréquation*

Depuis 20 ans, nos dirigeants, à Ottawa, se sont vus contraints de compenser les vices du cadre politique en «achetant les problèmes». [...] C'est, par exemple, l'incapacité du fédéralisme canadien à concevoir et à mettre en œuvre une authentique politique de développement économique qui a entraîné la création d'un système de péréquation. Derrière le jargon bureaucratique par lequel on la désigne, cette redistribution n'est pas autre chose qu'une sorte d'aide sociale allouée aux provinces qui souffrent le plus de l'absence de développement rationnel et intégré.

Canadian Club, Montréal, 29 octobre 1990

P *essimisme*

Serions-nous un peuple qui a besoin de la direction d'un autre pour survivre et s'épanouir ? Je ne puis m'empêcher de penser que, chez certains, l'allégeance fédéraliste s'inspire d'un jugement pessimiste sur notre capacité de nous gouverner nous-mêmes.

Beauport, 22 mars 1995

288

P étrin

Le Québec n'est pas dans le pétrin parce qu'il gaspille plus que les autres. Au contraire, nos finances publiques, à partir de Jacques Parizeau comme ministre des Finances, ont été gérées avec une extrême rigueur.

Le Soleil, 21 juin 1993

P euple canadien

Quand on s'appelle un Canadien anglais, lié par la loyauté au gouvernement central, qu'on se reconnaît dans le drapeau, l'histoire, dans la langue, dans la façon de vivre, dans la façon de se démarquer des États-Unis... moi, si j'étais canadien anglais, je me serais levé pour le dire ! S'il y a un peuple, c'est bien celui du Canada anglais. Ils ont tissé entre eux des liens de profonde solidarité, de grande émotion. Le pays qu'ils partagent, ils l'ont dans le cœur. (RÉPONSE À JEAN CHRÉTIEN QUI AVAIT AFFIRMÉ QUE «LE RESTE DU CANADA N'EST PAS UN PAYS».)

Le Soleil, 20 octobre 1995

P euple québécois

Les Québécois veulent, se sentent, pensent constituer, à eux seuls, un peuple. Les Manitobains, non. Les Ontariens, non plus. [...] Sont peuples ceux qui le veulent suffisamment et s'en approprient les attributs.
Université du Québec à Hull, 7 octobre 1990

Nous avons tous les attributs d'un peuple : une langue, une histoire qui nous a façonnés, une intense volonté de survivre et de vivre ensemble, et un territoire. Nous avons conscience de partager ensemble une différence essentielle. Car nous nous savons différents, non seulement des autres peuples, mais de nos amis canadiens. Pas meilleurs qu'eux, pas meilleurs que les autres, pas moins bons non plus, mais simplement distincts. (ASSEMBLÉE DE LANCEMENT DU BLOC QUÉBÉCOIS.)

Sorel, 15 juin 1991

sommes fiers d'être un peuple, nous savons
s en sommes un, mais personne d'autre que
mêmes ne nous donnera l'acte de naissance.

Le Point, 21 octobre 1995

Dans cette journée de demain [du 30 octobre], à des heures qui ne sont pas les mêmes, à des endroits divers, avec dans la tête des opinions différentes, nous allons entrer seuls dans l'isoloir mais c'est un peuple qui va en émerger et chaque pays du monde saura qu'il a un nouvel ami. Et ce peuple, pour la première fois, fera entendre sa grande voix. Il parlera de tolérance, de tâche à assumer, de solidarité à resserrer. Et ce peuple, il dialoguera avec un autre peuple, un peuple partenaire, ami, voisin depuis toujours et pour tout le temps. (DISCOURS DE BEAUPORT, LE DERNIER DE LA CAMPAGNE RÉFÉRENDAIRE.)

Le Soleil, 30 octobre 1995

La seule chose que la population du Québec veut faire, c'est dire qu'elle est un peuple, qu'elle se comportera comme tel et que forte de la souveraineté qu'elle se sera donnée, elle négociera d'égal à égal avec le Canada anglais. Il n'y a plus de temps à perdre !

La Presse, 2 novembre 1995

Le 30 octobre a sonné, au Canada, une sorte de réveil collectif. Dans le foisonnement actuel des remises en question, on entend bien quelques voix grinçantes et revanchardes. Mais on entend surtout la reconnaissance nouvelle de l'existence, dans le nord du continent américain, de deux peuples profondément différents, de deux peuples qui doivent bientôt décider de leur destin. (DISCOURS D'ASSERMENTATION COMME PREMIER MINISTRE.)

Québec, 29 janvier 1996

P *eur (la)*

Nous, les Québécoises et les Québécois, savons ce que c'est que la peur. C'est le lot de celles et de ceux qui ont dû lutter longtemps contre l'extinction.

Mais d'une peur à l'autre, la détermination s'est affermie, la confiance s'est installée. (ASSEMBLÉE DE LANCEMENT DU BLOC QUÉBÉCOIS.)

Sorel, 15 juin 1991

P hilosophe

J'ai un certain sens de l'histoire et je sais qu'on n'est pas grand-chose, là. On est un frisson sur l'eau de la politique et du temps. Alors, je ne me fais pas d'illusions sur mon importance.

Radio-Canada, *Raison-Passion*,
10 septembre 1992

P oint faible (notre)

C'est le fait que personne ne peut tracer de plan précis, avec l'emplacement de tous les boulons et vis, durant les deux ou trois ans qui suivront l'accession à la souveraineté. Pas un économiste ne peut établir une prédiction précise, car personne ne peut prédire l'économie internationale. Ça va prendre de la solidarité et des gens solides.

La Presse, 27 octobre 1995

P olitesse

Nous sommes venus, nous avons mangé et nous sommes repartis. (À PROPOS D'UNE RÉCEPTION OFFERTE EN SON HONNEUR À WASHINGTON PAR L'AMBASSADEUR DU CANADA, RAYMOND CHRÉTIEN.)

La Presse, 4 mars 1994

P oliticiens

On a formé des politiciens, au Québec. On a les plus grands politiciens de l'histoire du Canada ! J'aimerais qu'on ait formé plus d'écrivains, de chercheurs, et moins de politiciens.

Radio-Canada, *Raison-Passion*,
10 septembre 1992

Je suis un politicien qui voudrait sortir de la politique. Aussitôt que la souveraineté du Québec sera chose faite, je vais retourner à la pratique du droit. Quand je voyage à l'extérieur et que je remplis les formulaires d'usage à bord d'un avion, j'écris « avocat » quand on me demande ma profession, pas « politicien ». Je déteste le mot, je déteste la profession.

Toronto Star,
22 septembre 1993

Je ne me fais pas d'illusions sur la capacité des individus d'influencer les grandes décisions. Mais une des exigences qu'il faut imposer aux dirigeants politiques, c'est d'être capables de lire ce que les gens veulent, ce qu'il y a en gestation chez eux.

Le Soleil, 20 février 1995

Politiciens en vacances

C'est probablement ce que les électeurs apprécient le plus, dans leurs députés et ministres : qu'ils fassent relâche. Moins ils les voient et moins ils les entendent, plus ils les aiment. [...] Les vacances des politiciens, c'est à la population qu'elles font le plus de bien !

Le Journal de Montréal,
29 juin 1991

Politique (la)

J'ai un rapport amour-haine à la politique. Je hais les dommages qu'elle peut causer aux individus et à leur vie privée. Mais je sais [aussi] qu'il s'agit de l'unique moyen de changer les choses.

Maclean's, 22 février 1988

J'ai souvent refusé de faire de la politique, parce que j'ai toujours eu un peu peur de cette vie. Je sais que c'est difficile et je suis conscient de ce que cela peut faire aux gens qui en font, tant sur le plan personnel que sur le plan public.

La Presse, 29 juin 1988

Je suis venu en politique parce que je croyais profondément, et continue de croire, que l'avenir du Québec est à l'intérieur de la Confédération.

Toronto Star, 21 janvier 1989

Je suis entré en politique à 49 ans. On m'avait sollicité avant [au Québec et à Ottawa]. J'ai cependant décidé de venir à Ottawa. C'est un engagement très raisonné, à partir de l'opinion que j'ai des intérêts du pays et du Québec en particulier.

La Presse, 4 octobre 1989

J'ai beaucoup de remords de ne pas m'être présenté. J'avais peur de la politique et je crois que je n'étais pas très courageux. (À PROPOS DES ÉLECTIONS DE 1976 POUR LESQUELLES RENÉ LÉVESQUE L'AVAIT PRESSENTI.)

L'actualité, 15 mai 1990

Tous mes flirts ridicules avec la politique – rentre, rentre pas... –, c'était fini tout ça. J'étais blessé. À 42 ans, au moment de commencer à vivre, de commencer à réfléchir, je pensais que j'étais fini. (APRÈS LE NON DE 1980 ET SON IMPUISSANCE, COMME AVOCAT DU GOUVERNEMENT DU QUÉBEC DEVANT LA COUR SUPRÊME, À BLOQUER LE RAPATRIEMENT DE LA CONSTITUTION.)

L'actualité, 15 mai 1990

[Le cas] Robert Cliche, cela me montre les limites de la politique, que cela ne vaut pas la peine, que la politique ne nous mérite pas.

L'actualité, 15 mai 1990

Je suis venu à la politique sur le tard, dans des circonstances difficiles, mais animées des meilleures intentions. Deux raisons m'ont convaincu de descendre dans la fosse aux lions. La première, c'est l'attrait du «beau risque» de la coopération avec M. Mulroney. La deuxième, M. Mulroney lui-même.

Chambre des communes,
22 mai 1990

En politique, il faut constamment faire des compromis. Lorsque tu dis une phrase sincère, tu embarrasses certains de tes collègues ou tu te fais taper sur les doigts.

Le Journal de Montréal,
24 mai 1990

Je suis entré en politique en 1988 parce que l'Accord du lac Meech valait le coup. On avait toutes les raisons de croire que Meech serait ratifié. Je me suis fié à la parole des premiers ministres qui ont signé l'Accord et on a été trompés.

Le Lac-Saint-Jean, 29 mai 1990

Il y a plus que la politique dans la vie. La politique, c'est très réducteur. De plus, la politique telle qu'on la vit aujourd'hui est une politique de combat, de temps perdu. Ça nous réduit, ça nous limite, ça nous émascule. [...] Je rêve du jour où les Québécois vont devoir cesser de se préoccuper surtout de politique. La politique, c'est bien mais ce n'est pas tout : c'est le petit bout de la lunette !

Possibles, hiver 1991

Moi, si je voulais quitter la politique, je ne pourrais pas le faire actuellement. De quoi aurais-je l'air ? Je ne pourrais pas le faire. Je n'aurais même pas de crédibilité pour redevenir un avocat respectable... Les gens diraient que [Bouchard] c'est un gars qui lâche, un gars qui répond pas aux responsabilités qu'on veut lui confier, etc.

Le Mouton noir,
Jacques Godbout, 1991

En politique, on est toujours inquiet. On vit dans la précarité. [...] L'une des premières choses qu'il faut se donner en politique, c'est le moyen de résister à l'angoisse. Il y a une forme d'angoisse perpétuelle. C'est très, très intangible.

Radio-Canada, *Raison-Passion*,
10 septembre 1992

Je dois dire que je suis en politique par accident. Je me sens encore un avocat et je vais être très tenté d'y retourner, quand on aura atteint notre but.

Le Devoir, 5 août 1994

La politique me paraît plus importante que jamais. [...] Je me suis ennuyé de la politique ! Quand on est dedans, on sacre contre elle : maudite politique ! Là, tout à coup, sevré de la politique, j'étais en manque et j'ai découvert que je l'aimais beaucoup ! Une des raisons pour lesquelles j'ai poussé sur mes docteurs et sur la réadaptation, c'est que j'avais hâte de revenir. (APRÈS LA TERRIBLE MALADIE QUI A FAILLI L'EMPORTER.)

Le Soleil, 20 février 1995

L'expérience que j'ai vécue va me ramener davantage dans la vraie dimension de la politique, c'est-à-dire la tentative d'apporter un minimum de solutions aux problèmes des gens. (*IDEM.*)

Le Soleil, 20 février 1995

En politique, toutes les choses sont loin, toutes les choses sont hypothétiques et précaires. J'ai appris que la journée qui passe n'augure pas forcément bien pour celle qui suit.

La Presse, 4 octobre 1995

Il n'y a pas que la politique dans la vie. Il y a la famille, les choses qu'on ne fait pas parce qu'on est en politique : la musique, la lecture, les voyages, un peu de sport. J'en suis un peu trop éloigné et j'ai la nostalgie d'y revenir.

MusiquePlus, 24 octobre 1995

Je ne goûte pas les mauvais côtés de la politique mais je commence à aimer cela de plus en plus. Honnêtement, il y a quelque chose en politique que vous n'avez nulle part ailleurs et je me sens nettement mieux maintenant dans mon propre parti que dans un autre parti. Je suis probablement quelqu'un qui n'est pas capable de travailler sous les ordres de quelqu'un d'autre.

CTV, 21 novembre 1995

Porte (ouverte)

J'ai toujours pratiqué la politique de la porte ouverte. Lorsque j'étais à Paris [comme ambassadeur], même si j'avais un horaire chargé, je m'arrangeais toujours pour rencontrer les personnes qui venaient me visiter.

Le Lac-Saint-Jean, 10 mai 1988

Ma porte sera toujours ouverte aux députés du Bloc comme à ceux du Parti québécois.

La Presse, 4 décembre 1995

Possible (ça devient)

Il y a quelque chose qui renaît, il y a quelque chose qui se passe, la bille est en train de rouler pour le OUI. (À PROPOS DE LA REMONTÉE DU OUI DANS LES SONDAGES.)

Le Soleil, 13 octobre 1995

Le dossier de la souveraineté est sur la table pour toujours et il va s'épanouir un jour par sa réalisation, un jour qui n'est pas loin. Nous sommes maintenant dans le bout droit de la souveraineté.

Presse Canadienne, 25 janvier 1996

Potion magique

Ça fait du bien de venir se reposer dans la marmite de potion magique de la souveraineté! (EN TOURNÉE AU SAGUENAY–LAC-SAINT-JEAN.)

Le Soleil, 7 octobre 1995

Pourquoi?

Nous sommes le seul peuple d'Occident ayant un certain poids démographique – 7,2 millions d'habitants, ce n'est tout de même pas Andorre, ou Monaco ou le Liechtenstein – à ne pas être souverain. Le fédéralisme canadien nous a-t-il à ce point comblés, ou sommes-nous plus incapables que les autres?

Beauport, 22 mars 1995

Pouvoir (le)

Les gens de ma génération ne sont pas attirés par un ministère mais par le pouvoir.

L'actualité, août 1987

Le vrai pouvoir, c'est le pouvoir de changer des choses profondément, dans la perspective de ce qu'on souhaite pour notre collectivité. [...] C'est le pouvoir de changer quelque chose de fondamental, surtout dans une société comme la nôtre, qui ne s'est jamais décidée, qui a toujours viré en rond, qui a toujours hésité entre l'écorce et l'arbre.

Radio-Canada, *Raison-Passion*,
10 septembre 1992

Ce n'est pas l'artifice, l'apparence du pouvoir qu'on veut. On a assez vu les représentants du Québec aux Communes troquer le pouvoir contre l'avancement des petites carrières personnelles. Il faut, cette fois, que le Québec se donne les moyens [avec le Bloc] de se sortir du marasme.

Le Soleil, 20 juin 1993

Premier ministre

Premier ministre du Québec? Je ne suis pas rendu là. Pas encore!

Voir, 4 juin 1992

J'ai besoin de plusieurs jours pour décider. Je ne suis pas seul en cause. J'ai une femme, une famille, qui ont beaucoup sacrifié à la politique au cours de la dernière année. J'ai besoin de temps pour prendre une décision. (À PROPOS DE SON ÉVENTUELLE SUCCESSION À JACQUES PARIZEAU.)

La Presse, 2 novembre 1995

On comprend tous que je suis en face d'un carrefour personnel dans ma vie. [...] Je sens la pression très forte, je la vois, je la perçois, elle est constante. Il y a des intérêts fondamentaux en jeu. J'aurai à résoudre tout cela. Alors, laissez-moi le fardeau, il n'y a rien de décidé, je vous assure. [...] Les pressions personnelles pour retourner à la vie privée sont très fortes. (*IDEM.*)

Le Devoir,
3 novembre 1995

Je n'ai pas pris tout seul une décision qui engage aussi lourdement mes proches. Audrey, qui a déjà beaucoup donné à la politique et à une carrière qui n'est pas la sienne, m'a renouvelé son appui. En fait, c'est notre décision. [...] Nous faisons le pari de mener, à travers les obligations de l'engagement public, une vie familiale stable et intense. [...] Je souhaite voir le Québec s'épanouir. Mais je veux aussi voir grandir Alexandre et Simon, à qui Audrey et moi comptons transmettre le meilleur de nous-mêmes. (APRÈS SON ACCEPTATION DE SUCCÉDER À JACQUES PARIZEAU.)

Candidature à la présidence du PQ,
21 novembre 1995

J'ai confiance en moi et je pense qu'inconsciemment toute ma carrière m'a préparé à cela [devenir premier ministre]. Je suis presque obligé de plonger et d'accepter le défi. Je pense que je peux faire quelque chose pour le Québec. Si je réussis, je pense que ce sera utile pour tous les Québécois. (*IDEM.*)

La Presse, 22 novembre 1995

Le travail d'un premier ministre est très difficile. Je ne sais pas si j'aime cela. Je n'ai pas de sentiment précis pour le moment. Je me contente de passer au travers.

Le Quotidien du Saguenay–Lac-Saint-Jean,
3 février 1996

Principe (question de)

Je n'épiloguerai pas sur la difficulté que j'éprouve à prendre la décision que je vous communique aujourd'hui. Elle blesse une amitié très ancienne et maintes fois éprouvée. Mais dès lors que se pose une question de principe, il n'y a pas d'autre choix.

Lettre de démission à Brian Mulroney,
22 mai 1990

Printemps

Pour certains, la solution [à nos problèmes] serait tout simplement d'oublier la souveraineté. Au Québec, cela reviendrait à dire : « Cessez d'espérer le printemps ! »

La Presse, 13 mars 1996

Priorité

J'ai très bien compris que la priorité au Québec, maintenant, c'est de gouverner.

Le Devoir, 17 janvier 1996

Problème canadien

L'esprit d'un régime fédéral, c'est l'harmonie, sa capacité de réformer le système. On ne peut pas pratiquer la politique d'affrontement de façon éternelle. Quand bien même on contribuerait à exercer une pression pour dégraisser la machine gouvernementale, pour protéger les acquis sociaux, pour réviser les programmes militaires et ainsi de suite, on n'aura pas réglé le problème de fond, le problème canadien.

L'actualité, juillet 1993

Le passé devrait nous apprendre que le problème politique du Canada, c'est le Québec, et que le problème du Québec, c'est le Canada.

Réponse au discours du Trône,
19 janvier 1994

Le NON l'emporte, mais le problème canadien reste entier. Il se pose même ce soir de façon exacerbée. (AU SOIR DE LA DÉFAITE DU OUI AU RÉFÉRENDUM SUR LA SOUVERAINETÉ.)

La Presse, 31 octobre 1995

Programme

Notre programme tient en un mot : c'est la souveraineté du Québec.

La Presse, 17 octobre 1993

Programmes sociaux

L'une des grandes réalisations des années soixante, au Québec comme au Canada, c'est nos programmes sociaux. On a civilisé les rapports entre les citoyens, on a essayé de répartir la richesse, de faire une société compatissante. Moi, jamais on ne me verra fouiller dans les programmes sociaux.

L'actualité, juillet 1993

Je me méfie terriblement de tous ceux qui nous disent qu'ils vont réformer les programmes sociaux. On sait ce que ces gens-là veulent : ils veulent couper, ils veulent aller chercher de l'argent, ils ont de gros signes de piastre dans les yeux et des ciseaux dans les mains. On nous fait croire que ce sont les gens démunis et les gens malades qui sont en train de plonger le Canada et le Québec en faillite !

Le Devoir, 16 octobre 1993

On ne touche pas aux programmes sociaux. On devrait tous être liés par un pacte de civilisation, d'humanisme et de justice distributive pour ne pas toucher aux démunis. Leur niveau de protection sociale est déjà très menacé.

Le Devoir, 13 octobre 1993

Il faut nous assurer que les programmes de sécurité du revenu continuent de soutenir les personnes en difficulté. Mais aussi, ces programmes doivent stimuler davantage les chômeurs et les assistés sociaux aptes au travail à se trouver un emploi ou à acquérir les compétences nécessaires à leur intégration au marché du travail.

Chambre de commerce de Laval,
6 décembre 1995

Nos programmes d'assurance-chômage et d'aide sociale, parce qu'ils sont de compétences partagées entre Ottawa et Québec, sont non seulement mal conçus mais ils produisent des effets pervers. Ce que nous demandons depuis des années à Ottawa, c'est de nous remettre le contrôle de l'ensemble des mesures sociales qui nous touchent afin de les adapter à notre société. Mais il ne saurait être question de nous défiler pour cette raison. Nous avons du travail à faire du côté des programmes que nous contrôlons et nous allons nous y atteler.

Chambre de commerce de Laval,
6 décembre 1995

Progrès (aléas du)

Le développement technologique ne laisse pas, en certains cas, de susciter une angoisse, celle que la technologie, plutôt que de se révéler un instrument de progrès, n'en vienne à nous dépasser, à nous dominer, à modifier de façon incontrôlable la trajectoire de nos sociétés. [...] Prenant pour acquis que le progrès des technologies se poursuivra, il est important d'identifier les moyens de l'intégrer harmonieusement à l'épanouissement de notre culture.

Ottawa, 12 janvier 1989

Projet de société

Je pense qu'on ne s'est pas beaucoup creusé la cervelle sur ce qu'on veut faire d'un Québec souverain. «Le Québec aux Québécois», c'est positif mais il faudrait embrayer sur plus que ça. Je crois qu'on pourrait convaincre davantage de gens si on incarnait l'idée de souveraineté dans un projet social.

Voir, 4 juin 1992

P *romesse*

Le Québec a tellement souffert de l'injustice qu'il ne sera jamais injuste envers les autres.

Le Devoir, 22 octobre 1993

P *ronostic*

Jean Chrétien ne formera jamais le gouvernement à Ottawa. Les Québécois ne vont jamais lui faire confiance. Ils vont toujours faire confiance à M. Mulroney. [...] Quand l'épouvantail va revenir sur la scène politique, ça va nous prendre un champion à Ottawa et il va s'appeler Brian Mulroney.

Le Soleil, 28 mai 1990

P *rophète*

Il faut que les Canadiens anglais comprennent ce qui se passe au Québec. [...] S'ils ne le comprenaient pas et s'ils devaient penser que c'est réglé et fini, que le Québec est à genoux et qu'il va rester comme ça, ce serait tragique. D'ici 5 à 10 ans, on ne pourra pas tenir le Québec dans la situation actuelle sans que quelque chose arrive.

Le Devoir,
21 septembre 1985

P *roposition (honnête)*

Une proposition fédérale qui serait de nature confédérale, qui dirait, il y a deux pays, faisons deux États souverains, essayons de tout mettre en commun dans le cadre d'une instance qui se ferait déléguer les pouvoirs par traités, d'un Parlement central qui ne serait pas élu, je serais prêt à regarder cela.

Le Devoir, 18 mai 1991

Provinces (égalité des)

L'égalité des provinces, c'est un concept his-
toriquement répudié par le Québec.

Le Soleil, 10 juillet 1992

Pyromanes

Ottawa semble vouloir mettre la chicane dans la
cabane, allumer le feu. Allumer le feu signifie que
M. Dion [ministre fédéral des Affaires intergouverne-
mentales], à peine nommé ministre, nous parle de
déchiqueter le Québec avec des couteaux de
boucherie, M. Chrétien l'appuie, M. Trudeau
m'accuse de traîtrise et M. Johnson m'accuse
d'utiliser un discours brutal. Ça ressemble assez bien
à une stratégie d'ensemble et à partir d'Ottawa. En ce
qui me regarde, ils ne me trouveront pas là-dedans. Je
suis résolu à ne pas entrer dans une polémique.

La Presse, 6 février 1996

Q uadrature du cercle

Le Canada, tel que le conçoivent les populations de ses différentes régions anglophones, succombera au morcellement et à la dispersion s'il ne s'encadre pas dans un gouvernement central très fort. [...] Dès lors, le Québec, entraîné qu'il est vers l'achèvement d'une identité distincte, fait de plus en plus figure de corps étranger dans cet ensemble. D'où un phénomène de rejet et la condamnation d'un régime confronté à la quadrature du cercle, écartelé, pour ainsi dire, par la double exigence d'être à la fois fortement centralisé, pour satisfaire aux aspirations des uns, et totalement décentralisé, pour répondre aux besoins des autres.

Université du Québec à Hull, 7 octobre 1990

Q uébec

Le Québec contemporain, celui que nous avons bâti depuis 30 ans, est fin prêt pour la souveraineté. Il a tous les attributs d'un État moderne, viable et démocratique. Son peuple habite un même territoire, partage une même langue, a fait montre d'une incontestable tolérance pour ses minorités. Il s'est donné des leviers économiques originaux, un corps de droit, des systèmes d'éducation et de sécurité sociale.

Traces, novembre-décembre 1991

Le Québec n'est ni une province ni une région. Il est la patrie que l'histoire a finalement laissée, après de nombreuses vicissitudes, à cette collectivité d'abord venue de France et établie dans la vallée du Saint-Laurent. Cette collectivité doit sa survie à une constante volonté de perdurer en tant que peuple.

Un nouveau parti..., Bloc québécois, mai 1993

Québec profond

Moi, personnellement, il entre dans ma motivation d'être présent dans la politique fédérale et dans le gouvernement fédéral, à un point charnière de notre vie nationale, pour défendre ce que je crois et ce que je sens être le Québec profond.

La Presse, 12 janvier 1989

Québécois (les)

Je voyage souvent en avion et je vois les Québécois aller partout, faire des affaires en Afrique, en Europe et ailleurs. Ils viennent de Victoriaville, de la Beauce, etc. Ils sont ouverts sur le monde. Je pense que c'est un héritage de René Lévesque, du nationalisme. Je me demande si le grand dessein politique du Parti québécois ne s'est pas traduit en dessein économique.

La Presse, 2 avril 1988

Je connais le Québec, j'aime les gens du Québec. Les Québécois sont des travailleurs essentiellement honnêtes, ils détestent la malhonnêteté où qu'elle se trouve.

Le Devoir, 2 avril 1988

Il y a depuis une génération un changement de mentalité : les gens du Québec veulent aller à l'étranger, ils n'ont plus peur. [...] On est très bien placés : on est la province la plus européenne, on peut parler deux langues, on peut aller aux États-Unis parce qu'on connaît bien les Américains. On est des Américains du Nord et des Français d'Amérique.

Possibles, hiver 1991

Je voudrais être de ceux qui poussent les Québécois à prendre une décision. Ils m'impatientent parfois. Il faut trancher.

Le Monde, 16 octobre 1992

Les Québécoises et les Québécois, ce ne sont pas seulement les Tremblay d'Alma, les Dutil de la Beauce ou les Rivard de Montréal, qui cohabitent avec les Gabriel de Kanesatake et les Gil de Mashteuiatsch, mais ce sont aussi les Soares de la rue Saint-Laurent, les Rosenbloom de Chomedy, les Nguyen de Brossard et les Murphy de Saint-Henri, qui contribuent à bâtir le Québec, qui l'aiment et qui veulent y rester.

(ASSEMBLÉE DE LANCEMENT DU BLOC QUÉBÉCOIS.)

Sorel, 15 juin 1991

Les Québécois, c'est tous ceux et toutes celles qui vivent au Québec.

Le Devoir, 22 octobre 1993

Je pense savoir un peu ce que les Québécois veulent et il faudrait pouvoir permettre que cela arrive. On voit bien actuellement que les Québécois ont des hésitations, qu'ils se posent des questions, mais ce n'est pas vrai qu'ils sont heureux dans la situation actuelle. [...] Ce n'est pas vrai que les Québécois ont perdu leurs aspirations collectives, qu'ils n'ont pas des valeurs à eux, une identité.

Le Soleil, 20 février 1995

Ils sont d'une prudence... Ils réfléchissent longtemps avant de se faire une opinion.

Le Devoir, 26 octobre 1995

Question gagnante

Si on pose une question tellement subtile, tellement smatte qu'à la fin on ne sait plus ce qu'elle veut dire, on tombe dans le ridicule. Il faut que ça soit franc, direct et clair. [...] Il faut poser une question dont la réponse soit constructive pour le Québec. Il faut que la réponse permette de sortir de la situation actuelle. Je ne veux pas qu'on se divise comme Québécois. (À PROPOS DU RÉFÉRENDUM SUR LA SOUVERAINETÉ.)

Radio-Canada, *Le Point*, 19 février 1995

Question tarte-aux-pommes

Le Québec dira NON au lavage de cerveau, NON à l'empiètement des gros sabots du fédéral dans le champ de la démocratie fédérale, NON à la question tarte-aux-pommes, NON au tandem Brian Mulroney-Jean Chrétien. (À PROPOS DU RÉFÉRENDUM SUR L'ENTENTE DE CHARLOTTETOWN.)

Laval, 20 juin 1992

Quiétude estivale

On compte beaucoup sur le fait que les Québécois vont s'endormir : ça n'arrivera pas. On ne laissera pas faire ça. [...] S'il y a des gens qui comptent sur la quiétude estivale [pour porter des mauvais coups au Québec], ils se trompent. Il y a des gens qui vont travailler cet été, dont moi, des gens très connus, qui ne sont pas des excités ni des émotifs, des gens qui se rendent compte que c'est le temps de définir le Québec de demain.

Le Soleil, 7 juin 1990

Raccourci

Un vote québécois pour un député fédéraliste aux prochaines élections [fédérales], c'est un vote contre les intérêts du Québec.

Le Devoir, 22 mars 1993

Race blanche

Il y a des gens qui m'entourent qui sont démographes. On parle souvent de ces questions et je sais que l'expression est souvent venue sur leurs lèvres. J'ai employé le terme technique. Je comprends qu'au point de vue de la «correction» politique, un terme différent aurait pu être préférable, mais ça passe dans un discours. Il n'y avait aucune espèce d'intention négative là. (À PROPOS DE LA POLÉMIQUE SUSCITÉE PAR L'EMPLOI DE L'EXPRESSION «RACE BLANCHE» DANS L'UN DE SES DISCOURS. *VOIR* ENFANTS.)

La Presse, 17 octobre 1995

Sur la «race blanche», je reconnais que c'est maladroit, inapproprié et de nature à faire croire à certaines personnes qui ne sont pas de race blanche qu'elles ne sont pas du peuple du Québec. Ce n'était pas mon propos, je regrette cette déclaration, je la répudie. (*IDEM.*)

La Presse, 18 octobre 1995

J'ai employé un mot, une expression qui était malheureuse et que je regrette, c'est l'expression «race blanche». Je voulais mentionner que, parmi les peuples de l'Occident, c'est notre peuple qui a probablement le plus bas taux de natalité. [...] « Race blanche » est un mot inapproprié qui est chargé de sens et que je répudie. (*IDEM.*)

Le Soleil, 18 octobre 1995

Racines

Que je le veuille ou non, l'histoire m'a fait Québécois de souche. [...] Ma racine s'est profondément implantée dans un petit coin de terre. Je ne la crois ni meilleure ni plus riche que celle des autres. Mais c'est la mienne. Certains pourraient penser qu'elle nourrit des valeurs dépassées et qu'elle m'isole de ces Québécois venus, plus récemment, construire, ici et avec nous, leur avenir. Je ne le pense pas. Le particulier n'est réducteur que s'il nous empêche d'accéder à l'universel. Or, mon village, je veux qu'il fasse partie d'un vrai pays qui élargisse le champ de mes préoccupations et s'ouvre au monde extérieur, à commencer par celui qui s'est déjà installé chez nous.

À visage découvert, Boréal, 1992

Raciste

Le camp du NON essaie de faire une montagne de quelque chose qui n'existe pas, de me dépeindre comme un raciste. Moi, un raciste ? Moi, un sexiste ? C'est ridicule ! (ALLUSION À LA POLÉMIQUE SUSCITÉE PAR SES DISCOURS SUR LA « RACE BLANCHE » ET LE VOTE DES FEMMES.)

Le Devoir, 17 octobre 1995

Le peuple du Québec me connaît. Chacun sait que je suis un homme tolérant, que je souhaite une société ouverte à tous les hommes et les femmes de toutes les races, de toutes les couleurs, de tous les niveaux. (*IDEM.*)

La Presse, 17 octobre 1995

Quand on a 56 ans, qu'on a toujours vécu au Québec et qu'on a une certaine image de soi, le jour où on laisse planer sur vous de telles épithètes, «raciste», «sexiste», on ne trouve pas ça drôle. (*IDEM.*)

La Presse, 18 octobre 1995

Radicalisme

Nous croyons qu'il ne faut pas se fixer trop radicalement dans nos positions car nos futurs partenaires [du Canada anglais] auront aussi des idées et il faut se préparer à recevoir des propositions. Ça fait partie de la politique.

Le Devoir, 14 mai 1993

Je ne vais pas céder au radicalisme. C'est un grand défaut d'être radical. Je n'exclus pas les choses qui ont du bon sens. [...] Il y aura des conférences fédérales-provinciales sur l'économie et, chaque fois que l'intérêt du Québec sera en cause, nous y serons. Côté constitutionnel, si on fait une conférence pour nous convaincre qu'il faut déchiqueter le Québec, on n'ira pas.

Le Soleil, 3 février 1996

Raison (triomphe de la)

On a perdu avec la fièvre [en 1980], on va gagner avec la foi et la détermination. Il y aura de l'émotion, mais je ne crois pas que ça sera trop émotif. Il faut que ce soit une décision très rationnelle. Là où l'émotion a échoué, la raison prévaudra. (À PROPOS DU RÉFÉRENDUM SUR LA SOUVERAINETÉ.)

Le Soleil, 12 août 1995

Rang (du Québec)

En faisant son apparition en tant qu'acteur à part entière sur la scène internationale, [...] le Québec y occuperait, de toute évidence, une place modeste. Parmi les quelque 170 États souverains de la planète, il serait loin du peloton des grands, mais il ne se retrouverait pas pour autant parmi les nains.

La Presse, 18 avril 1991

Ras-le-bol

Avec les défis qui nous attendent, on ne peut plus passer notre temps à nous fouiller le nombril. Je pense que les gens en ont ras le bol des discussions constitutionnelles et qu'ils sont prêts à prendre une décision. Je ne crains pas de soumettre la souveraineté au verdict populaire. [...] Les écrans de fumée constitutionnels, les Québécois ne veulent plus rien savoir de ça, ils sont complètement écœurés. C'est normal !

Voir, 4 juin 1992

Rassurant

Quand le temps viendra, lors du prochain débat sur notre avenir, quand les discours s'enflammeront [...], quand la rhétorique nationaliste ou fédéraliste hérissera, il sera bon de se dire qu'il reste une vérité inaltérable à laquelle nous pouvons nous accrocher : le fait qu'au bout du compte nous sommes tous québécois ; nous aimons tous le Québec, parce que le Québec, c'est chez nous.

Le Devoir, 12 mars 1996

Rationnel

J'ai décidé que le chemin qu'on doit emprunter, c'est le chemin de la rationalité.

La Presse, 13 octobre 1993

Réalisme

Nos aspirations nous désunissent par leur divergence, mais nos problèmes sociaux, économiques et budgétaires sont communs. *As would sing Premier Bob Rae : « We are all in the same boat. »*

Réponse au discours du Trône,
19 janvier 1994

Recherche scientifique

De tout ce qu'on fait au gouvernement, il n'y a rien de plus important que la recherche. [...] Si on ne se lance pas dans la recherche, on ne sera pas là, on va mourir.

Possibles, hiver 1991

Pour avoir notre part d'universel, il nous faut des Québécois physiciens, biologistes, des chercheurs qui soient engagés dans la grande recherche de pointe.

Possibles, hiver 1991

R*éconciliation(s)*

La réconciliation nationale dont ce gouvernement [Mulroney] s'est constamment fait l'avocat ne passe pas seulement par un accord constitutionnel, mais par un accroissement et une meilleure distribution de la richesse collective. Ce n'est pas le protection-nisme qui nous mènera sur cette voie, mais bien l'ouverture, la conscience de nos possibilités, le goût de nous mesurer.

Chambre des communes, 29 août 1988

La solidarité requise [pour remettre le Québec sur pied] devra découler d'une réconciliation de toutes les composantes québécoises. Nous devrons emprunter ensemble le chemin de la relance, les gens d'affaires avec les syndicats, le secteur public en alliance avec le secteur privé, [...] les anglophones, allophones et autochtones aux côtés des francophones.

L'actualité, février 1996

R*ecord*

Le Canada est sûrement le pays le plus surgou-verné du monde : 11 gouvernements pour 28 mil-lions d'habitants !

Empire Club, Toronto, 20 septembre 1993

R*éférendum*

Je ne veux pas d'un référendum qui ne passera pas. Il ne faut plus diviser les Québécois. Si on pense qu'il ne passera pas, il ne faut pas le faire, ce référendum !

La Presse, 13 octobre 1993

Il n'est pas question que les souverainistes s'engagent dans un référendum perdu. Ce qui est important, c'est de gagner. Un référendum perdu, ça n'a pas de bon sens. Il n'y a qu'un mot : « gagner » ! [...] Nous gagnerons un référendum quand nous en tiendrons un et nous en tiendrons un pour le gagner. (ANNONCE, UNE SEMAINE APRÈS LE RETOUR AUX AFFAIRES DU PQ, DU REPORT ÉVENTUEL DU RÉFÉRENDUM SUR LA SOUVERAINETÉ.)

La Presse, 20 septembre 1994

Contrairement à ce qu'on peut penser, je veux le référendum le plus vite possible, mais dans des circonstances raisonnables de succès. Je le veux le plus vite possible pour ne pas que s'installent de nouvelles ambiguïtés. (ALLUSION AU RISQUE QUE CERTAINS QUÉBÉCOIS NE VOIENT DANS LE BLOC QU'UN SIMPLE « CHIEN DE GARDE » DESTINÉ À VEILLER AUX INTÉRÊTS DU QUÉBEC À OTTAWA.)

La Presse, 29 octobre 1994

Si les fédéralistes pensent qu'on va leur faire un référendum perdant, ils vont attendre longtemps ! Mon impératif premier, c'est un référendum gagnant.

Congrès du Bloc québécois,
7 avril 1995

Il peut y avoir des nuances de mécanismes [dans le projet commun PQ-Bloc québécois] mais, fondamentalement, il s'agit d'un référendum qui permettra à l'Assemblée nationale de proclamer la souveraineté et de faire au Canada anglais une proposition qu'il prendra ou ne prendra pas.

Le Devoir, 2 mai 1995

Le combat est extrêmement serré [mais] il y a une chance de gagner que nous n'avons pas le droit de laisser passer car Dieu sait quand elle se représentera. (DISCOURS À BEAUPORT, LE DERNIER DE LA CAMPAGNE RÉFÉRENDAIRE.)

Le Devoir, 30 octobre 1995

Un réveil brutal attend ceux qui ont voté NON. Je suis convaincu que s'il y avait un référendum aujourd'hui nous le gagnerions avec 55 % des voix.

Le Soleil, 3 novembre 1995

Référendum (prochain)

Une fois que notre partenaire [le Canada anglais] sera allé au bout de son impuissance à reconnaître notre réalité de peuple, un autre créneau référendaire s'ouvrira, dans des conditions gagnantes, pour le Québec. Ce sera le moment du prochain référendum, c'est-à-dire quand il permettra l'émergence d'une décision claire sur notre avenir.

Candidature à la présidence du PQ,
21 novembre 1995

[En s'y opposant], ce seraient des bûches de plus que Jean Chrétien mettrait dans le foyer des souverainistes et de la démocratie québécoise. Il n'y a même pas des fédéralistes au Québec qui accepteraient ça. Les Québécois se lèveraient debout, collectivement, unanimement pour dénoncer un pareil accroc à la démocratie. [...] L'idée d'invoquer l'ancêtre de la Loi des mesures de guerre pour empêcher une population démocratique de se prononcer sur son avenir est inconcevable. Il ne faut que Jean Chrétien pour l'évoquer. C'est politiquement infaisable et démocratiquement impossible. (APRÈS LA MENACE DE JEAN CHRÉTIEN D'USER DE POUVOIRS SPÉCIAUX POUR BLOQUER LA TENUE D'UN TROISIÈME RÉFÉRENDUM DONT LA QUESTION NE SERAIT PAS «CLAIRE ET ÉQUITABLE POUR LES QUÉBÉCOIS ET POUR LE RESTE DU PAYS».)

Le Devoir, 12 décembre 1995

Jean Chrétien sait fort bien qu'il va perdre le prochain référendum et il tente déjà d'imposer sa propre question. Il essaie d'être le maître du jeu, de changer les règles du jeu. S'il fait cela, le référendum va passer automatiquement à 80 %. (*IDEM.*)

Le Soleil, 12 décembre 1995

...t [...] de notre devoir, à toutes et à tous, de
...nuer aujourd'hui et demain le travail d'explica-
...on et de promotion de la souveraineté afin que le
prochain rendez-vous référendaire consacre l'accession du Québec au sein du concert des nations.

Campagne de financement et de recrutement,
PQ, 1996

Puisque ces gens-là [du gouvernement fédéral]
veulent poser des questions, je vais leur en poser une :
s'engagent-ils à respecter la majorité [des suffrages] et
le verdict de la population lors du prochain référendum
au Québec ? Voilà une question à laquelle ils doivent
répondre en démocrates. (RÉPONSE À RON IRWIN, MINISTRE
FÉDÉRAL DES AFFAIRES INDIENNES, QUI LE SOMMAIT DE S'ENGAGER À
NE JAMAIS RECOURIR À LA FORCE POUR EMPÊCHER CERTAINS
QUÉBÉCOIS DE RESTER CANADIENS ADVENANT LA SOUVERAINETÉ.)

La Presse, 13 février 1996

Qui a le droit, qui a le pouvoir de dire que
l'option [souverainiste] n'existe plus ? L'option
existe par elle-même. Dans ces conditions, il faut
reconnaître qu'il y aura, dans un délai que nous ne
connaissons pas, un référendum, un rendez-vous
démocratique nouveau. [...] Et un jour, la démocratie
décidera. Ayons confiance. (RÉACTION AUX DEMANDES DE
L'OPPOSITION LIBÉRALE DE « GEL » DE L'OPTION SOUVERAINISTE.)

Le Devoir, 13 mars 1996

Mon gouvernement n'a pas, aujourd'hui, le
mandat de tenir un référendum. [...] La question de
savoir s'il y aura un autre référendum sera décidée
par les Québécoises et les Québécois lors de la
prochaine élection générale. Ils auront le choix d'élire
ou de ne pas élire un gouvernement qui prône la souveraineté et qui propose la tenue d'un référendum.

Sommet socio-économique, Québec,
18 mars 1996

Je le dis haut et fort : qu'on ne compte pas sur moi
pour dilapider la chance historique qui permettra,

après les élections générales, au peuple québécois
d'assumer, enfin pleinement, son destin. Mais je l'ai
dit plusieurs fois et je le répète : rien ne nous appelle
aux urnes pour l'instant, le mandat du gouvernement
que je dirige est encore fort jeune.

> Sommet socio-économique, Québec,
> 18 mars 1996

Référendum pancanadien

Jamais le Québec n'a été plus menacé que par la
possibilité pour le gouvernement fédéral de faire un
référendum national, de répéter la Conscription de
1942 et de faire en sorte que la majorité de l'ensemble
du pays submerge cette pauvre démocratie québécoise
qui ne demande qu'à s'exprimer. [...] Le référendum
national est quelque chose de très dangereux.

> Hull, 14 mai 1991

Ceux qui rêvent d'un référendum pancanadien
sont décrochés de la réalité. La décision [sur la sou-
veraineté] doit se prendre au Québec, par les
Québécois.

> Le Devoir, 31 janvier 1992

Le Canada anglais peut bien faire son référendum, c'est son droit. La question centrale restera
toujours la souveraineté du Québec.

> La Presse, 21 mai 1992

Reform Party

La montée de cette formation politique, inconnue
il y a deux ans, va permettre aux Québécois de savoir
ce que veulent vraiment les Canadiens anglais. Il était
temps qu'un message clair et authentique nous parvienne au-dessus de la cacophonie actuelle.

> Le Journal de Montréal, 27 avril 1991

Le Reform Party, c'est la démonstration qu'on ne
peut pas nier aux Canadiens anglais hors Québec le
droit de vivre dans un pays selon leur cœur et leur

nature profonde. Un pays où ils pourraient manger leurs *Corn Flakes* sans voir de français sur la boîte...
Le Journal de Montréal, 27 avril 1991

Si le *Reform Party* n'existait pas, il faudrait l'inventer. Car le Canada anglais réel a besoin d'une voix pour dire ce qu'il pense. Cette voix, le parti de M. Preston Manning vient de la lui donner.
Le Journal de Montréal, 27 avril 1991

On n'est pas de la même farine, c'est évident. Mais je crois que le *Reform Party* est celui qui exprime de la façon la plus authentique les aspirations du Canada anglais. Il a le mérite de poser comme nous, franchement et clairement, le problème de la dualité canadienne.
Le Devoir, 17 juin 1991

Le *Reform Party* représente un courant très idéologique, populiste de droite.
Le Devoir, 12 octobre 1993

Réforme constitutionnelle

Jean Chrétien n'a pas de marge de manœuvre au Canada anglais, c'est pour ça qu'il ne peut faire d'offres constitutionnelles au Québec. Le Canada anglais a dit non au Québec en rejetant Meech et Charlottetown. Cela l'oblige [Chrétien] à se retrancher dans une position d'intransigeance. [...] Il n'est pas capable d'offrir autre chose que l'affrontement. (À PROPOS DU REFUS DE JEAN CHRÉTIEN DE DISCUTER DE RÉFORME CONSTITUTIONNELLE, MÊME EN CAS DE VICTOIRE ÉLECTORALE DU PQ.)
La Presse, 18 décembre 1993

Réforme sociale

On «fessera» pas sur les petits avant les gros. La population acceptera nos décisions si elle les juge équitables.
L'actualité, février 1996

Régime fédéral

Force est [...] de conclure que, malgré 30 ans de présence constante de Québécoises et de Québécois au sein du gouvernement fédéral, le régime actuel ne s'avère, pour le Québec, ni rationnel, ni rentable, ni réformable.

Un nouveau parti..., Bloc québécois, mai 1993

Rester dans le régime actuel, c'est accepter les empiétements d'Ottawa, la neutralisation de nos efforts, le gaspillage de nos ressources, les chicanes stériles entre dirigeants politiques aussi bien qu'entre appareils bureaucratiques.

Beauport, 22 mars 1995

Si les fédéralistes d'Ottawa ne se rendent pas compte que le régime fédéral canadien n'a jamais été aussi fragile que ce soir, c'est qu'ils n'ont rien compris à ce qui vient de se passer. (AU SOIR DE L'ÉCHEC DU OUI AU RÉFÉRENDUM SUR LA SOUVERAINETÉ.)

La Presse, 31 octobre 1995

Régionaliste

Pour moi, l'engagement politique en est d'abord un envers les citoyens. Je ne peux pas me dissocier de mes racines. Or, il se trouve que mes racines sont dans cette région [de Lac-Saint-Jean]. D'ailleurs, je me suis toujours qualifié de régionaliste.

Le Lac-Saint-Jean, 3 mai 1988

Régions

Pour nous, les régionaux, la seule solution permanente et responsable, c'est de modifier le système actuel qui nous met à la merci d'une petite subvention qu'on obtient en faisant des courbettes. Nos régions doivent recevoir des enveloppes statutaires, comme cela existe en France dans les commissions régionales. Il faut donner aux régions ce qu'il faut pour qu'elles puissent se prendre en main.

Le Soleil, 8 avril 1993

Les souverainistes disent : « Quand Québec aura récupéré tous les pouvoirs, Québec ne se sentira pas insécure vis-à-vis de personne. L'État central québécois pourra à ce moment-là [...] enchâsser dans sa Constitution le droit de responsabilités spécifiques aux régions avec un droit à l'enveloppe budgétaire et le pouvoir d'établir des priorités de développement pour elles et prendre des décisions responsables. »

Le Soleil, 29 octobre 1995

Il faut subordonner les intérêts locaux aux intérêts supérieurs du Québec.

Le Quotidien du Saguenay–Lac-Saint-Jean,
6 février 1996

Regrouper (se)

On fait ça ou on s'écrase ! Je ne veux plus de querelles d'exégèse, car le pire danger réside dans la division par la confusion.

Le Soleil, 8 juin 1990

Remède

Ce que le Québec veut, ce dont le Québec a besoin, il sait qu'il ne peut pas l'attendre du fédéral ni du Canada anglais. Il sait qu'il ne pourra que se le donner, que le prendre lui-même. [...] Que le remède à ses problèmes actuels [...] passe par son statut de peuple, et que c'est lui qui devra se décerner ce statut de peuple.

Le Devoir,
30 novembre 1995

Rendez-vous

C'est un grand mot que celui de destin. Mais, comme tous les peuples, nous en avons un qui nous attend au bout de la route. Il ne dépend que de nous d'aller vers lui. (ASSEMBLÉE DE LANCEMENT DU BLOC QUÉBÉCOIS.)

Sorel, 15 juin 1991

Repli

L'Acte d'Union, la Confédération, tous ces moments historiques n'éveillèrent que peu d'échos chez nous. Finalement, nous en arrivâmes à considérer comme pays étranger tout ce qui n'était pas la province de Québec. À partir de ce moment-là, nous nous sommes réfugiés en nous-mêmes. [...] Nos préoccupations se sont faites chauvines, à telle enseigne qu'aujourd'hui, dans la plupart des villes du Québec, on s'inquiète beaucoup plus des derniers scandales de la scène municipale que de l'orientation de la politique internationale.

Le Carabin,
16 novembre 1961

Reprise économique

Il n'y aura pas de véritable reprise tant et aussi longtemps que le verrou politique n'aura pas été éliminé. Car la structure même du régime actuel est la cause première de la déliquescence de l'économie canadienne.

Réponse au discours du Trône,
19 janvier 1994

Réputation (mauvaise)

Rien n'est plus détestable ni plus dommageable pour notre réputation que l'image trop souvent renvoyée, par les chantres du fédéralisme à la *Cité libre*, d'un Québec tenté par l'intolérance et voué à l'intégrisme.

Le Devoir, 31 juillet 1990

Réseaux

Un Québec souverain devra compter sur l'apport précieux des communautés anglophone et juive dont les réseaux économiques un peu partout dans le monde seront indispensables pour lui permettre de percer les marchés étrangers.

Le Soleil, 17 octobre 1992

Résolutions (bonnes)

Je ne veux donner de leçon ni faire la morale à personne. [...] Je ne ferai pas d'autre commentaire sauf pour dire que je prends la résolution de me comporter le mieux possible moi-même dans les circonstances quelles qu'elles soient. Je me préparerai mentalement à toutes les circonstances qui peuvent se présenter. (ALLUSION À LA BRUTALITÉ DE JEAN CHRÉTIEN ENVERS UN MANIFESTANT ET À SON PROPRE COMPORTEMENT VIS-À-VIS D'UN ÉLECTEUR QUI AVAIT REFUSÉ DE LUI SERRER LA MAIN.)

La Presse, 19 février 1996

Ressort (cassé)

Le Canada anglais pense qu'on est faibles, [...] que le ressort du Québec est cassé, qu'on est à genoux et qu'on ne pourra pas se relever pour revendiquer nos droits. (À PROPOS DU REFUS DES « CINQ PETITES CONDITIONS » DE MEECH PAR LE CANADA ANGLAIS.)

Le Soleil, 28 mai 1990

Retraites (stratégiques)

Pendant les quatre années à venir et afin de sortir de ce tunnel, nous ne pourrons pas faire, partout, le choix optimal. Oui, des besoins parfaitement justifiables ne seront pas comblés. Oui, des attentes parfaitement défendables ne seront pas satisfaites. Oser choisir ensemble, oser agir ensemble, ça signifie aussi, dans certains cas, accepter quelques retraites stratégiques, quelques reculs temporaires, afin de gagner, pour nous et nos enfants, la grande bataille.

Assemblée nationale, 25 mars 1996

Réussir (ensemble)

Si nous réussissons, souverainistes et fédéralistes, ensemble [à remettre le Québec sur les rails], nous saurons bien ensuite, chacun de notre côté, présenter cette réussite à notre façon. Les fédéralistes diront que cela prouve bien que le succès est possible au sein du cadre fédéral ; les souverainistes diront que cela prouve bien que le Québec peut s'engager vers la souveraineté sur des bases plus saines qu'auparavant. Cela fera un beau débat. (DISCOURS D'ASSERMENTATION COMME PREMIER MINISTRE.)

Québec, 29 janvier 1996

Rêve canadien

Les Québécois [...] savent qu'il n'y a plus aucune vision du discours fédéraliste. Il n'y a plus de vision ou de rêve canadien. Il y a une terrible réalité d'échec, de dettes, de coupures. C'est un régime qui agonise.

Le Droit, 1er juin 1993

Rêve québécois

Les gens qui pensent que le Québec a cessé de rêver se trompent lourdement. Il y a un rêve québécois. Je crois que nous savons maintenant que celui-ci se réalisera à l'intérieur de la fédération. Je suis de ceux qui pensent que nous devrons travailler à la réalisation du rêve québécois au sein de la fédération, pour le plus grand bien de celle-ci.

Toronto Star, 9 avril 1988

Les Québécois ont décidé de continuer à rêver dans la fédération. Si le Canada anglais ne comprend pas ça, c'est à nous les Québécois de le lui expliquer.

Le Devoir, 18 mai 1988

Robert Bourassa a abandonné le rêve du « Maîtres chez nous » de Jean Lesage. Nous allons maintenant, nous, réaliser le rêve de la souveraineté.

La Presse, 27 août 1992

Révolution tranquille

Les grands débats tournaient [alors] autour des richesses naturelles du Québec. On sentait une fièvre intellectuelle et politique intense à ce moment. La Révolution tranquille a conduit à la création d'un État public dans les années soixante. Qu'on pense à des réalisations comme Hydro-Québec, le système de santé, la Caisse de dépôt...

Le Lac-Saint-Jean, 24 mai 1988

Ce qui est vraiment neuf – et paisiblement révolutionnaire – au cours de la période des années soixante, c'est l'affirmation d'une volonté politique, celle d'une prise en charge par l'État, au nom de l'intérêt public, du changement qui faisait déjà l'objet d'un consensus diffus, mais réel, au sein de la collectivité québécoise.

Université du Québec à Hull, 7 octobre 1990

Il y a plus de 30 ans, le Québec s'est éveillé au monde et a décidé de rattraper le temps perdu. La Révolution tranquille a transformé le Québec. L'esprit de réforme qui animait le Québec n'a pas tardé à se heurter au vent du fédéralisme canadien qui soufflait à Ottawa. Il y a 30 ans, nous nous trouvions dans une impasse. Trente ans plus tard, nous y sommes toujours, comme immobilisés dans le passé.

Réponse au discours du Trône, 19 janvier 1994

Nous avons construit notre modèle québécois dans des années d'abondance : les années soixante, les années soixante-dix. Nous avions raison d'être pressés d'éduquer, de soigner, de loger, de pensionner, d'être généreux. Nous avons construit, pavé, inventé avec l'enthousiasme des commencements et avec toute l'intelligence que nous avions alors. Nous avons accompli de très grandes choses ensemble.

Sommet socio-économique, Québec,
18 mars 1996

Richesses

Les vraies richesses du Québec, ce ne sont pas seulement ses mines, son électricité et ses forêts, mais bien toutes les femmes et tous les hommes qui ont trimé dur pour bâtir un pays. (ASSEMBLÉE DE LANCEMENT DU BLOC QUÉBÉCOIS.)

Sorel, 15 juin 1991

Ridicule *(le)*

Cette maladie, qui fait des ravages ailleurs, est sans effet au Canada. On est vaccinés ! (À PROPOS DES TERGIVERSATIONS AUTOUR DE L'ACCORD DU LAC MEECH.)

Le Devoir, 12 juin 1990

Rivalité *(saine)*

Le temps n'est plus aux controverses orageuses, aux revendications bruyantes. Les luttes héroïques, hier encore nécessaires, doivent maintenant céder le pas à une rivalité de bon ton entre Canadiens français et Canadiens anglais. Sous l'égide d'une saine émulation, nous nous devons de garder intact, et d'augmenter si possible, le patrimoine glorieux que nous ont légué les Lafontaine, les Papineau et les Bourassa. Désormais, il nous apparaît de toute nécessité de nous imposer aux Anglo-Canadiens, non plus par des débats interminables, mais par des réalisations concrètes : c'est-à-dire par la contribution active que nous apporterons dans le développement du Canada.

Le Réveil de Jonquière, 20 février 1957

Robots

Un grand malaise [...] nous empêche d'arriver au cœur des vraies questions. Les politiciens sont des haut-parleurs qui claironnent les solutions définies par les technocrates du ministère des Finances.

Le Devoir, 18 mai 1991

Routier *(vieux)*

J'ai connu Paris, Ottawa ; je connais le Québec. Je suis mêlé à la politique depuis 25 ans. Je sais ce que je veux.

Le Journal de Montréal, 24 mai 1990

Rubicon

On vient de vivre une belle semaine qui nous rapproche de la ligne du Rubicon, la ligne du 50 %, la

ligne au-delà de laquelle on devient souverain. La
semaine prochaine sera encore plus belle. Ce sera la
semaine de la souveraineté du Québec.

Le Soleil, 14 octobre 1995

Rue des Braves, 1080

Nous pensons que ce genre de résidence n'est pas
un endroit pour élever des enfants normalement. Et
nous voulons élever nos enfants normalement.
(ALLUSION À LA LUXUEUSE RÉSIDENCE DES PARIZEAU À QUÉBEC,
SURNOMMÉE «L'ÉLISETTE» EN RÉFÉRENCE AU PALAIS DE L'ÉLYSÉE,
À PARIS, ET AU PRÉNOM DE L'ÉPOUSE DE JACQUES PARIZEAU,
LISETTE LAPOINTE.)

Le Soleil, 22 novembre 1995

Russie

Je pense que l'histoire, ancienne et moderne,
nous apprend qu'on n'a pas de leçon à recevoir
de la Russie quand il s'agit du traitement des
minorités. (RÉPONSE AU PREMIER MINISTRE RUSSE, VIKTOR
TCHERNOMYRDINE, QUI SOUHAITAIT «FAIRE DES AFFAIRES AVEC
UN CANADA UNI».)

Le Devoir, 6 octobre 1995

S *abots (gros)*

Le gouvernement fédéral n'a pas la légitimité pour mettre ses sabots dans le champ de l'avenir du Québec. (À PROPOS D'UN ÉVENTUEL SECOND VOTE, IMPOSÉ PAR OTTAWA, POUR CONFIRMER UN OUI AU RÉFÉRENDUM.)

La Presse, 14 septembre 1995

S *acrifices*

Il n'y aura pas de miracle : seulement de la cohésion, du travail et, sans doute, beaucoup de sacrifices [pour assainir les finances publiques du Québec]. Les sacrifices, je les vois bien davantage, sinon totalement, du côté d'une réduction ordonnée et équitable des dépenses que d'un alourdissement du fardeau fiscal.

Candidature à la présidence du PQ,
21 novembre 1995

L'assainissement nécessaire des finances collectives du Québec, c'est indubitable, promet des moments difficiles. Il faudra faire des sacrifices, perdre quelques habitudes bien ancrées. (DISCOURS D'ASSERMENTATION COMME PREMIER MINISTRE.)

Québec, 29 janvier 1996

Les Québécoises et les Québécois ont trop entendu de discours creux appelant à des sacrifices immédiats, pour des résultats qui se perdent dans le brouillard d'un avenir indéfini. (DISCOURS D'ASSERMENTATION COMME PREMIER MINISTRE.)

Québec, 29 janvier 1996

S *agesse*

Les peuples, surtout ceux qui pratiquent la démo-cratie, sont raisonnables, souvent bien plus que certains de leurs politiciens.

Congrès du Bloc québécois,
7 avril 1995

S *aguenay–Lac-Saint-Jean*

Je suis né au Lac-Saint-Jean et j'ai vécu au Saguenay ; je suis donc un peu jeannois et saguenéen. Et puis, à l'extérieur, nous nous identifions tous à la même région. Je dirais que les gens de la région sont d'abord très fiers. Ils sont aussi indépendants, ayant appris à ne compter que sur eux-mêmes. Ce sont des travailleurs aussi. Ils ne sont pas meilleurs que les autres Québécois, mais ils se sentent vraiment très québécois.

Continuité,
printemps 1988

S *aint-Jean-Baptiste*

Quelle atmosphère ! Ça me confirme ce que je pensais : les Québécois ne dorment pas. Ils veulent participer au débat [sur l'Entente de Charlottetown]. J'espère qu'Ottawa, le reste du Canada et Robert Bourassa vont comprendre le message. (APRÈS LE TRA-DITIONNEL DÉFILÉ DE LA SAINT-JEAN-BAPTISTE.)

La Presse, 25 juin 1992

S *aint Paul*

Sur le chemin de la souveraineté, nos yeux se sont dessillés...

Le Devoir,
23 octobre 1993

S *alaire*

Je mérite mon salaire [de chef de l'opposition officielle aux Communes]. J'ai fait mon travail, j'en suis fier et je n'accepterai aucune accusation du premier ministre. J'ai été beaucoup plus souvent présent à la Chambre que lui. Je n'ai aucune leçon à recevoir de lui ! (RÉPONSE À JEAN CHRÉTIEN QUI LUI DEMANDAIT S'IL CONTINUERAIT À TOUCHER SON SALAIRE DE CHEF DE L'OPPOSITION DURANT LA CAMPAGNE RÉFÉRENDAIRE.)

Le Devoir, 23 juin 1995

S *anté*

On va se battre à fond pour maintenir les programmes universels. Nous, on est absolument hostiles à deux médecines, à deux sortes de soins ou de clientèles.

Le Devoir, 18 juin 1993

J'ai un immense respect pour la qualité des soins que nous avons, pour le caractère professionnel des services qui nous sont donnés. Il faut rester conscients que le système de soins de santé est une grande réussite et un sujet de fierté pour tous.

Le Soleil, 20 février 1995

Quand je pense qu'on peut tomber malade comme ça m'est arrivé, être soigné comme je l'ai été, sans que ça coûte un sou ! Il va falloir se battre très fort pour conserver le système qu'on a.

L'actualité, février 1996

Nous avons construit notre système de santé dans une époque de rajeunissement de la population [et] nous sommes aujourd'hui à une époque où les aînés prennent une place de plus en plus importante. Ça n'était pas prévu.

Sommet socio-économique,
Québec, 18 mars 1996

S *anté (bulletin de)*

Mon bulletin de santé est parfait. Il y a même eu un *party* de médecins quand on l'a su !

Le Soleil,
13 octobre 1995

Satanique (culte)

Nous savons tous très bien [au Québec] que ni la souveraineté ni le fédéralisme ne sont un culte satanique.

Le Devoir, 12 mars 1996

Sault-Sainte-Marie

Des Sault-Sainte-Marie, il n'en faudra pas beaucoup pour que la corde se casse. C'est clairement un des sommets d'une réaction d'intolérance qui vont détruire ce pays-là [le Canada]. (À PROPOS DE L'INTERDICTION DU FRANÇAIS DANS LES SERVICES MUNICIPAUX DE CETTE VILLE ONTARIENNE DE 85 000 HABITANTS.)

La Presse, 1er février 1990

Sauveur

Rien n'est plus dangereux [que d'avoir l'étiquette de sauveur]. Les gens disent que vous êtes un sauveur et, lorsque vous vous retrouvez sous l'œil des caméras de télévision, ils s'exclament : « Ce n'est pas un sauveur, c'est un être humain ! » Je ne me laisse pas avoir par ça. En politique, la modestie est cruciale. (À PROPOS DE L'IMAGE DE « SAUVEUR DES CONSERVATEURS QUÉBÉCOIS » QU'IL A AUPRÈS DU PUBLIC.)

Maclean's, 22 février 1988

Scène internationale

Depuis une trentaine d'années, le Québec s'est affirmé comme aucun autre État fédéré sur la scène internationale, dans le cadre de la francophonie mais aussi bien au-delà, malgré les réticences actives des autorités et de la diplomatie fédérale, à quelques exceptions près. À défaut de jouir de la souveraineté politique, le Québec a acquis une personnalité internationale.

La Presse, 18 avril 1991

Le Québec souverain devra se donner une politique internationale à sa mesure, mais il devra choisir des priorités et des stratégies qui permettront à cette politique de satisfaire des besoins et de promouvoir des intérêts avant tout culturels et économiques de la société québécoise.

La Presse, 18 avril 1991

J'ai la conviction qu'un Québec devenu souverain assumera pleinement ses responsabilités internationales. Et qu'il le fera à sa façon à lui, en fonction de ses priorités, de ses valeurs collectives. Par exemple, il placera vraiment le respect des droits de la personne au centre de ses politiques internationales.

Conseil des relations internationales, Montréal, 18 mars 1994

S *clérose*

Notre nation est une belle au bois dormant. La mauvaise fée Sclérose a étouffé chez nous toute pensée originale, toute création inspirée – ou à peu près. Le temps s'est arrêté ; l'évolution s'est heurtée à un ultime cran d'arrêt. Ici a pris fin l'effort millénaire de l'esprit humain. En ce sens, la province de Québec est la Floride des intelligences : elles y viennent en villégiature, pour s'y reposer, rentrer dans le rang. Ce pays est celui des valeurs reçues.

Le Carabin, 1er février 1962

S *ecteur privé*

Aujourd'hui, un autre réveil québécois [après celui de la Révolution tranquille] s'effectue. C'est un éveil économique où le secteur privé est en évidence. Il n'y a plus de grandes réalisations à accomplir dans le secteur public. L'avenir est au secteur privé. Les jeunes d'aujourd'hui n'ont pas de jobs garanties dans le secteur public. Lorsqu'ils dénichent un emploi, c'est dans le secteur privé.

Le Lac-Saint-Jean, 24 mai 1988

Il faut que le secteur privé devienne un peu plus responsable. Des subventions à coups de 100 millions, je suis contre ça! C'est fini, le chantage aux jobs! Surtout dans le domaine de l'aluminerie, qui ne crée pas beaucoup d'emplois et qui consomme énormément d'énergie. On récolte des problèmes environnementaux, on récolte des troubles, alors que les entreprises amassent du capital. [...] Quand les entreprises font de l'argent, on sait ce qu'elles font avec; ce n'est pas à nous qu'elles le donnent...

Voir, 4 juin 1992

Ce sont les entreprises du secteur privé qui créeront la majorité des emplois dont nous avons besoin. De leur vigueur dépend notre capacité de redonner un emploi à près de 800 000 adultes aptes au travail, présentement astreints à vivre de prestations d'assurance-chômage ou d'aide sociale.

Québec, 7 octobre 1993

Pour créer de l'emploi, notamment dans une période où le secteur public n'en créera pas, il faut donner de l'oxygène au secteur privé. Cela signifie simplifier l'aide de l'État et alléger sa réglementation. [...] Nous nous concentrerons sur l'aide à l'entrepreneurship, donc au démarrage d'entreprises, l'aide à la recherche et au développement, à l'emploi scientifique et technique et aux grands projets.

Assemblée nationale,
25 mars 1996

Secteur public

Nous sommes rendus très loin dans le secteur public et parapublic: il y a peu d'entreprises privées qui peuvent payer ce que le gouvernement paie. Il y en a peu, surtout, qui peuvent accorder à leurs salariés les avantages sociaux que le gouvernement accorde aux siens. [...] Il n'est pas normal que les salaires grèvent plus de la moitié du budget de la province. Il y a des décisions politiques à prendre: est-ce qu'on va construire des hôpitaux ou accorder un pour cent de plus aux employés? (LUCIEN BOUCHARD

L'actualité, février 1981

S *énat*

Le Sénat est une nuisance illégitime. Élus, les sénateurs deviendraient une nuisance légitime.

Le Soleil, 7 juin 1990

Un Sénat élu, exerçant des pouvoirs accrus, est le rêve de tous ceux qui veulent marginaliser l'État du Québec, garantie ultime de notre survivance et instrument irremplaçable de notre épanouissement.

Le Devoir, 12 juin 1990

S'il est vrai que d'éminentes personnalités ont parfois été nommées au Sénat – on en compte même dans les dernières fournées –, l'institution, comme telle, ne s'est jamais illustrée.

Le Journal de Montréal,
29 septembre 1990

Je me fous du Sénat! Pour nous, c'est inexistant, c'est un artifice, c'est un parasite que nous traînons. On a une seule pensée, et c'est de l'abolir. [...] Des sénateurs, ça se promène, ça bouge, ça respire, ça mange, ça vit ici dans l'édifice [du Parlement], mais on sait très bien que ça ne veut rien dire et que le Sénat, c'est véritablement la chambre du patronage. Je respecte plusieurs personnes qui sont membres du Sénat, ça ne leur enlève pas leurs qualités personnelles, mais l'institution comme telle, pour moi, c'est une disgrâce.

Le Devoir, 24 novembre 1994

S *éparatisme*

Au milieu du remue-ménage actuel d'idées politiques et de complexes nationaux, le Canadien français moyen hésite à s'engager sur la pente du séparatisme. Ce n'est que prudence. Le mouvement charrie des idées dont il importe d'analyser les implications pratiques.

Le Carabin, 5 octobre 1961

[Pour obtenir plus d'autonomie] point ne sera besoin à tous les Canadiens français d'établir la Laurentie ni même d'être séparatistes. Il leur suffira de tolérer les séparatistes déjà existants et de permettre qu'ils fassent du bruit. Du moins juste assez pour troubler la quiétude pancanadianiste des Canadiens anglais. On ne recourra pas aux grands moyens [...] mais on souffrira que les séparatistes le fassent croire.

Le Carabin, 5 octobre 1961

S*ept-Îles (discours de)*

Ce que Brian Mulroney a dit à Sept-Îles, il en pensait chaque mot, c'est exactement ce qu'il éprouvait. L'intérêt primordial des Canadiens, c'est de négocier une entente avec les Québécois. Voilà ce que pense le premier ministre. (À PROPOS D'UN RETOUR «DANS L'HONNEUR ET L'ENTHOUSIASME» DU QUÉBEC AU SEIN DE LA FÉDÉRATION.)

Le Devoir, 21 septembre 1985

J'avais écrit [le discours] dans mon bureau d'avocat, à Chicoutimi, un soir. Mais les mots «honneur» et «enthousiasme» ne sont pas de moi. Ils ont probablement été ajoutés par M. Mulroney. [...] J'ai trouvé sur le coup que c'était une bonne idée.

La Presse, 17 mai 1993

S*éraphin*

Nous sommes à la veille de devoir rogner sur notre qualité de vie, et sur notre solidarité, et sur notre esprit de famille. Nous sommes à la veille de devoir être regardants, pingres, grincheux. Nous sommes à la veille de ne plus nous reconnaître, nous, Québécoises et Québécois, qui aimons être différents, être libres, être bien et avoir toujours une place à table pour un parent, un ami, un voisin arrivé à l'improviste. Nous sommes à la veille d'être des Séraphin Poudrier. Et moi je dis : «Jamais ça ! Jamais !» (À PROPOS DE L'ASSAINISSEMENT IMPÉRIEUX DES FINANCES PUBLIQUES, SOUS PEINE D'UNE «CATASTROPHE».)

Sommet socio-économique, Québec,
18 mars 1996

S *erment (à la Reine)*

On prétend que les convictions ouvertement souverainistes des neuf députés du Bloc québécois les empêchent de respecter ce serment [d'allégeance à la Reine]. [...] Le serment est prêté à la Reine comme symbole d'une collectivité ou d'un système parlementaire et démocratique. Personne, au sein du Bloc québécois, ne préconise, au contraire, un renversement illégal ou violent du gouvernement.

Le Journal de Montréal,
6 octobre 1990

On peut théoriquement nous empêcher de siéger si nous [le Bloc québécois] refusons de prêter serment. Mais nous ne sommes pas stupides à ce point-là : nous prêterons serment aux institutions démocratiques qui existent. Il n'est pas interdit de siéger dans une institution démocratique et de proposer de la changer.

L'actualité, juillet 1993

On ne fait pas serment d'allégeance à la Reine en tant que personne, ou à la dynastie des Windsor. On fait serment d'allégeance à l'institution légale. Nous nous conformerons aux règles du système actuel aussi longtemps que nous en ferons partie.

Maclean's,
29 novembre 1993

S *ervices secrets*

Il faut savoir si les services de renseignements spéciaux sont en train, soit directement, soit de façon informelle, soit par quelqu'un qui agit même d'une façon isolée, d'entrer dans les partis politiques. Il y a matière à s'inquiéter. (À PROPOS DE L'AFFAIRE GRANT BRISTOW, UN INFORMATEUR DU SCRS, ACCUSÉ D'AVOIR PARTICIPÉ À LA CRÉATION DU GROUPE NÉO-NAZI *HERITAGE FRONT* ET SURVEILLÉ LE CHEF DU *REFORM PARTY*, PRESTON MANNING.)

La Presse, 24 août 1994

S *ilence!*

Subsiste-t-il un espoir [de transformer la société]? Il y a les jeunes, c'est-à-dire nous tous. Mais il nous faudrait drôlement changer. Nous ne sommes jamais descendus dans la rue qu'une fois l'an, pour le carnaval. Bien sûr, il y a ceux qui s'indignent; seulement, ceux-là sont très tôt visités des foudres bienveillantes de l'autorité. Au Québec, le silence est le commencement de la sagesse. Mais les autres? Les autres, ils ont compris. C'est pourquoi ils se préparent, dans une médiocrité plus ou moins bien supportée, à jouer demain les rôles de personnages officiels.

Le Carabin, 1er février 1962

S *ibyllin*

Nous allons faire face à des grosses machines [PC et PLC], riches, nourries grassement des contributions des multinationales. des banques et des grosses compagnies. On sait ce que ça veut dire...

La Presse, 13 février 1993

S *inistre*

D'Ottawa ne viendront plus que des taxes, des coupures, de la souffrance et de l'amertume.

Alma, 18 avril 1993

S *ociété (de droit)*

Ce que nous avons de plus sacré, notre instrument le plus efficace pour refaire du Québec une vraie société, c'est le vote. C'est la démocratie électorale.

Nous sommes des démocrates, nous, au Québec. Nous sommes une société de droit. Nous croyons que c'est par l'État, que c'est par la vie politique, que c'est par l'engagement politique que nous allons régler nos problèmes.

Alma, 18 avril 1993

Société distincte

Si le Canada anglais a repoussé la timide clause de la société distincte, c'est qu'il [y] voyait une menace au seul Canada dans lequel il se reconnaisse, le Canada actuel figé dans son fédéralisme modulaire, centralisateur et symétrique.

Commission Bélanger-Campeau,
novembre 1990

Ils disent [à Ottawa] qu'ils ont accepté le caractère distinctif du Québec. Ce n'est pas vrai ! Ils ont accepté un fac-similé de ce qu'était la clause du caractère distinctif. À Meech, c'était une vraie clause, qui avait valeur de règle d'interprétation devant les tribunaux et à laquelle était assujettie toute la Constitution, y compris la Charte [des droits et libertés]. Alors que maintenant, la Charte n'est plus assujettie à cette clause. Elle ne touche que le Code civil, la culture et la langue. Ça ne veut plus rien dire...

Voir, 4 juin 1992

Jean Chrétien ne peut pas reconnaître le Québec comme société distincte et encore moins comme peuple ayant devant lui les Clyde Wells et Preston Manning et tous ceux qui, à partir de Meech II et Charlottetown, subordonnent tout au principe de l'égalité des provinces.

Le Soleil, 25 octobre 1995

La société distincte de M. Chrétien, on la connaît : c'est celle qui ne veut rien dire. Pour lui, le Québec est distinct mais il est égal aux autres provinces. Il est distinct mais ordinaire.

Le Devoir, 26 octobre 1995

Il y a des gens à Ottawa qui n'ont pas compris que les Québécois ne veulent plus perdre de temps avec ces notions confuses.

Presse Canadienne,
28 novembre 1995

Je crois qu'on est en train d'administrer la preuve au niveau fédéral, par cette proposition inacceptable et ridicule, qu'il n'y aura jamais de réformes constitutionnelles satisfaisantes pour le Québec. [...] Accepter cette proposition, c'est accepter la Constitution de 1982, c'est accepter cela comme une réparation à tout ce qui a été infligé comme coups au Québec. (À PROPOS D'UNE MOTION RECONNAISSANT LE CARACTÈRE DISTINCT DU QUÉBEC, PRÉSENTÉE PAR JEAN CHRÉTIEN AUX COMMUNES.)

Le Devoir, 29 novembre 1995

Il n'y a pas un premier ministre, il n'y a pas un gouvernement au Québec qui a le droit moral d'accepter une chose comme celle-là. Daniel Johnson lui-même ne l'acceptera pas, je vous le garantis ! Il ne peut pas l'accepter, parce qu'il y aurait une réaction épouvantable au Québec. Ce serait un bris de confiance que d'accepter cela. Pensez-vous qu'on va accepter moins que Robert Bourassa ? Moi, j'irais accepter moins que Robert Bourassa ? Jamais ! (*IDEM.*)

Le Devoir, 29 novembre 1995

La société distincte n'est même pas dans la Constitution. Ce n'est qu'une résolution, ça ne lie même pas la Chambre des communes. Il n'y a même pas un tribunal qui pourra en prendre connaissance. Ça ne veut strictement rien dire ! (*IDEM.*)

Le Devoir, 29 novembre 1995

Il n'y a personne qui va être dupe de cela au Québec. [...] Tout cela est dépassé. Nous sommes maintenant à des années-lumière de tout cela. (*IDEM.*)

Le Soleil, 29 novembre 1995

C'est la dernière et la mieux réussie de ses tentatives [à Jean Chrétien] de dilution de la reconnaissance du caractère distinct du Québec. Là, chapeau !
Mais c'est trop tard, c'est fini ! [...] Les Québécois
savent que tout a été essayé, qu'on a épuisé les pages
du dictionnaire et que, finalement, ça ne mène nulle
part ces histoires-là. (IDEM.)

Le Devoir, 30 novembre 1995

Nous voulons marquer très clairement le refus
que nous opposons à cette reconnaissance qui n'a
aucune signification profonde et qui constitue une
sorte de mirage. [...] Les gens du Québec s'y connaissent trop en politique pour se laisser tromper par
ce jeu. Ils savent très bien que M. Chrétien essaie
d'inventer une astuce. Il s'agit seulement d'une résolution de la Chambre, ça ne veut rien dire.
M. Chrétien a fait tout ce qu'il a pu pour que ça n'ait
aucune signification. [...] Le principe de l'égalité des
provinces est encore là pour diluer la motion, qui
n'engage même pas la Chambre. C'est juste un bout
de papier. (AU SUJET DE LA MOTION DU GOUVERNEMENT
CHRÉTIEN SUR LA SOCIÉTÉ DISTINCTE, ADOPTÉE PAR LA CHAMBRE
DES COMMUNES.)

La Presse, 12 décembre 1995

S *olidarité*

L'effort de redressement des finances publiques
doit être réparti équitablement. Tous seront touchés
par cet assainissement. Surtout, les Québécois ont un
devoir de solidarité face aux sacrifices qu'ils seront
appelés à faire.

Chambre de commerce de Laval,
6 décembre 1995

S *olitude*

La solitude, lorsqu'on nous l'impose [à nous
autres Québécois] et qu'on est plusieurs à la
partager, a tendance à se transformer en solidarité.

Le Devoir, 3 février 1990

Solution (la)

La vraie solution, c'est de mettre tous les leviers du pouvoir entre les mains du gouvernement du Québec. Ça s'appelle la souveraineté !

La Presse, 14 septembre 1993

C'est assez ! [...] La seule véritable solution, c'est celle de René Lévesque : devenons maîtres chez nous !

Le Soleil, 15 septembre 1993

Sommeil (artificiel)

Il y a un très fort mouvement souverainiste au Québec qui n'est pas représenté à Ottawa, de telle sorte que les anglophones canadiens dorment d'un sommeil artificiel.

L'actualité, juillet 1993

Somnifère

Jean Chrétien se met dans la situation de ne rien offrir. Il replonge le Canada anglais dans une situation somnifère où les gens vont s'endormir encore, vont oublier le problème québécois, vont oublier que le Québec veut se comporter comme un peuple. Et puis les gens vont se réveiller brutalement quand il y aura un autre référendum. (À PROPOS DU RENONCEMENT DE JEAN CHRÉTIEN À TOUTE RÉFORME CONSTITUTIONNELLE.)

La Presse, 23 novembre 1995

Sondages

Les sondages qui viennent du Canada anglais ne sont pas bons. La lecture qui est faite à partir de Toronto de la situation politique québécoise n'est pas bonne. (AU SUJET DES SONDAGES DE LA FIRME GALLUP.)

Le Devoir, 19 mars 1993

Soupe au lait

Cette journée-là, c'est vrai que j'ai laissé du *rubber* sur l'asphalte ! Quand j'ai vu le résumé de l'article, ben là j'suis parti. C'est vrai que je suis parti trop vite. J'aurais dû demander à voir le texte avant... (ALLUSION À SA RÉACTION EMPORTÉE FACE AU RÉSUMÉ ABUSIF FAIT PAR UN QUOTIDIEN DE QUÉBEC D'UNE ENTREVUE ACCORDÉE PAR KIM CAMPBELL À PROPOS DU BLOC.)

La Presse, 13 octobre 1993

Souricière

Que les députés soient envoyés à la Chambre des communes ou à l'Assemblée nationale, ils tirent tous leur légitimité de la même population. Cette «double légitimité» [...] peut constituer une véritable souricière pour le Québec.

Un nouveau parti..., Bloc québécois, mai 1993

Souveraineté

Je veux que le Québec se fasse reconnaître un statut et une place qui soient conformes à ce qu'il est et à ce dont il a besoin pour s'épanouir. Je crois que la souveraineté c'était un moyen. Ce n'est pas le seul mais, de toute façon, il faut l'écarter de l'éventail C'est un moyen théorique parce que politiquement, et d'une façon réaliste, il a été écarté par le Québec. Dans mon esprit, c'est réglé pour très longtemps.

Le Devoir, 21 septembre 1985

La souveraineté n'est pas négociable. Ce n'est pas une chose qu'on obtient par marchandage. La souveraineté, ça ne se donne pas. Elle se prend par celles et ceux qui la veulent. (ASSEMBLÉE DE LANCEMENT DU BLOC QUÉBÉCOIS.)

Sorel, 15 juin 1991

Parfois, je me laisse emporter par mon enthousiasme; mais je n'ai jamais dit, je crois, que la souveraineté réglerait tous les problèmes du Québec. Je n'ai pas d'illusions à ce propos. En revanche, je me suis toujours hérissé devant la tendance qu'ont les gens, au Québec, à être à la fois pour et contre.

Sélection du Reader's Digest, août 1991

Nous voulons la souveraineté pour que le Québec cesse de piétiner, de se regarder le nombril, d'osciller entre son destin et l'attente de ce que ne lui donnera jamais la majorité canadienne-anglaise.

Laval, 20 juin 1992

Il va falloir être capables de faire une proposition au Canada anglais. Mais une proposition à laquelle [sa] réponse ne changera rien à la décision du Québec de devenir souverainiste. Il y a un «prérequis» : la souveraineté. Si la population du Québec décide de faire la souveraineté, il appartiendra au Canada anglais d'entrer ou pas dans un cadre associatif qui reste à définir. Mais si la réponse du Canada est non, la souveraineté arrive quand même. Autrement dit, la souveraineté association sans trait d'union.

Le Devoir, 19 janvier 1993

Avoir entre les mains les leviers de notre développement, avoir la responsabilité de nos actes et avoir le fruit de nos réussites, ça s'appelle se mettre à son compte. C'est ça, la souveraineté du Québec.

Richelieu, 2 mai 1993

Les Québécois s'attendent à ce qu'on leur parle de souveraineté, qu'on la présente comme la solution à leurs problèmes. Si on ne réussit pas à démontrer qu'elle représente une solution aux problèmes sociaux et économiques, on aura échoué. [...] La souveraineté n'est pas capricieuse, frivole, factice ; elle répond à des besoins fondamentaux.

La Presse, 19 juin 1993

La souveraineté du Québec n'est pas dirigée contre le Canada anglais. Il s'agit plutôt de deux pays qui doivent aller politiquement chacun de leur côté de façon à se doter du type de société qu'ils souhaitent.

Empire Club, Toronto,
20 septembre 1993

La question ne sera jamais réglée si on perd [le référendum], car il s'agit d'un problème fondamental. Quand on balaie un problème sous le tapis, il vient tôt ou tard nous hanter. Ce n'est pas parce qu'on va refuser la solution que le problème va disparaître.

La Presse, 22 octobre 1994

Tout en rejetant le *statu quo* du régime fédéral, les Québécois ont maintenant conclu à l'impossibilité de toute réforme conciliable avec leurs aspirations de peuple. Par conséquent, ils savent que tout pas en avant les mène à la souveraineté et, réciproquement, que seule la souveraineté peut les faire avancer. [...] C'est l'unique ressort politique qui puisse provoquer les changements attendus.

Congrès du Bloc québécois,
7 avril 1995

La souveraineté, c'est un code d'accès, une prémisse incontournable, un postulat irréfutable si nous souhaitons redéfinir le statut politique [du Québec] en fonction de nos aspirations. C'est le seul catalyseur de changement qui soit à notre portée, le seul moyen de restaurer le rapport de force requis pour transformer nos relations avec le Canada.

Congrès du Bloc québécois,
7 avril 1995

La souveraineté est irréductible et nous devrons la faire dès que les conditions s'y prêteront, non seulement la faire mais la réussir. Je pense que l'une des conditions du succès après un OUI est d'établir le mouvement sur une base financière et sociale solide.

The Gazette, 28 janvier 1996

La souveraineté n'appartient pas au gouvernement. Elle n'appartient ni au Parti québécois, ni au Bloc québécois, ni à leurs chefs. [...] Elle appartient au peuple québécois.

Sommet socio-économique, Québec,
18 mars 1996

Souveraineté (concept de)

La souveraineté n'est pas un concept désincarné. Il s'inscrit dans l'ordre des moyens. Il doit être déterminé et précisé par rapport aux grandes orientations politiques du Québec. Et on ne peut pas faire la souveraineté sans se demander comment vont se définir ensuite les rapports entre le reste du Canada et le Québec.

Le Devoir, 19 janvier 1993

Souveraineté (origines de la)

Avant le projet de René Lévesque [...], la souveraineté n'avait jamais inspiré de mouvement politique significatif. Ce n'est pas par hasard s'il a fallu attendre l'émergence de la laïcité, au Québec, pour assister à la naissance du mouvement souverainiste. La majorité francophone a dépassé son combat pour la survivance, en même temps qu'elle l'a dissocié des questions religieuses.

Ottawa, 30 mars 1993

Souveraineté-association

En 1980, nous avons parlé de souveraineté-association et cela a permis à M. Trudeau de dire : « Ne votez pas pour la souveraineté et l'association [économique] car nous ne voulons pas de cette association, nous ne sommes pas intéressés. » Ce fut toute une rebuffade pour M. Lévesque. C'est probablement l'une des raisons qui ont fait qu'il n'a pu obtenir l'appui des Québécois.

La Presse, 11 juin 1994

Souverainisme

Ça ne se terminera jamais. C'est une question qui n'a pas de fin tant qu'elle n'aura pas été réglée par un OUI [au référendum]. Il est évident que les souverainistes au Québec sont là pour rester. Le problème ne mourra ni ne disparaîtra jamais. La seule façon de s'en débarrasser est de voter

OUI. Toute décision autre l'amènera à sans cesse resurgir.

Le Devoir, 14 septembre 1995

S ouverainiste

Être souverainiste, c'est devenu un acte de raison, à partir d'un jugement que l'on porte sur le régime fédéral, de ses résultats économiques et politiques et de son incapacité à se réformer. Il y a encore beaucoup de Québécois qui seraient restés accrochés au fédéralisme si celui-ci avait su se renouveler. Aujourd'hui, on sait que le dernier clou dans le cercueil du fédéralisme a été enfoncé.

Le Soleil, 5 juin 1993

Au Québec, l'argumentaire souverainiste a changé. C'est vrai qu'il y a beaucoup de gens qui sont venus au souverainisme par un mouvement du cœur : on veut un pays... Mais j'ai l'impression que depuis quelque temps, surtout depuis Charlottetown, on va devenir de plus en plus souverainistes par la raison.

L'actualité, juillet 1993

On n'est pas souverainiste pour les fleurs du tapis ou pour le passeport québécois, quoique ce soit important aussi. On est d'abord souverainiste parce qu'on pense que, collectivement, on serait mieux.

Le Devoir, 2 mai 1995

Pour moi, un peuple doit exister comme tel. Même si le Canada avait fait plus de concessions, je serais resté souverainiste.

Le Point, 21 octobre 1995

S ouverainiste (discours)

Il faut que le discours souverainiste sorte des partis politiques, car l'idée de la souveraineté appartient à tout le monde.

Le Devoir, 14 mai 1985

Dans des domaines comme le développement économique, l'environnement, l'immigration, la langue, la culture, les communications, l'éducation, la recherche, la protection des minorités, etc., nous devons renouveler notre pensée politique, fixer nos objectifs et identifier les moyens de les réaliser.

La Presse, 22 juin 1990

On ne pourra faire aux jeunes souverainistes d'aujourd'hui le reproche de l'émotivité. Leur discours est serein, mesuré et repose sur une argumentation rationnelle, presque froide. On sent chez eux une détermination à s'affranchir de l'hypothèque politique qui grève notre vie collective.

Le Journal de Montréal, 21 janvier 1991

Souverainiste (projet)

Le projet souverainiste n'est pas dirigé contre le Canada. C'est le refus des chicanes stériles et des conflits nombrilistes. C'est surtout la seule réponse adéquate aux défis que nous lance un monde en mutation profonde.

Le Devoir, 26 octobre 1993

Le projet souverainiste est empreint de générosité, de tolérance et d'ouverture. Nous espérons trouver dans le reste du Canada le même esprit d'ouverture et de générosité. Bien sûr, nos positions divergent, mais nous pouvons nous entendre sur les conditions mêmes du dialogue. Nous continuerons, quoi qu'il arrive, à vivre côte à côte et à partager des intérêts communs. (APRÈS LA VICTOIRE DU PQ AUX ÉLECTIONS PROVINCIALES.)

Le Devoir, 13 septembre 1994

Spectateur

Je trouve qu'on est repartis pour une espèce de soupe qui va nous faire perdre bien du temps. La chicane est prise entre les partis du Canada anglais. Ils ne s'entendent pas entre eux autres. Ça ne sera pas beau à voir, mais nous, on n'entrera pas là-dedans. On n'a pas de temps à perdre. (APRÈS LA TRÈS COURTE VICTOIRE DU NON AU RÉFÉRENDUM SUR LA SOUVERAINETÉ, QUI A RAVIVÉ LES DISSENSIONS DANS LE CAMP FÉDÉRALISTE.)

Le Devoir, 2 novembre 1995

S *poutnik*

Les Soviets ont enfin levé le voile ténébreux qui masquait leurs activités scientifiques et pédagogiques. À ceux qui se demandaient où en était l'instruction dans cette Russie socialiste, dans quelle mesure la jeunesse russe assimilait le programme intensif qu'on lui avait imposé, SPUTNIK vient de répondre d'une façon éclatante. (APRÈS LE LANCEMENT DE *SPOUTNIK-1*. BIZARREMENT, LE MOT EST ICI ORTHOGRAPHIÉ À LA MANIÈRE ANGLO-SAXONNE.)

Le Cran, 4 décembre 1957

Ces bip bip bip sonores qui se répercutent dans tous les appareils de TSF du monde libre... et de l'autre, ils proclament ceci. « Vous tous qui croupissez dans la veule bourgeoisie du luxe et du confort apportés par l'américanisme, craignez ; craignez, car je concrétise le message de mort qui plane sur vos têtes. » Ce message est bien significatif, car il attire notre attention sur le danger réel que représente le communisme pour le monde entier.

Le Cran, 4 décembre 1957

S *tabilité*

La stabilité économique a beaucoup plus à craindre du *statu quo* que de l'émergence d'un Québec en possession de tous ses pouvoirs.

La Presse, 30 octobre 1990

S tatu quo

Il faut qu'on dise au Canada anglais, aux mandarins fédéraux, que le Québec n'accepte pas le *statu quo*, que le Québec n'accepte pas l'immobilisme, que le Québec n'est pas à genoux, qu'il est debout, qu'il veut un avenir pour ses enfants.

La Presse,
14 septembre 1993

Il n'y a plus maintenant que deux possibilités. D'une part, le *statu quo* que la plupart des fédéralistes du Québec, depuis Jean Lesage, n'ont cessé de dénoncer, et, d'autre part, l'accession du Québec à la pleine souveraineté, soit la plénitude des pouvoirs, pour assumer la totalité des responsabilités.

Réponse au discours du Trône,
19 janvier 1994

Le *statu quo*, c'est la stagnation du Québec, le chômage, la morosité et la désaffection des jeunes. Le *statu quo*, c'est le Québec qui tourne en rond depuis 30 ans, qui sait maintenant qu'il n'y a pas de porte de sortie et que le cercle est vicieux.

La Presse,
13 juin 1994

Nous sortons d'un long parcours, où nous avons sondé toutes les portes, pour les voir se fermer l'une après l'autre. «Maîtres chez nous», «Égalité ou indépendance», «souveraineté culturelle», «statut particulier», «société distincte»: autant de jalons d'un voyage raté, autant d'objectifs, de moins en moins élevés, dont il a fallu rabattre. Il était écrit que, sur cette lancée, les fédéralistes n'auraient plus à nous proposer que le *statu quo*. Voilà, nous y sommes !

Beauport,
22 mars 1995

Stratégie

D'ici la souveraineté du Québec, on va essayer de faire élire à Ottawa autant de députés du Bloc que possible – 60 ou 65 – pour prendre le fédéral en sandwich.

Voir, 4 juin 1992

Subversifs

La souveraineté comme la conçoit le Bloc québécois n'est pas un moyen de détruire quelque chose. On n'est pas des subversifs !

La Presse, 14 mai 1993

Suisse *(modèle)*

C'est un pays magnifique, c'est un pays que j'admire. [...] Toutes les grandes banques sont en Suisse, l'argent se fait laver en Suisse... Moi, le modèle suisse, ce n'est pas une affaire qui me réveille la nuit, ce n'est pas quelque chose dont je rêve pour le Québec. Je veux une société solidaire, chaleureuse.

CKAC, 25 octobre 1995

Superman

Je ne suis pas un super-homme. Il est bien fini le temps où on comptait sur quelqu'un pour suppléer à l'absence de décisions.

Le Journal de Montréal, 19 octobre 1993

Supplice

Pour faire plaisir aux Anglais à Ottawa, il ne faut pas dire un mot, applaudir le premier ministre quand il dit qu'il va envahir la juridiction de l'éducation et s'écraser. Il faut les trouver beaux et fins. Ils aiment les francophones *loosers*.

Le Devoir, 18 mai 1991

Surréalisme

On pourrait penser qu'ils ont peur que le Canada éclate parce qu'il y a au Québec un fort mouvement souverainiste qui veut avoir tous les pouvoirs. Ces gens-là ont au Québec un allié naturel en Robert Bourassa qui est fédéraliste. Et lui, pour combattre le mouvement souverainiste, a besoin d'une offre, une offre vendable au Québec. [...] Et c'est ce moment qu'ils choisissent pour faire une proposition ridicule.

Il y a quelque chose qui ne marche pas. C'est du sur-
réalisme. Je pense qu'ils ont vraiment perdu la touche
au Québec. (À PROPOS DE LA RÉFORME CONSTITUTIONNELLE.)

La Presse, 28 novembre 1991

S usceptible

M. Johnson m'a appelé « premier ministre
désigné ». Il m'a fait sentir que je n'avais pas l'autorité, que je ne devais pas m'énerver, que je n'étais
qu'une moitié de premier ministre. Aussitôt qu'il va
contester mon autorité, il y aura des élections.

Le Devoir, 16 mars 1996

S uspect

Je ne suis pas un « crypto-je-ne-sais-quoi ». J'ai
prêté serment [au cours de la cérémonie d'assermentation des membres du cabinet] et je suis un homme
d'honneur. Combien de fois faudra-t-il que je le
répète ? Je n'ai pas envie de passer mon temps à
parler de ça. Je m'occupe des dossiers qui sont ici
[au secrétariat d'État] et je réalise à quel point nous
avons des décisions à prendre dans des secteurs qui
concernent l'avenir de notre pays.

Toronto Star, 9 avril 1988

S uspense

Moi, personnellement, je sais ce que je ferai [en cas
d'échec au référendum]. Je ne veux pas le dire tout de
suite, mais ma décision est prise depuis longtemps.

Le Soleil, 27 novembre 1994

S ymbiose

Ce pays a décidé, avec la pleine participation du
Québec, qu'il serait un pays uni. Uni non pas contre
quelqu'un, uni non pas contre une province, uni non
pas contre une collectivité, mais uni dans la synthèse
des aspirations de tous, y compris celles du Québec.
(APRÈS SA RÉÉLECTION COMME DÉPUTÉ FÉDÉRAL CONSERVATEUR
DE LAC-SAINT-JEAN.)

Le Réveil de Chicoutimi, 22 novembre 1988

Syndicats

Je pense qu'il y a un discours syndical qui est tout à fait démodé. Un discours syndical qui présente le gouvernement comme un employeur comme les autres, un employeur bourgeois qui fait comme tous les autres, qui ne veut pas débourser d'argent et veut préserver ses droits de gérance. En réalité, les gouvernements ont cédé tout ce qu'ils pouvaient céder.

L'actualité, février 1981

Les instances syndicales forment un ensemble aussi bureaucratique, à peu de choses près, que le gouvernement lui-même : il y a des permanents, il y a des fonctionnaires, des bureaucrates dans le syndicalisme. [...] C'est un très lourd appareil, très difficile à faire bouger. Il a son idéologie, ses préjugés, ses tabous.

L'actualité, février 1981

Nous demandons aux syndicats d'assumer leur part dans le redressement. [ ] Nous avons demandé aux syndicats de se mettre un instant dans la peau du gouvernement. (À PROPOS DES NÉGOCIATIONS ENTRE LE GOUVERNEMENT QUÉBÉCOIS ET LES SYNDICATS DES SECTEURS PUBLIC ET PARAPUBLIC. LUCIEN BOUCHARD EST ALORS COORDONNATEUR PATRONAL DES NÉGOCIATIONS.)

Le Devoir, 22 avril 1982

On s'attendra à ce que les organisations syndicales fassent preuve de souplesse et d'ingéniosité [par rapport aux sacrifices à venir pour redresser le Québec].

Chambre de commerce de Laval,
6 décembre 1995

Syndrome québécois

On ne peut pas avoir le Bloc québécois à Ottawa et le Parti libéral à Québec, ça ne marche pas !

Le Journal de Montréal,
3 août 1994

Synergie

Il faudra intensifier les rapports organiques, les rapports de fonctionnement, de coordination et de formation [entre le Parti québécois et le Bloc québécois]. Ayant un objectif commun, on a intérêt à avoir une synergie.

La Presse, 16 janvier 1996

T

T abou (des mots)

La commission parlementaire* [...] nous donnera, pour la première fois depuis très longtemps, l'occasion de démystifier des tabous. [...] Pensons, entre autres, au tabou des mots. Que signifient, de façon concrète, « indépendance », « souveraineté », « souverainisme », « souveraineté-association » ? Quel rapport entretiennent-ils avec « séparatisme », terme péjoratif que la presse anglophone et la plupart des politiciens fédéralistes n'ont pas cessé d'employer, depuis 30 ans, pour discréditer la marche du Québec vers son destin ? (*IL S'AGIT DE LA FUTURE COMMISSION BÉLANGER-CAMPEAU.)

Le Devoir, 31 juillet 1990

T actiques

Les offres [constitutionnelles] promises ne viennent pas. La montagne n'arrivera même pas à accoucher d'une souris. Mais c'est en raison même de cette impuissance à offrir une alternative que les fédéralistes ont imaginé un nouveau moyen de combattre l'élan souverainiste, soit de l'enliser, de ne pas l'affronter, de lui opposer des tactiques dilatoires et la confusion. (À PROPOS DU « PIÈGE » DE CHARLOTTETOWN.)

Le Soleil, 21 juin 1992

T axes

Les taxes seront toujours nécessaires pour un objet principal : se procurer de l'argent. Le gouvernement a besoin d'argent. Les gouvernements ont été créés pour mettre en commun les ressources d'un pays afin de répondre aux problèmes nationaux et généraux du pays.

Chambre des communes, 31 octobre 1989

T*élégramme*

Le référendum nous concerne tous très directement comme Québécois. Sa commémoration est une autre occasion de rappeler bien haut la franchise, la fierté et la générosité du OUI que nous avons alors défendu, autour de René Lévesque et de son équipe. La mémoire de René Lévesque nous unira tous en fin de semaine. Car il a fait découvrir aux Québécois le droit inaliénable de décider eux-mêmes de leur destin. (TÉLÉGRAMME ENVOYÉ PAR LUCIEN BOUCHARD, ALORS À PARIS, À JACQUES PARIZEAU À L'OCCASION DU DIXIÈME ANNIVERSAIRE DU RÉFÉRENDUM DE 1980. IL PRÉCÈDE DE TROIS JOURS SA DÉMISSION DU GOUVERNEMENT FÉDÉRAL.)

Conseil national du PQ, Alma, 19 mai 1990

J'ai rédigé mon télégramme sans hésiter, dans un cri de cœur, de fierté, d'amitié, de vérité. Je savais qu'il y aurait un problème. Je l'ai envoyé quand même. [...] J'ai beaucoup d'amis dans le Parti québécois. Certains sont de vieux camarades de combat. Cela faisait longtemps que je jonglais avec l'idée d'envoyer ce télégramme.

Le Journal de Montréal, 24 mai 1990

T*emps (compté)*

J'arrive de loin... Ce temps qui m'est donné – car c'est toujours un sursis qui vous est donné –, ce temps je vais l'utiliser au maximum, pour les vraies affaires. (APRÈS LA TERRIBLE MALADIE QUI A FAILLI L'EMPORTER.)

La Presse, 18 février 1995

Le précaire devient un élément essentiel dans mon quotidien. Je ne veux plus perdre de temps. [...] Or, j'ai des projets plein la tête pour cette seconde chance qu'on vient de me donner. La politique m'enlève

du temps précieux avec ma famille. Je ne suis pas dans la situation merveilleuse des personnes qui ont des enfants à l'âge où il faut les avoir. Le temps avec eux m'est précieux. Je le sais plus que jamais !
(*IDEM.*)

La Presse, 9 mai 1995

T émoin

Œuvrant sur la scène fédérale depuis 10 ans, je suis en quelque sorte un témoin privilégié de la réalité des aspirations irréconciliables du Québec et du Canada anglais.

Beauport, 22 mars 1995

T empête (avis de)

Il ne faudra pas que la récession nous frappe alors qu'on n'aura pas encore terminé le redressement [des finances publiques]. Là, si ça arrivait, ce serait toute une dégringolade. Tout ce que nous aurons fait avec le déficit, tout ce que nous aurons demandé à toutes les clientèles québécoises sera compromis, effacé, dilué, oblitéré, du jour au lendemain, avec la chute à nouveau dans le déficit. [...] Il ne faut pas qu'on soit rattrapés par l'orage qui nous menace.

Le Devoir, 20 mars 1996

T endance

Il y a une tendance constante, c'est qu'on s'en va vers la souveraineté et qu'on n'accepte pas la camisole de force fédérale.

Le Journal de Montréal, 10 juin 1991

T erre brûlée

Notre objectif est très clair : nous allons faire disparaître les conservateurs de la carte du Québec.

La Presse, 24 février 1992

T erre-Neuve

On peut imaginer une situation où le Canada anglais aura à choisir entre Terre-Neuve et Québec.

Le Québec a été isolé [après le rapatriement de la Constitution] ; on peut imaginer une hypothèse où Terre-Neuve se trouverait isolée aussi. À ce moment-là, il y aura des décisions importantes à prendre par le Canada anglais. (À PROPOS DU REFUS DE TERRE-NEUVE D'APPUYER L'ACCORD DU LAC MEECH.)

La Presse, 7 avril 1990

Territoire (du Québec)

On ne peut démembrer le territoire québécois. Il y a une seule souveraineté, démocratique et égale pour tous, qui doit être capable d'assumer les dossiers de l'histoire, capable de réparer les injustices, de reconnaître ses torts [envers les autochtones]. [...] La souveraineté est indivisible. Il n'y en a qu'une, c'est la souveraineté du Québec.

Le Soleil, 15 septembre 1990

Il y a un État unitaire au Québec, c'est l'État du Québec. Le référendum [du 30 octobre] portera sur l'avenir de l'ensemble de l'État du Québec. Nous considérons que le territoire du Québec est caractérisé par son intégrité qui en fait un seul État. Il y a un seul référendum qui fera autorité, c'est celui de l'ensemble de la population. (RÉACTION AU PROJET DE RÉFÉRENDUM DES INUIT QUÉBÉCOIS.)

La Presse, 23 août 1995

Je pense profondément et intensément que, au Québec, nous sommes un peuple, une nation et qu'en tant que nation nous possédons un droit fondamental, celui de conserver et de protéger notre territoire. La Canada est divisible parce que le Canada n'est pas un véritable pays. Il y a deux peuples, deux nations et deux territoires, et celui-ci est le nôtre.

The Gazette, 28 janvier 1996

Terrorisme (économique)

Il s'agit d'une manœuvre de diversion pour empêcher les Québécois de regarder soigneusement l'entente constitutionnelle [de Charlottetown] qui fait l'objet du référendum. [...] C'est le premier geste du commando du terrorisme économique. (APRÈS L'IN-TERVENTION DU PRÉSIDENT DE LA BANQUE ROYALE, PRÉDISANT UNE CATASTROPHE EN CAS DE VICTOIRE DU NON.)

La Presse, 28 septembre 1992

T *GV*

L'implantation d'un TGV dans le corridor Québec-Windsor permettrait de développer au Québec l'expertise nord-américaine dans ce domaine et d'ouvrir ainsi l'accès à un marché évalué à plus de 250 milliards de dollars pour toute l'Amérique du Nord, tout en créant 120 000 emplois directs.

Université de Montréal, 15 septembre 1993

Il faut qu'il y ait un TGV entre Québec et Windsor. Si ce n'est pas aujourd'hui, on le fera plus tard, mais il sera peut-être trop tard et ce sera plus cher. [...] C'est tout de suite qu'il le faut. [...] Ça permettrait de ramener les gens vers le train, de créer un transport en commun rentable et respectueux de l'environnement

Le Devoir, 27 septembre 1993

Si j'étais le premier ministre fédéraliste du Canada, je déciderais de mettre en chantier le train à grande vitesse. J'aurais envie de prouver à tout le monde que le fédéralisme est une bonne chose et je tenterais de le recréer tel qu'il était à ses débuts, avec la grande épopée du chemin de fer qui traversait le pays d'un océan à l'autre. Il y a là un mythe extra-ordinaire. [...] C'est l'avenir. C'est la technologie plus la création d'emplois. Le Québec s'embar-querait dans un tel projet.

The Gazette, 21 mars 1996

T *iers monde*

Les Québécois et les Canadiens ne sont pas indif-férents. [...] Ils ont constamment appuyé les poli-tiques que tous nos gouvernements ont menées dans les pays en développement. Les Canadiens et les Québécois sont généreux et n'ont jamais hésité à «exporter» [...] à l'étranger la compassion sociale qui caractérise leur propre vie collective. En ce sens, nos concitoyens et concitoyennes savent que le tiers monde fait partie de leur vie quotidienne.

Conseil des relations internationales,
Montréal, 18 mars 1994

T imidité

Les Québécois, ils la veulent la souveraineté. Sauf que le pas qu'il faut faire, ils n'ont pas encore décidé de le franchir.

Le Devoir, 21 juin 1993

T itanic

Sur la scène fédérale, le parti du changement en profondeur, c'est le Bloc québécois. Les partis fédéraux traditionnels n'ont rien d'autre à offrir que la mise entre parenthèses de la crise économique et politique du Canada. Le *Titanic* fonce sur la banquise, mais ne changeons pas la trajectoire !

Un nouveau parti..., Bloc québécois,
mai 1993

T olérance

Il ne fait aucun doute dans mon esprit que nous trouverons entre nous les moyens d'aboutir à des solutions raisonnables, pacifiques [au problème constitutionnel]. Pour nous, Québécois, il n'y a tout simplement pas d'autre voie.

Le Devoir, 12 mars 1996

T ordage de bras

Il [Jacques Parizeau] était au courant et je n'ai pas de doute qu'il se ralliera à l'essentiel de la proposition. Les marges de manœuvre ne sont jamais absolues en politique. M. Parizeau a besoin, comme nous tous, de recevoir des suggestions. (À PROPOS DU «VIRAGE» ANNONCÉ DANS SON DISCOURS DU 7 AVRIL

La Presse, 9 avril 1995

T oronto

Les gens de Toronto sont plus parlables que bien d'autres. Ils font beaucoup d'affaires, d'échanges avec le Québec. Et ils veulent continuer d'en faire, puisqu'ils nous vendent pour environ 26 milliards de dollars par an de biens et services et ne nous en achètent que pour 23 milliards. Ils connaissent Montréal, ils connaissent le Québec. Je ne vois pas de problèmes insolubles de ce côté-là.

La Presse, 30 octobre 1993

T orpeur

Il faut secouer la torpeur sociale et économique qui, peu à peu, gagne le Québec. (ASSEMBLÉE DE LANCEMENT DU BLOC QUÉBÉCOIS.)

Sorel, 15 juin 1991

T rahison

Même s'il a été assez largement utilisé pour décrire les événements entourant la promesse référendaire de M. Trudeau de 1980, puis l'attitude du Canada anglais lors des négociations de 1981, le mot «trahison» ne fait pas partie de mon vocabulaire et, contrairement à ce qu'affirment certains leaders fédéralistes dont M. Daniel Johnson, je ne l'ai pas employé.

La Presse, 10 février 1996

T raître

Pensez-vous que j'aime ça, me faire traiter de traître dans les journaux du Canada anglais? Pensez-vous que ça me fait plaisir de me faire dire que j'ai poignardé Mulroney?

La Presse, 21 octobre 1995

Accuser quelqu'un [d'être un] traître, transposé en termes criminels, c'est la pendaison. La traîtrise, dans le domaine public, c'est à peu près le pire crime qu'on puisse commettre, c'est une ignominie. (À PROPOS DE LA LETTRE PUBLIQUE DE PIERRE TRUDEAU L'ACCUSANT D'AVOIR «TRAHI» LES QUÉBÉCOIS.)

Le Soleil, 4 février 1996

T *ranquille*

Je suis un gars tranquille. Je fais les affaires tard et tranquillement, trop tard peut-être, dira-t-on... En 1960, le Québec faisait sa révolution «tranquille» parce qu'elle était tardive. Puis il a essayé de faire l'indépendance, agressivement, et ça n'a pas marché. Maintenant, le Québec ne parle pas, il est discret, il n'y a pas de manifestations dans les rues. Je suis très impressionné par le silence des Québécois : il se pourrait qu'ils préparent une souveraineté tranquille.

L'actualité, 15 mai 1990

T *remplin*

Le détournement de confiance dont les Québécois ont fait l'objet de la part des vainqueurs fédéraux du référendum [de 1980] et le NON brutal sur lequel s'est butée la tentative de Meech ont réussi à réunir, pour la première fois, une majorité absolue de Québécois autour du projet souverainiste. En même temps, ils ont imprimé au ressort de la volonté québécoise le niveau de tension nécessaire pour désenliser et compléter la démarche amorcée dans les années soixante.

Université du Québec à Hull,
7 octobre 1990

T *riangle (Ottawa-Québec-Paris)*

J'ai expliqué à certains Français que de ne traiter qu'avec le Québec introduisait un biais dans la vie nationale du Canada et que cela, finalement, entravait l'action : le Canada se retire et le Québec en souffre. Plus Paris et Ottawa sont proches, plus le Québec en profite.

La Presse, 2 avril 1988

T*ribun*

Nous, du Bloc, il va falloir convaincre les Québécois que ce qu'on leur propose, c'est le vrai pouvoir, celui du peuple. N'oublions pas qu'il faudra argumenter, être sur toutes les tribunes et convaincre nos concitoyens.

La Presse,
20 juin 1993

T*richeurs!*

La tentation du coup de force est malheureusement toujours présente dans l'univers fédéraliste construit par M. Trudeau. Le soir du référendum d'octobre dernier, [...] fort d'un vote de 50,6 % pour le NON, M. Chrétien a déclaré : « En démocratie, le peuple a toujours raison. [...] Les Québécois et les Québécoises se sont exprimés, nous devons respecter leur verdict. » Quelques jours plus tard, cependant, il a déclaré que si le résultat avait favorisé le OUI, il n'aurait pas respecté le verdict. [...] Depuis, M. Chrétien et ses ministres tentent de trouver des façons de tricher avec la démocratie québécoise, de modifier le seuil qui entraîne un respect du verdict. (ALLUSION À L'« HYPOTHÈSE DE TRAVAIL» D'EXPERTS FÉDÉRAUX SELON LAQUELLE LE POURCENTAGE DE OUI REQUIS POUR QUE LA SOUVERAINETÉ SOIT LÉGITIME APRÈS UN RÉFÉRENDUM DEVRAIT ÊTRE PORTÉ DE 50 % PLUS UNE VOIX À 66 %.)

La Presse,
10 février 1996

T*riomphalisme*

Je jette de l'eau froide là-dessus.
Le Soleil, 7 octobre 1993

J'ai peur du succès prématuré, j'ai peur du triomphalisme. J'ai peur de ceux qui pensent que le succès est acquis [d'avance].
Le Soleil, 14 octobre 1993

T *ripes*

On n'en aura jamais fini tant qu'on ne fera pas la souveraineté du Québec parce que, dans nos tripes, on la veut !

Le Monde, 16 octobre 1992

T *rou (histoire de)*

Quel est le danger qui menace notre qualité de vie ? C'est un trou. Un trou au fond de notre poche. [...] Seize sous sur chaque dollar. Ça, c'est le trou dans la poche de la grande famille québécoise d'aujourd'hui. Le trou, c'est le service de la dette. C'est l'argent qui nous échappe, chaque année, en pure perte. Et chaque année qui passe avec un déficit supplémentaire contribue à agrandir le trou. Chaque année, un point de couture de moins. [...] Alors, il faut recoudre. Et pour recoudre, il ne faut pas avoir peur des aiguilles. Car ce trou, ce n'est pas un trou ordinaire.

Sommet socio-économique,
Québec, 18 mars 1996

T *roublant*

La plupart des discours [conservateurs] prononcés au Québec, y compris ceux de M. Mulroney, auraient pu l'être par des péquistes. On mentionnait à tout bout de champ, pour l'encenser, le nom de René Lévesque. (À PROPOS DE LA PÉRIODE 1984-1990.)

Le Journal de Montréal,
16 février 1991

T *rouble-fête*

Au moment où tout le Québec est uni autour du lac Meech et surtout autour de l'Accord de libre-échange, pour une fois qu'on retrouve des circonstances extraordinaires, devinez qui se dresse contre cette unité ? Le Parti libéral du Canada !

La Presse, 4 mai 1988

Truc (vieux)

Ils [à Ottawa] choisissent le milieu de l'été quand tout le monde est parti pour faire leur petit coup. C'est le vieux truc des politiciens qui ont peur. (À PROPOS D'UNE «DERNIÈRE SUPPOSÉE OFFRE» D'OTTAWA DANS LE DÉBAT CONSTITUTIONNEL, ANNONCÉE POUR LA SECONDE MOITIÉ DE L'ÉTÉ.)

La Presse, 27 juin 1992

Trudeau, Pierre Elliott

Trudeau avait en tête la Charte des droits. Plutôt que d'élargir le champ d'action du Québec pour que sa spécificité soit mieux protégée, il a imposé un moule centralisateur. Et les Québécois ont réagi à cette humiliation en réélisant le gouvernement de René Lévesque.

L'actualité, novembre 1985

Sa vision du Canada est très cohérente, très logique, mais le pays, pour lui, c'est comme un raisonnement, un syllogisme. M. Trudeau me fait penser à quelqu'un qui se promène en sandales dans les jardins de l'académie à Athènes, avec Platon, et qui dit : « Voici ce que serait la république idéale... »

La Presse, 2 avril 1988

[Son Canada à lui] est une vue de l'esprit, une fiction juridique débordée par la réalité multiforme et mouvante. Son pays [...] n'est pas un pays. C'est un concept de bureaucrate où la division tient lieu d'élan, où les tensions politiques et les rapports de force remplacent la volonté de travailler ensemble.

La Presse, 19 novembre 1989

Pendant plusieurs décennies, les Canadiens français se sont crus porteurs d'un destin messianique. À plusieurs égards, Pierre Trudeau est le dernier missionnaire du Canada français.

Réponse au discours du Trône,
19 janvier 1994

Il considère qu'il n'existe qu'une lecture acceptable de cette histoire controversée [des relations entre le Québec et le reste du Canada] : la sienne. [...] Du haut de sa certitude, il décrète que la lecture que les souverainistes en font tient, nécessairement, de la démagogie. (RÉPONSE À UNE LETTRE PUBLIQUE DE PIERRE ELLIOTT TRUDEAU L'ACCUSANT D'AVOIR «SOUILLÉ LA BONNE RÉPUTATION DÉMOCRATIQUE DE LA PROVINCE DE QUÉBEC».)

La Presse, 10 février 1996

Pierre Trudeau considère personnellement n'avoir commis aucune erreur dans sa propre action canadienne, malgré les traumatismes dans lesquels il a plongé son pays. [Il faut] nous rappeler que les 15 ans écoulés depuis son dernier coup de force n'ont pas suffi à réparer le tort qu'il a causé. À l'heure où certains, à Ottawa, inspirés par ses thèses, envisagent de suivre ses traces, il est bon de voir où son comportement passé nous a conduits, Canadiens et Québécois, anglophones et francophones. (IDEM.)

La Presse, 10 février 1996

Dans le débat démocratique, il y a un pas entre le choc des idées et le mépris de l'autre ; un pas que M. Trudeau franchit malheureusement assez allégrement dans ses écrits, notamment envers ceux qu'il appelle les Canadiens français et qui ne partagent pas ses opinions. [...] Il est assez rare qu'un homme politique exprime, à répétition et avec l'expérience de toute une vie, un tel dédain pour l'ensemble de ses concitoyens. (IDEM.)

Le Devoir, 10 février 1996

En niant l'existence des revendications historiques du Québec, M. Trudeau se conduit comme ces pharaons de l'ancienne Égypte qui, lorsqu'ils étaient insatisfaits de l'histoire, faisaient gommer et disparaître de leur royaume toute inscription, mention ou rappel désobligeants. (IDEM.)

La Presse, 10 février 1996

Le premier ministre canadien qui a suspendu les libertés civiles en 1970, ouvrant la voie à l'emprisonnement sans raison, sans acte d'accusation et sans recours de 500 citoyens – dont quelques poètes – pour simple délit d'opinion et cautionnant 3 000 perquisitions sans mandat, est mal placé pour donner des cours de démocratie. (*IDEM.*)

La Presse, 10 février 1996

T *PS*

La TPS a pour objet de rationaliser la façon dont les taxes sont perçues au Canada. Cela doit être fait. Tel a été l'objectif de notre gouvernement [Mulroney]. Nul gouvernement n'a eu le courage de le faire avant. Nous en avons eu le courage parce que ça nous paraît nécessaire. Nous ne l'avons pas fait pour être populaires. Nous l'avons fait parce que nous croyons qu'il est de notre devoir de le faire.

Chambre des communes,
31 octobre 1989

Dans un Québec souverain, il faudrait qu'il y ait, je pense, un genre de taxe sur la valeur ajoutée ou de TPS.

La Presse, 6 février 1991

T *rône (discours du)*

Je voudrais voir un discours du Trône qui traite du fond des questions, en particulier celles du Québec et de l'emploi.

Le Devoir, 18 janvier 1994

T *urc (tête de)*

Voir Chrétien, Jean

T *VQ*

Compte tenu du fardeau fiscal actuel, il faut tout mettre en œuvre, sur le plan de la réduction des dépenses, pour éviter de procéder à une [...] hausse de taxe. Cette mesure ne doit être envisagée qu'en dernier recours.

Chambre de commerce de Laval,
6 décembre 1995

Il faut faire tout ce qui est possible, de façon radicale même, pour éviter cette hausse de taxe. L'économie n'a pas besoin d'une hausse de taxe.
(À PROPOS DE L'INTENTION DU GOUVERNEMENT PARIZEAU D'AUGMENTER DE 1 % LA TAXE DE VENTE.)

La Presse, 17 janvier 1996

Je crois que je me suis «peinturé dans le coin» politiquement avec ce que j'ai dit. Je l'ai voulu, je l'assume et on verra ce que l'on pourra faire parce que l'on vit toujours dans le domaine du possible. Mais on va reculer aussi loin qu'on le peut les frontières du possible.

La Presse, 3 février 1996

U

U *nion sacrée*

On a des enfants à élever, on veut qu'ils soient des musiciens, des astronomes, des scientifiques. On veut qu'ils fassent des choses vraies dans la vie. On ne veut pas qu'ils soient déchirés, tordus toute leur vie par la politique. On veut entrer de plain-pied dans le monde moderne. Pour ça, il faut s'unir. Il faut que les Québécois de tous les partis, de tous les secteurs se réunissent et s'entendent sur l'essentiel.

Chambre de commerce de Montréal, 23 mai 1990

[Notre programme] n'est réalisable qu'avec la collaboration de tous nos citoyens, de nos syndicats, des gens d'affaires, des groupes communautaires, des gens des villes, des régions et des campagnes, des francophones, des anglophones, des néo-Québécois. Je devrais dire aussi : des souverainistes et des fédéralistes. [...] J'appelle les fédéralistes, notamment ceux du monde des affaires, à donner la priorité à l'économie et à savoir faire la différence entre leurs contributions légitimes au débat politique et leurs contributions nécessaires au redressement économique. (DISCOURS D'ASSERMENTATION COMME PREMIER MINISTRE.)

Québec, 29 janvier 1996

Mon discours en est un de rassemblement et je souhaite que tous les Québécois s'unissent au-delà des frontières partisanes, des chicanes de mots pour faire en sorte que l'économie redécolle, qu'il y ait plus d'emplois, qu'il y ait plus d'investissements et que l'État récupère ses moyens de devenir une source d'espoir et non pas d'inquiétude.

La Presse, 6 février 1996

U *sine*

La Chambre des communes, c'est mon usine ! Ma job est là, mon employeur est là, c'est pour ça que j'ai été élu.

Le Soleil, 20 février 1995

U *topie*

Les Québécois et les Québécoises sont et seront toujours nettement minoritaires dans le régime fédéral. Le rapport démographique est de un contre trois. On peut vivre d'illusions et penser déterminer le cours des choses malgré ce handicap constant qui relègue le Québec au second rang lorsque les intérêts des uns et des autres sont divergents. Cela supposerait une tension et une performance constantes. C'est, en un mot, l'utopie.

Réponse au discours du Trône,
19 janvier 1994

ABCDEFGHI JKLMNOPQ RSTUVWXYZ

Vacances

Les vacances des politiciens, c'est de ne plus être des politiciens. De ne plus devoir préparer des réponses à toutes les questions, de ne plus vivre dans la hantise des sondages, de ne pas avoir à riposter à toutes les attaques et de ne pas commencer la journée avant d'avoir lu six journaux.

Le Journal de Montréal,
29 juin 1991

Valeurs (perte des)

Cette tendance à minimiser le rôle des valeurs morales et humaines que l'on observe aujourd'hui est à peu près universelle. [...] L'on ne peut uniquement blâmer les postes de radio de cette baisse indiscutable que subissent actuellement dans nos villes les valeurs de l'esprit. (ALLUSION AUX ÉMISSIONS RADIOPHONIQUES « LÉGÈRES » QUI SE MULTIPLIENT.)

Le Cran, 19 mars 1958

Valeurs communes

En raison de certaines valeurs communes à nos deux peuples, comme la démocratie, la tolérance et la recherche de la paix, le Québec et le Canada seront toujours des partenaires et des alliés naturels, et plus particulièrement dans le contexte nord-américain. (ASSEMBLÉE DE LANCEMENT DU BLOC QUÉBÉCOIS.)

Sorel, 15 juin 1991

Vendeurs (mauvais)

Les fédéralistes n'ont plus de vendeurs crédibles. En 1980, ils avaient Pierre Trudeau. Quand il parlait, il impressionnait les Québécois, il y avait chez lui une certaine rigueur intellectuelle. Mais les conservateurs comme Benoît Bouchard, vous ne les verrez pas dans le débat. Ils ne sont pas montrables.

Le Devoir, 20 juin 1992

Vérité (la)

La vérité n'est jamais mauvaise conseillère. Comme le disait le général de Gaulle, on peut bien regretter le temps de la marine à voile, mais il n'y a pas d'autre véritable politique possible que celle fondée sur les réalités.

Réponse au discours du Trône,
19 janvier 1994

Verrou

Il ne faut pas les sous-estimer, les fédéraux. [...] Ils contrôlent les voies d'accès à l'étranger. Essayez donc d'aller parler aux Français, aux Britanniques, aux Italiens, aux Américains, puis leur expliquer ce qui se passe au Québec. Vous ne pouvez pas ! Vos représentants, ceux qui sont payés à même vos taxes, vont plutôt livrer le message contraire, parce qu'ils prennent leurs ordres et leurs instructions du système fédéral. Ça, c'est le verrou dans lequel nous vivons.

Hull, 14 mai 1991

Veto (droit de)

Ce n'est pas un droit de *veto*, et cela ne peut que compliquer les réformes que voudrait faire le gouvernement fédéral. Cela veut dire que tout le monde et son père pourra bloquer quoi que ce soit. [...] C'est un artifice. [Cette loi] nous enfonce dans le ciment et le fait sécher plus vite. [...] Ce n'est pas du tout le droit de *veto* que Robert Bourassa avait en tête quand il en a fait une condition de Meech ; c'est un trompe-l'œil qui montre l'impuissance d'Ottawa quand il s'agit de répondre aux aspirations du Québec. (À PROPOS DE L'ADOPTION PAR LE SÉNAT DU PROJET DE LOI FÉDÉRAL ACCORDANT UN *VETO* AU QUÉBEC AINSI QU'À QUATRE AUTRES PROVINCES.)

La Presse, 3 février 1996

Victoire

J'ai la conviction que nous sommes en train de gagner. Mais il faut redoubler d'ardeur. C'est vers la fin qu'on coiffera [les fédéralistes] au poteau. C'est vers la fin qu'on remportera la bataille de la démocratie québécoise. Le lendemain du 30 octobre, quand nous nous réveillerons, nous serons un peuple. [...] Le chemin du Québec a été long. Le parcours du Québec n'a pas toujours été facile. Il est parsemé de victoires morales qui sont pour moi des défaites. Il n'y aura pas de victoire morale lundi. Il y aura une victoire ou une défaite. Et moi, je mise sur la victoire du Québec par un OUI !

La Presse, 26 octobre 1995

Victoires morales

Je déteste les victoires morales. Je ne voudrais pas construire le Québec sur une victoire morale parce que, pour moi, c'est une défaite. Si ça arrive, je vais dire : « On en a mangé une autre. "On en a mangé une belle", comme disait Jean Chrétien. » Il avait raison, il nous en a promis une belle et on l'a eue. (À PROPOS D'UNE ÉVENTUELLE DÉFAITE DU OUI PAR 48% OU 49% AU RÉFÉRENDUM SUR LA SOUVERAINETÉ.)

Le Devoir, 26 octobre 1995

Vie (qualité de)

La qualité de nos vies à nous, femmes et hommes du Québec d'aujourd'hui, et, encore plus, la qualité de la vie de nos adolescents, de nos enfants qui grandissent et de ceux qui vont naître dépendent de l'intelligence, des principes, du cœur et du cran [...] de l'ensemble des Québécoises et des Québécois où qu'ils soient.

Sommet socio-économique, Québec,
18 mars 1996

Vigneault, Gilles

Cet homme, venu d'un lointain et longtemps improbable pays, est un grand artiste. Cette voix éraillée, peut-être d'avoir trop lutté contre les vents du nord, est celle d'un poète.

Le Journal de Montréal, 8 décembre 1990

Violence

La violence, la démagogie, non. Moi, je refuse ça ! Je nous refuserai ce moyen, à nous autres [souverainistes]. Je crois que le meilleur moyen d'arriver à nos objectifs, c'est la sérénité, c'est le sérieux, c'est [...] de discuter sans passion, de refuser d'entrer dans le champ des insultes.

Radio-Canada, *Raison-Passion*,
10 septembre 1992

Virage

[Les Québécois ne souhaitent] pas dire NON à la souveraineté dans un référendum qui brusquerait leurs hésitations et ne répondrait pas à leurs interrogations. Ils sont prêts à dire OUI à un projet rassembleur. Le projet souverainiste doit prendre rapidement un virage qui le rapproche davantage des Québécois et des Québécoises et qui ouvre une voie d'avenir crédible à de nouveaux rapports Québec-Canada répondant à leurs légitimes préoccupations.

Congrès du Bloc québécois, 7 avril 1995

J'avais la responsabilité et l'obligation de dire ce que nous, du Bloc, pensons. C'est une contribution très utile à la réflexion des souverainistes et du principal d'entre eux, M. Parizeau, qui aura à prendre une décision au cours des prochains mois [sur la tenue du référendum]. (APRÈS SON ANNONCE QUE LES

La Presse, 9 avril 1995

Je n'ai pas parlé depuis [mon discours du 7 avril]
à M. Parizeau, mais nos entourages se sont parlés
encore aujourd'hui [8 avril]. Tout se passe très bien.
M. Parizeau n'est pas isolé. Il a tout simplement plus
de matière sur sa table. (*IDEM.*)

La Presse, 9 avril 1995

Si nous ne collons pas nos préoccupations à
celles de la population, nous allons faire faux bond
et il y a des risques de ne pas recueillir la majorité
qui est requise en démocratie pour prendre une
décision d'une pareille importance [décréter la sou-
veraineté]. (*IDEM.*)

Le Devoir, 10 avril 1995

C'était un virage dans le sens que la précision, l'a-
justement n'avaient jamais été apportés avec autant de
clarté dans les discussions antérieures. Je pensais qu'il
fallait faire ce discours pour déclencher une réflexion
et provoquer une reprise de l'intensité souverainiste.
Et aussi pour débusquer les fédéralistes. (À PROPOS DE
SON DISCOURS AU CONGRÈS DU BLOC, AU COURS DUQUEL IL AVAIT,
ENTRE AUTRES, SUGGÉRÉ UNE FORME D'UNION ÉCONOMIQUE AVEC
LE CANADA ADVENANT UN OUI AU RÉFÉRENDUM.)

Le Devoir, 2 mai 1995

Quand on fait un congrès qui coûte 200 000 dollars et qu'on fait venir 1 400 délégués de partout au
Québec, c'est bien de valeur, mais il faut qu'on parle
des vraies affaires. Il fallait dire les choses qu'il
fallait dire. (*IDEM.*)

Le Devoir, 2 mai 1995

Virgules

Le fédéralisme actuel est démodé. Ce pays ne
marche pas. Nous voulons que nos enfants soient les

meilleurs dans le monde, les meilleurs musiciens, les meilleurs astronomes... Allons-nous continuer de discuter de virgules et être des demi-politiciens pendant bien longtemps ? (À PROPOS DES MARCHANDAGES AUTOUR DE L'ACCORD DU LAC MEECH.)

La Presse, 23 mai 1990

V*isages-à-deux-faces*

Kim Campbell nous a dit qu'elle nous aimait. Elle aime le Québec ! Ça, on l'a entendu combien de fois, surtout depuis un an ? Rappelez-vous, dans les mois qui ont précédé Charlottetown, quand ils sortaient de leur conférence constitutionnelle à huis clos : les portes s'ouvraient, puis ils venaient tous défiler devant les micros. On leur demandait : « Mais qu'est-ce que vous avez décidé en dedans ? – Pas grand-chose, mais j'aime le Québec ! Nous autres de l'Ontario, on aime le Québec ! Nous autres de Terre-Neuve, on aime le Québec ! Nous autres des provinces des Prairies, si vous saviez à quel point on aime le Québec ! » [...] On nous embrasse, on nous étreint. Qu'est-ce qu'on nous donne ? Rien !

Alma, 18 avril 1993

V*italité*

Nous voulons témoigner de la vitalité prodigieuse de ces Québécoises et Québécois. Devenus plus de six millions, personne ne leur enlèvera la certitude de ne devoir qu'à eux-mêmes, à leur courage, à leur travail, à leur acharnement, d'avoir survécu, non pas simplement physiquement, mais comme acteurs économiques, comme francophones, comme peuple. (ASSEMBLÉE DE LANCEMENT DU BLOC QUÉBÉCOIS.)

Sorel, 15 juin 1991

V*itriol*

Ce qui est important, ce n'est pas d'utiliser des mots vitrioliques mais de s'assurer que les gens comprennent le fond de la question.

Le Soleil, 7 octobre 1995

Vive la Reine!

Je jure que je serai fidèle et porterai vraie allégeance à Sa Majesté la reine Élisabeth II...
(SERMENT D'ALLÉGEANCE À LA COURONNE, PRONONCÉ EN FRANÇAIS.)

Chambre des communes,
9 novembre 1993

Vivre (enfin!)

Les Québécois veulent vivre normalement. Ils en ont assez de se battre pour des choses élémentaires qui leur sont refusées. Ils veulent bien affronter les défis de l'époque, mais en mettant toutes les chances de leur côté. Une plus grande intégration économique et une plus forte concurrence internationale d'un côté, de l'autre la souveraineté politique pour se battre à armes égales avec nos partenaires-concurrents.

Réponse au discours du Trône,
19 janvier 1994

Voisinage (bon)

La volonté du mouvement souverainiste d'établir un partenariat entre nos deux peuples devenus souverains démontre [...] notre intérêt pour une politique de bon voisinage et de respect mutuel. (À PROPOS DES RELATIONS QUÉBEC-CANADA.)

La Presse, 10 février 1996

Volontaire

Je serai toujours aux premiers rangs de ceux qui vont se battre pour l'indépendance du Québec.

La Presse, 28 septembre 1990

Vote ethnique

Il faut accepter la composition démographique du Québec. Les Québécois sont des citoyens, quelle que soit leur origine ethnique ou leur langue, du Québec. C'est le résultat démocratique du vote de tous les Québécois qui compte. [...] C'est à nous, les francophones, de faire la même chose [que les anglophones et les allophones], d'être solidaires, d'aller voter. Et on va gagner. Il ne faut pas blâmer les autres.

La Presse, 5 octobre 1995

La règle fondamentale, c'est le respect du vote. Tous les votes sont égaux. Il n'y a pas lieu de singulariser l'origine des votes. Nous sommes tous des citoyens à part entière au Québec. Nous étions tous québécois avant le référendum, nous l'étions pendant, maintenant et toujours. [...] Cette déclaration [de Jacques Parizeau] ne reflète pas ce que pensent les souverainistes. (APRÈS LA SORTIE DE JACQUES PARIZEAU ATTRIBUANT À «L'ARGENT» ET AUX «VOTES ETHNIQUES» LA DÉFAITE DU OUI AU RÉFÉRENDUM SUR LA SOUVERAINETÉ.)

Le Soleil, 1ᵉʳ novembre 1995

Vox populi...

Il faut qu'on enlève la parole aux politiciens, aux journalistes, aux chroniqueurs et aux éditorialistes et qu'on demande au peuple ce qu'il en pense, parce que c'est lui qui doit décider et qui devra vivre avec les résultats. (À PROPOS DE L'ENTENTE DE CHARLOTTETOWN.)

La Presse, 27 juin 1992

Vulgaire

Ce n'est pas nécessaire de se servir de gros mots pour parler de lui : les faits [suffisent]. Cette manière vulgaire, par exemple, de qualifier les efforts du Québec sur la scène internationale : *le flag sus le hood!* C'est ça le niveau de Jean Chrétien !

Le Devoir, 21 juin 1993

376

W

W *ells, Clyde*

Ce Savonarole de l'orthodoxie fédéraliste. (À PROPOS DU PREMIER MINISTRE DE TERRE-NEUVE.)

La Presse, 25 octobre 1995

Clyde Wells a dit qu'il n'était pas question de reconnaître le caractère distinct du Québec même pour sauver la présence du Québec dans le Canada.

Le Soleil, 25 octobre 1995

W hat does Quebec want?

On véhicule beaucoup l'image du Québécois humilié, en mal de représailles et qui se venge en votant pour le Bloc. On lit ça chaque jour dans *The Gazette*. C'est faux. Les Québécois d'aujourd'hui ne se sentent pas humiliés. Ce dont ils ont besoin, c'est d'un grand changement, de faire un pas en avant pour eux, pas contre les autres.

La Presse, 30 octobre 1993

Y *a qu'à...*

Combien d'autres peuples l'ont pris, ce risque de devenir souverains, et s'en sont mieux trouvés ! Les Américains n'ont pas eu peur de devenir les États-Unis, les Hollandais de devenir les Pays-Bas, les Italiens de devenir l'Italie, les Norvégiens de devenir la Norvège, etc. Qu'est-ce donc qui nous empêcherait d'en faire autant ?

Beauport, 22 mars 1995

Z *éro (absolu)*

Il y a des idées neuves, des aspects nouveaux. Il y a un consensus pour un déficit zéro absolu. Cela change l'allure de la discussion, on peut peut-être redéfinir les paramètres. (AU SUJET DE L'ENTENTE SYNDICATS-PATRONAT SUR UN «DÉFICIT ZÉRO» ET DE L'ÉCHÉANCIER GOUVERNEMENTAL POUR Y PARVENIR.)

La Presse, 20 mars 1996

Z *one grise*

En autant qu'il s'agit simplement d'un phénomène économique, vous ne trouverez pas beaucoup d'hommes d'affaires ni d'économistes affirmant que la souveraineté n'est pas viable. Mais la zone grise a plus à voir avec la psychologie qu'avec l'économie. Nous ignorons de quelle façon le Canada anglais réagira [advenant la souveraineté du Québec]. Il se pourrait qu'ils réagissent contrairement à leur intérêt, qu'ils soient irrationnels.

La Presse, 4 avril 1991

J'ai bien plus peur des risques du fédéralisme dans lequel on continuerait de mijoter si le NON l'emporte que de la zone grise que l'on devra franchir tous ensemble par solidarité politique autour d'un OUI.

TVA, *L'Événement*, 17 septembre 1995

Il faut parler d'une période de zone grise [en cas d'accession à la souveraineté]. Il y aura un passage de turbulences, mais des turbulences qui vont être minimisées dans la mesure où on aura la solidarité requise pour les traverser. Au lendemain d'un OUI, ce ne sera pas la catastrophe, ça va être la continuité des choses.

Le Devoir, 26 octobre 1995

Sources

QUOTIDIENS

Le Devoir

Le Droit

The Gazette

Le Journal de Montréal

Le Monde

La Presse

Le Quotidien du Saguenay–Lac-Saint-Jean

Le Soleil

Toronto Star

HEBDOMADAIRES

L'actualité

Le Carabin (journal de l'Université Laval, dont Lucien Bouchard est rédacteur en chef en 1961-1962)

L'Express

Le Lac-Saint-Jean (Alma)

Maclean's

Le Point

Le Réveil de Chicoutimi

Le Réveil de Jonquière

Voir (Montréal)

PÉRIODIQUES

Avis d'artistes (périodique culturel)

Les Cahiers de Droit (revue des étudiants en droit de l'Université Laval)

Continuité (publication du Conseil des monuments et sites du Québec et de la Fondation canadienne pour la protection du patrimoine)

Le Cran (journal du collège de Jonquière, dont Lucien Bouchard est codirecteur avec Yves Villeneuve en 1957-1958)

Le Journal du Barreau (barreau du Québec)

Possibles (périodique culturel)

Relations (magazine de l'actualité sociale, politique et religieuse)

Sélection du Reader's Digest

Traces (revue de la Société des professeurs d'histoire du Québec)

AGENCE DE PRESSE

Presse Canadienne

RADIO-TÉLÉVISION

CKAC

Radio-Canada

TVA

FILM

Le Mouton noir, de Jacques Godbout (tourné entre juin 1990 et juin 1991)

OUVRAGES

À visage découvert, Lucien Bouchard, Boréal, 1992

Un nouveau parti pour l'étape décisive (sous la direction de Lucien Bouchard), Bloc québécois, Fides, 1993

DIVERS

Hansard (journal des débats à la Chambre des communes, Ottawa)

Repères chronologiques

1938 : Naissance à Saint-Cœur-de-Marie, au Lac-Saint-Jean, le 22 décembre.

1955-1959 : Études classiques au collège de Jonquière. Codirecteur du journal du collège, *Le Cran*, en 1957-1958.

1959-1964 : Étudiant en sciences sociales et en droit à l'Université Laval. Il y fait la connaissance, entre autres, de Brian Mulroney. Rédacteur en chef du journal de l'université, *Le Carabin*, en 1961-1962.

1964 : Admis au barreau du Saguenay. S'installe comme avocat dans un cabinet de Chicoutimi.

1967 : Partisan de Pierre Elliott Trudeau dans sa course au leadership libéral. [Démission de René Lévesque du Parti libéral, en octobre.]

1968 : Vice-président de la section québécoise du Parti libéral du Canada. [Victoire libérale aux élections générales du 25 juin. Pierre Elliott Trudeau premier ministre du Canada. Fondation du Parti québécois par René Lévesque, en octobre.]

1970 : Organisateur politique pour le Parti libéral aux élections provinciales d'avril. [Victoire libérale. Robert Bourassa premier ministre. Crise d'octobre : proclamation de la Loi des mesures de guerre, assassinat du ministre du Travail québécois Pierre Laporte par des membres du FLQ.]

1970-1976 : Président des tribunaux d'arbitrage de la province pour l'ensemble du secteur de l'éducation.

1971 : Devient membre du Parti québécois.

1973 : Participe à la campagne du PQ pour les élections provinciales d'octobre.

1974-1975 : Procureur en chef de la Commission Cliche sur la violence dans l'industrie de la construction. Il y retrouve Brian Mulroney et Guy Chevrette.

1975 : Élu bâtonnier du barreau du Saguenay.

1976 : Participe à la campagne du Parti québécois pour les élections provinciales de novembre. [Victoire du PQ. René Lévesque premier ministre.]

1977-1978 : Membre de la Commission d'étude et de consultation dans les secteurs public et parapublic. Rapport Martin-Bouchard, en février 1978.

1979 : [Élections générales du 22 mai. Victoire du Parti conservateur. Joe Clark premier ministre du Canada.]

1980 : [Élections générales du 18 février. Victoire libérale. Retour de P.-E. Trudeau.] Milite activement en faveur du OUI au référendum sur la souveraineté-association. [Le 20 mai, le NON l'emporte par 59,6 % des suffrages contre 40,4 %.]

1981-1982 : [Rapatriement de la Constitution, malgré l'opposition de l'Assemblée nationale du Québec.] Lucien Bouchard fait partie de l'équipe d'avocats du gouvernement québécois chargée de contester devant la Cour suprême la légalité de ce rapatriement. [Confirmation par la Cour suprême de la légalité du rapatriement, en septembre 1981.] Négociateur en chef du gouvernement du Québec dans le secteur public.

1983 : Écrit des discours pour son ami Brian Mulroney, alors candidat à la direction du Parti conservateur.

1984 : [Raz-de-marée conservateur dans l'ensemble du pays aux élections générales du 4 septembre. Brian Mulroney premier ministre du Canada.] Lucien Bouchard rédige pour lui le fameux « discours de Sept-Îles ».

1985 : Nommé ambassadeur du Canada à Paris, en juillet. [Élections provinciales de décembre. Victoire du Parti libéral. Robert Bourassa premier ministre.]

1987 : [Accord du lac Meech, le 30 avril. Version définitive de l'Accord, le 3 juin, dans l'édifice Langevin, à Ottawa.]

1988 : Retour de France. Nommé secrétaire d'État, en mars. Élu député conservateur de Lac-Saint-Jean dans une élection complémentaire, le 20 juin. Réélu aux Communes lors des élections générales du 21 novembre.

1989 : Ministre de l'Environnement, en janvier. Mariage avec Audrey Best, en février.

1990 : [Rapport Charest.] Démissionne du cabinet Mulroney, le 22 mai. [Échec définitif de l'Accord du lac Meech, le 22 juin.] Nommé par Robert Bourassa à la Commission Bélanger-Campeau.

1991 : [Rapport Allaire, en janvier. Rapport de la Commission Bélanger-Campeau, en mars.] Assemblée de fondation du Bloc québécois, le 15 juin, à Sorel.

1992 : Publication de son autobiographie, *À visage découvert* (Boréal), en mai. Vice-président du comité du NON au référendum sur l'Entente de Charlottetown. [Le 26 octobre, le NON l'emporte avec 56,7 % des suffrages au Québec et 54,3 % dans le reste du Canada.]

1993 : [Démission de Brian Mulroney, en février. Kim Campbell lui succède, en juin. Démission de Robert Bourassa, en septembre. Victoire libérale aux élections générales du 25 octobre. Jean Chrétien premier ministre du Canada.] Avec 54 députés élus, le Bloc québécois forme l'opposition officielle aux Communes.

1994 : [Daniel Johnson premier ministre, en janvier. Victoire du PQ aux élections provinciales de septembre. Jacques Parizeau premier ministre.] Atteint par la bactérie « mangeuse de chair », Lucien Bouchard est amputé de la jambe gauche en décembre.

1995 : Rentrée politique après sa convalescence, en février. [Référendum sur la souveraineté, le 30 octobre. Le NON l'emporte avec 50,6 % des suffrages contre 49,4 %. Jacques Parizeau annonce sa démission.] Démission de son poste de chef du Bloc québécois, le 20 novembre. Candidature officielle au poste de président du Parti québécois, le 22 décembre.

1996 : Succède à Jacques Parizeau comme premier ministre, le 29 janvier. [Ouverture de la session parlementaire à l'Assemblée nationale, le 25 mars.]